U0750820

学校品牌文库

主编：李季

教育当恒远

一位校长的教育思考

JIAOYU DANG HENGYUAN

YIWEI XIAOZHANG DE JIAOYU SIKAO

钟丽香 ◎ 著

暨南大学出版社
JINAN UNIVERSITY PRESS

中国·广州

图书在版编目（CIP）数据

教育当恒远：一位校长的教育思考/钟丽香著．—广州：暨南大学出版社，2016.1
（学校品牌文库）
ISBN 978 – 7 – 5668 – 1700 – 6

Ⅰ. ①教…　Ⅱ. ①钟…　Ⅲ. ①小学—校长—学校管理—广州市　Ⅳ. ①G627.1

中国版本图书馆 CIP 数据核字（2015）第 292602 号

出版发行：暨南大学出版社

地　　址：中国广州暨南大学
电　　话：总编室（8620）85221601
　　　　　营销部（8620）85225284　85228291　85228292（邮购）
传　　真：（8620）85221583（办公室）　85223774（营销部）
邮　　编：510630
网　　址：http：//www.jnupress.com　http：//press.jnu.edu.cn

排　　版：广州市天河星辰文化发展部照排中心
印　　刷：湛江日报社印刷厂

开　　本：787mm×960mm　1/16
印　　张：14
字　　数：254 千
版　　次：2016 年 1 月第 1 版
印　　次：2016 年 1 月第 1 次

定　　价：39.80 元

（暨大版图书如有印装质量问题，请与出版社总编室联系调换）

序

广东是盘古文化的发祥地，至今仍保存着许多盘古文化遗存。广州市花都区就是古时"南海中盘古国"之所在地。在南朝梁人任昉所撰的《述异记》中有云："今南海有盘古氏墓，亘三百里，俗云后人追葬盘古之魂也。桂林有盘古祠，今人祝祀，南海中有盘古国，今人皆以盘古为姓。"可以说，花都区狮岭镇的盘古文化遗存是历史上生活在珠江流域的原住民——壮侗语民族先民越人所开创，汉族迁入该地区后，接受和吸收了原住民创造的盘古文化，使之得以世代传承。

花都区狮岭镇拥有着得天独厚、历史悠久而又特色鲜明的盘古文化，这一文化深刻地蕴含着一如盘古开天辟地所寓意的敢为人先的首创精神。"近水楼台先得月"，坐落在盘古王山下的花都区狮岭镇冠华小学则是传承这一盘古文化的典型代表。多年以来，冠华小学一直在探寻如何把这种首创精神有机地融入学校的教育教学之中，并思考如何让这两者融合得更加淋漓尽致。

随着教育改革不断向纵深推进，以特色发展为学校未来发展方向之一的学校教育教学改革，正昭示着冠华小学的办学宗旨必须适应教育改革的大趋势。同时，冠华小学也必须找准自身的发展定位并不断做出调适，因为该校在发展过程中曾经遇到过诸多问题，诸如学校特色不够明显、示范辐射能力还不够强大等，都成为学校内涵发展的瓶颈。有鉴于此，如何在传承盘古文化的基础上推陈出新，开创出不愧于新时期教育发展的新路径，是冠华人需要研究的一个现实课题。

幸运的是，广东省特级教师钟丽香校长带领全校师生，十年如一日，积极探索，孜孜以求，追梦不息，在传承盘古文化精神的同时又赋予其新的时代内涵，以课题作为推动力，引领学校走特色发展之路，最终探索出以盘古精神为内核的"恒远教育"办学特色。

如今，冠华小学特色发展思路清晰，效果显著，硕果累累，从教研到科研、从班风到校风、从学风到教风、从校园的精神风貌到师生的精神面貌无不体现和渗透了"恒远教育"理念倡导下的开拓进取、不断创新、勤劳奉献的精神特质。正是多年的积淀，使冠华小学终于发展成颇具特色的"怀恒常之心，立明远之志"的学校精神家园和诗意化校园。

可喜可贺的是，奉献在读者面前的这部沉甸甸的著作正是学校精神文化的一大体现，也是钟校长多年来办学思想的智慧结晶，记录了她如何栽培一位好学生、培养一位好教师、创办一所好学校的心路历程。正如钟校长所言："教育是培养人的事业……不能急功近利……持之以恒，方能走远……好学校，一定要有好理念。理念决定思路，思路决定出路。"字字珠玑，其情亦深，其意亦切，无不体现着一位办学人的思想情怀与教育智慧。

"教育当恒远。"感动我的不仅是钟丽香校长博大"恒远"的教育情怀，更是她坚毅"永续"的教育理想追求。在我看来，"教育当恒远"既是一种教育理想情怀，更是一种教育信念。钟丽香校长以孜孜不倦的教育探索精神，从理论和实践上总结提炼而形成的这部著作，提出了富有真知灼见的"教育当恒远"的教育理念，在实践中构建起了"恒远教育"的特色办学模式，并且在这种理念的引领之下解决了学校遇到的诸多矛盾与问题，引领学校不断持续发展。当然，"恒远教育"作为探索基础教育领域学校特色发展的理念和实践模式，还需要在学理和模式体系上进一步地深化和完善。期望"教育当恒远"这一教育理念以及"恒远教育"的学校特色发展模式能引起读者的共鸣、同行的思考和学界的关注。

是为序。

李　季

广东第二师范学院德育研究中心主任、教授

2016 年 1 月

目　录

第四章　春风化雨，润物无声——"恒远教育"无止境

教育当恒远——一位校长的教育思考

绪　论

时光荏苒，如白驹过隙，正静下心来撰写这本专著的我，已经步入不惑之年。回想起如诗岁月、花样年华，那还是 1989 年 7 月，我从广州市花都师范学校毕业，被分配到狮岭镇杨屋村第一小学，从此踏上三尺讲坛，再也没有变换过职业。"位卑未敢忘忧国"，岗位虽平凡，但我对自己的要求却从未有过丝毫的放松。二十多年，一路走来，且行且悟，且行且珍惜。我从一名普通的老师成长为小学思想品德高级教师、广东省特级教师、广州市首批特级教师工作室主持人，从一个普通的教育工作者成长为花都区狮岭镇冠华小学校长、广州市名校长、全国教育系统先进工作者，心中颇多感慨。

回想二十多年的教育教学工作，发现使我能有所成就的因素很多，比如国家和社会的进步、教育环境的优化、上级领导的支持、学校同仁的帮助、自身的努力等等。作为一名教育工作者，我觉得最重要的是必须认识到：教育是一项培养人的事业，其本质是以影响人的身心发展为直接目的的社会活动；教育不能急功近利，必须静下心来，按照教育的内在规律，踏踏实实地去做，持之以恒，方能走远。"教育当恒远"，在这样的基础之上，从教育管理者的角度来说，我认为：好学校，一定要有好理念。理念决定思路，思路决定出路。没有先进理念的校长，是无法适应现代教育需要的校长；没有用先进理念构筑主流文化内涵的学校，是缺乏核心竞争力的学校。冠华小学之所以有今天，关键在于我和其他教师在教育科研的引领下，循序渐进，努力践行一种能促进学生、教师和学校协同发展的优秀办学理念。

2004 年以来，在教育国际化和基础教育变革的浪潮中，冠华小学从小学阶段教育的特殊性出发，利用学校所处的区域资源优势，先后开展了"主体个性化"教育、"走进皮革皮具之都，探究个性和谐发展"、"创作教育：弘扬盘古文化，培育创新精神的实践研究"、"盘古文化精神与学校特色文化建设校本研究"等课题研究，引领学校走内涵发展和特色发展之路，逐步形成了具有现代精神的学校文化内涵，最终创建了以盘古精神为内核的'恒远教育'特色。对教育梦想的不懈追求使得冠华小学由一所普通的农村镇办小学逐渐成长为质量优、效益高，在花都区辐射效应大，在广州市乃至广东省产生较大影响力的具有鲜明办学特色和深厚文化内涵的学校。这种进步来源于我们对教育发展、学校发展和学生发展的认真思考。

一、教育国际化浪潮下如何看待教育的民族性？

今天的我们生活在一个全球化迅速发展的时代，这种全球化不仅仅是全球范围内资金、市场、技术、人员等经济要素的交流，还包含了文化、理念、价值观的沟通与融合。随着信息技术的飞速发展和全球化趋势的日益加强，不同文明之间的文化交流越来越频繁，教育也越来越呈现出国际化的趋势，这已经是无可争议的客观事实了。《国家中长期教育改革和发展规划纲要（2010—2020年）》就明确指出："坚持以开放促改革、促发展，开展多层次、宽领域的教育交流与合作，提高我国的教育国际化水平。"

什么是教育国际化？迄今为止，国内学者对教育国际化定义的表述仍然不尽相同，但一些基本观点的表述大体上是一致的，即教育国际化是这样一种过程：通过与不同国家的教育机构或国际教育组织进行合作交流、合作研究、合作办学、合作培训或者开展国际理解教育等途径，借鉴先进国家的教育经验，在理念与目标、课程与教学、评价与管理等方面实现融合并有所创新，从而实现培养出更多高素质、国际化人才的目标。这些普遍性看法的形成说明，三十多年来对内改革和对外开放的实践已经使我们深刻认识到，教育国际化已经成为我们国家深入推进基础教育发展与改革的一种必然选择。比如：在教育观念上，我们强调借鉴美国等西方国家的先进理念，培养面向世界的具有国际意识的开放型人才；在教育内容上，我们增设了一些有关国际教育的专业或课程，在已有的课程中也增设了许多国际性的内容；在教育手段上，电化设备、信息技术、管理模式等教育资源可以不同程度地实现国际共享；在教育合作方面，学校互访、师生互换、学术交流、合作办学等国际性的教育交流活动日益频繁。

在教育国际化的大潮下，作为一名小学教育工作者，我应当关心、也必须提出的问题是：我们推进教育国际化，特别是推进基础教育国际化的目的到底是什么？按照目前普遍流行的说法，基础教育国际化的侧重点在于培养学生多元文化的理解能力和国际竞争意识，扩展学生的国际视野，推动跨文化交流，积极吸收与借鉴国际上的先进教育思想和理念，促进区域与学校的内涵和特色发展。以上这些，本人都赞同，但我更想强调的是：学习和掌握了世界的先进文化之后要为我们的学生所用，即学以致用；我们所培养的国际性、开放型人才不仅应该成为全球问题的解决者，更应该成为促进我们国家、民族和社会发展的栋梁之材；教

学校品牌

育国际化一定要有助于本民族文化的健康发展，要让本民族的文化从落后走向先进、从弱势变为强势、从强势走向更强；教育国际化一定要让我们的民族文化走向世界，得到世界人民的理解与认同，从而促进世界文化的发展与进步。

在国际化的背景下，任何民族的文化传统都必须面对国际化的挑战，这是毋庸置疑的。但是，在教育国际化的进程中，我们的优秀文化不能丢，我们的优良传统不能丢，我们的民族特色不能丢。正如江苏省教科所马维娜女士所说，教育国际化的合理性依据在于它是基于全球化客观事实和客观趋势的主观能动的价值选择，是对中国教育包括教育理论与教育实践中非合理性的舍弃，也是对新的更大的教育合理性的追求。每一个民族的教育都具有自己的特殊性，不应该也没有必要去穷尽所有的外国教育理论。因此，顺应教育国际化潮流，并不是完全国际化，更不是非合理的国际化。教育国际化必须是一种双向交流：一方面，在充分理解本国教育特色的基础之上，开展国际交流，加强国际合作，通过从形式到内容的国际化学习，学生能够理解外国文化与本国文化的差异，提高国际素养，借鉴和学习外国的先进文化；另一方面，在比较的基础上，使学生认识到中华文明存续了五千年，优秀传统文化博大精深，从而增强对中华传统文化的热爱。我们必须注意：中华传统文化强调培养学生良好的行为规范、质朴的道德操守和高雅的审美情趣，这些优秀理念和提升我国基础教育的国际化水平并不矛盾，必须得到进一步的弘扬。

中国教育应该抓住教育国际化的机遇，广泛吸收世界各国教育发展的成功经验，学习国外先进的教育理念，引进国外先进的教育模式，把世界优秀文明成果和当代科学技术最新成果融入我们的教育。与此同时，我们也必须主动地将我们的教育理念和办学模式向外辐射，对世界教育的发展产生积极的影响，因为中国教育也有着自己的成功经验和优秀成果。在这个对世界教育发展产生积极影响的过程中，让我们中华民族的优秀传统文化得到传播，让更多的外国人领略到中国文化的独特魅力，让中华民族的优秀文化得到世界人民的认可。只有这样，中国教育才能在当今的国际化潮流下，在这样一个大变革的时代，满怀信心地走向世界，屹立于世界教育之林。

二、小学阶段的教育应该培养什么样的人？

普通中小学教育的性质是基础教育，它的任务是培养学生的基本素质，为他们学习做人和进一步接受专业（职业）教育打好基础，为提高民族素质打好基础。普通中小学的教育对象是青少年，他们正处在由社会意识薄弱的未成年人转化为社会主体的时期，必须在生理上和心理上为走向社会做好准备，为将来的发

展做好准备，这就要求他们掌握科学文化基础知识和基本技能，发展思维能力和表达能力，形成良好的思想品德和高尚的审美情趣，有健康的体魄，具有自学能力和自我完善能力。只有这样，他们才能有广泛的适应性和较大的自由度，善于选择生活，并接受生活的选择，成为社会生活的新生力量。

普通中小学的基本任务是要促进青少年的身心健康发展，但小学教育和中学教育是有区别的，中小学的教育任务划分不仅要符合学生的生理、心理发展规律，更重要的是一定要符合教育的本质规律。与中学教育相比，小学教育具有基础性，是基础教育的基础阶段，因为现阶段的基础教育不仅包括小学教育，还包括初中教育和高中教育。同时，小学教育的可塑性更强，因此我们小学教育工作者更应该从小学生可能发展和应该发展的角度去从事教育教学工作。有了这种理念，小学教育的实践者和理论工作者才能找准工作的重心，才能更好地发挥小学教育的功能。

如果中学教育需要完成的任务是学科入门的话，那么，小学教育应该有两大任务要完成，即文化入门和性格养成。个人以为，在这两大任务中，后者更为重要，因为青少年是"未来社会的公民"，小学教育是创造未来的教育，是为青少年的终身发展奠定基础的教育，其关键就在于道德修养、文明意识、思维品质的培育和良好行为习惯的养成。今天的小学教育不应该仅仅关注文化入门，更应该把着眼点放在培养未来社会的合格公民上。一个人如果在童年时代没有公德意识、群体意识、人文意识，没有良好的行为习惯，那么他一生的发展是很有限的，甚至是很危险的。"从小看大，三岁看老"的俗语，告诫我们一定要重视儿童品德教育。因此，小学教育工作者和全社会都应该对小学教育的特殊地位和作用给予足够的重视，应该从"良好的开端是成功的一半"的哲学高度来认识小学教育。个人以为，小学教育不仅要完成小学生文化入门的任务，更要完成小学生品德教育和性格养成的任务。

《论语·阳货篇》有云："性相近也，习相远也。"孔子认为，人的先天本性是互相接近的，并没有太大的不同，是后天的环境、学习和发展使得人和人之间的性情出现了巨大的差异。孔子的主张不仅告诉了我们教育的重要性，还向我们透露了一个重要的信息，那就是人的性情通过后天的教育是可以改变的。刚刚出生的孩子，本性是相近的，他们身上存在着很多与动物界相同的性情特征，如追求欲望、适应快感等，而通过后天的教育，我们可以把孩子改变成有着美好品德的人。

《论语·学而篇》又云："弟子入则孝，出则悌，谨而信，泛爱众，而亲仁。行有余力，则以学文。"孔子这段话的意思是：弟子们在父母跟前，要孝顺父母；出门在外，要顺从师长；言行要谨慎，要寡言少语，要诚实可信；要广泛地去爱

学校品牌文库

教育当恒远——一位校长的教育思考

众人，亲近那些有仁德的人。这样躬行实践之后，还有余力的话，就再去学习文化知识。孔子的这段话告诉我们，学生应该在"行有余力"的状况下，也就是在首先完成提高品德修养任务的前提下去学习文化。因此，只有在品德修养得到提高的基础上进行的文化学习，才是有效的文化学习。小学教育首先要使小学生达到"行有余力"的状态，也就是说，对小学生施行教育的前提不是简单地为他们讲授初级层次的文化知识，而是首先要提高他们的品德修养。

很多人都会说，性格即命运。这里，我想强调的是，我们所说的性格不仅仅是指心理学意义上狭义的性格，其外延还应该再扩大一些，凡是人已经形成的比较固定的行为习惯和方式，我们都可以称之为性格。性格的外延，应该包括小学生所形成的对现实世界的符合实际的一些看法，比如能够并愿意承担责任，能够寻找并发现一些达到目标的方法，有比较丰富的、情感的、美的感受力等等。简而言之，就是承担责任、掌握方法、发现和感受美。当一个人知道应该为自己做的事情负责，那么他就不会再一味地追求自己欲望的满足而不考虑其他；当一个人知道为了成功完成一件事情去主动寻找方法，那么他就不会只是一味地适应世界而不去发挥自己的主动性；当一个人学会用人的情感和美感来感受现实世界，那么他就不会只是一味地满足于动物般的快感体验。相信到了这个时候，我们再交给小学生们一些文化知识的学习任务，他们一定会完成得更好。

综上所述，个人以为，小学教育的基本任务应该是在完成以下三个方面的培养目标的基础之上，再让小学生完成文化入门目标。或者说，文化入门和以下三个目标应同时进行，相辅相成，但是以下这三个目标更值得我们重视。

第一，小学教育要让学生学会负责任。正如欧洲启蒙运动时期的大思想家康德所说，人的价值在于他有德性，人是一个道德的存在，道德是人的最高价值。一个人最有价值的德行之一应该是敢于承担责任，教育的基本目标之一就是要培养有自我责任感的人。因为，人只有具备了负责任的心态才能做好一切。在人生学习的初始阶段，我们就应该逐步教会小学生为自己所做的一切负责，进而养成负责任的好习惯。只有这样，孩子在未来的生活和学习中，才会勇敢地承担责任，而不是逃避责任；才会理智地面对自己遭遇的一切，而不是怨天尤人；才会信心满满地走进学习和生活的缤纷世界。根据小学生生理和心理的阶段性特征，我认为，小学生应该而且必须担负起一些必要的生活事务责任，比如自己洗手绢、叠被子、擦桌子等一些比较实在的、力所能及的事情，以及学会待人处事的基本态度和方法。

第二，小学教育要让学生学会学习的方法。人们在改造世界、发展自我的历程中会总结出一些策略和方法，人类文明的发展离不开这些方法的运用。作为小学生，他们用自己还很单纯的眼睛观察着他们赖以生存的世界，他们需要用一定

的时间来理解世界、适应世界。所以，对小学生来说，最要紧的不是教给他们关于世界是什么的知识，而是怎样去理解世界。这种理解就是策略，就是工具，就是方法。只有具备了一些认识世界的策略和方法，拥有了认识世界的有效工具，小学生才有可能更有条理地去寻找世界、感知世界、理解世界和适应世界。我们必须注意的是，小学生所要学习的那些文化知识不仅仅是文化知识，当中也包含了许许多多的策略和方法，我们在引导他们学习文化知识的过程中必须让他们学会学习的方法。比如认真的方法，个人以为，认真既是一种必要的学习态度，也是一种良好的学习习惯，还是一种良好的学习方法。学生有了认真的学习方法，学习起来才会有更高的效率；养成认真的学习习惯，才能为未来的顺利发展奠定坚实的基础。

第三，小学教育要让学生学会发现美。要认识世界、理解世界，不仅需要掌握方法，敢于承担责任，还需要主动地用自己的生命去感受世界，善于发现世界的美，产生对世界的爱。世界上不是缺少美，而是缺少发现美的眼睛。当你发现了世界的美，就会加倍地爱世界；当你爱上了世界，就会发现世界上有太多令人着迷的美。小学教育是孩子们所接受的最初的正规教育，只有激发小学生对学习和生活的兴趣，他们才能爱上学习。美感是吸引小学生爱上学习的最佳途径，这样的途径一旦构筑成功，小学生想了解世界、认识世界的兴趣便很容易形成。小学生的这种美感体验是基于有效的责任和良好的方法之上的，是学生在教师的有效引导下、在学习过程中获得的一种高峰体验。有了这样的学习体验，学生才能体会到学习的美丽和魅力，才能形成强烈的学习兴趣，才能爱上学习；有了强烈的学习兴趣并爱上学习，才会起到事半功倍的作用。

当小学生在自己的心中树立起自我责任的大旗，他们就能够对自己的学习和生活行为进行比较有效的约束；当小学生在自己的心灵中构筑起自主方法的丰碑，他们就拥有了比较有效的认识世界的武器；当小学生在自己的心灵中感受到来自学习与现实生活的美丽和魅力，他们就具备了强烈的学习兴趣。有了这些之后，小学生就会用最有效的方法约束自己，以确保自己沿着正确的方向前进，用比较持久的兴趣和动力做支撑，运用最有效的武器来探索他们所生活的这个现实世界的奥妙。

总之，从事小学教育的教师在给学生传授知识、引导学生完成文化入门时，一定要以培养学生的自我责任为目标，让学生学会自主学习的方法，并在此基础上以我们自身娴熟的教学艺术使学生受到良好的熏陶，培养学生对学习美感的体验，从而让学生真正感受到学习的快乐。只有如此，小学阶段的教育才能真正取得实效，才能为学生以后的健康成长，进而为整体国民素质的提高奠定坚实的基础。

三、盘古王山下的冠华小学如何才能更上一层楼?

在广州市花都区北部与清远市接壤的地方,有一座宜工宜农、宜商宜居、环境优雅的迷人城镇——狮岭,它是全国重点镇、广东省省级中心镇和广州市首批重点建设的五个中心镇之一。狮岭镇素有"中国皮革皮具之都"的美誉,已经成功举办了十多届"中国(狮岭)皮革皮具节"。狮岭镇每年生产的各类皮革皮具制品数以亿计,远销欧美及阿拉伯地区。短短的二十年,狮岭镇由当年的两条街发展到现在的几十条街,由一个默默无闻的农村小镇发展成高楼林立的广州市中心镇。皮革皮具的迅速发展造就了狮岭的经济腾飞,它的演变过程,或者说它的发展过程,特别是狮岭人那种"勤劳勇敢、敢拼敢闯"的开拓进取精神和团结合作的集体主义意识,为学校教育提供了丰富的课程资源。

狮岭镇不仅是"中国皮革皮具之都",还是"全国盘古文化之乡",而且是珠江三角洲地区唯一以"盘古文化"命名的乡镇,具有丰富的可选择、可利用的人文环境资源。据史料记载,"盘古文化"在花都生根已有1 500年的历史,迁移到狮岭也有近300年的历史。狮岭镇西北部有一座盘古王山,气势奇特,清代已是花县(今花都区)八景之一,称"盘古烟霞"。这里是古代"南海中盘古国"的遗址之一,传说是盘古开天辟地的地方,留下的古迹和民间故事十分丰富。民间风俗中,每年的"盘古王诞",数以万计的村民从四面八方赶来,会聚于盘古庙前庆贺,跳长鼓舞、唱盘古歌、放花炮、耍花棍,通过各种民间艺术表演争相展示盘古王开天辟地的英雄风貌。作为盘古文化的核心区域,花都县(区)和狮岭镇两级政府早在1984年就启动了对盘古王庙的修复工作,1986年重开"盘古王诞"民间庆典活动,1993年在盘古王山开辟了盘古王公园和龙口泉、妈祖庙等一批景点,成为广东独具特色的民俗文化旅游胜地。目前的"盘古王诞"民间庆典活动,从农历八月十二日至十五日,一连四天上演大戏。十二日当天,四乡狮子队到盘古王庙前会演,还有抢花炮、闹华灯等民俗活动。经过千年的变迁,狮岭盘古文化从兴盛到沉寂,如今又开始重放光彩。

冠华小学是狮岭镇的中心小学,坐落在盘古王山下,处于狮岭的繁华闹市地带,毗邻皮革皮具城,因而拥有得天独厚的区域文化资源。融入区域文化资源,积极推进校本课程的开发与研究,构建以校为本的特色课程体系,这是新课程改革给予冠华小学的机遇。2004年,我开始担任冠华小学的校长,职业生涯进入了新的发展阶段,肩头的担子也更重了。我不再仅仅是一名教师和普通的学校行政管理人员,而是学校的掌舵者、发展的领路人。我时常思考的问题是:如何在现有的基础上引领学校持续发展,更上一层楼?

首先，在新世纪教育不断变革的背景下，好学校必然有自己的办学特色。学校特色，是在全面贯彻国家教育方针的前提下，根据自身的传统和优势，运用先进的办学理念，在长期的办学实践中逐步形成的教育思想、培养目标、管理理念、课程内容、师资建设、教学方法、学校文化以及环境设施等多方面的综合的办学风格和特征，它是学校在实施素质教育过程中所表现出来的独特的、优化的、稳定的、带有整体性并产生良好效果的个性风貌。学校特色的确定需要研究历史、分析现状、面向未来。脱离学校实际，或者不关注社会发展趋势的学校特色是不成熟的。

基于上述思考，我们拓宽视野，充分利用冠华小学所处的地域优势，准确定位于家乡的盘古文化，开发具有家乡特色的盘古文化教育资源，让学生感受盘古王开天辟地的大无畏气概，体验狮岭人勤劳勇敢、敢拼敢闯的开拓进取精神和团结合作的集体主义意识，激发学生亲近家乡、热爱家乡的情感，从而进一步走进中华传统，打造冠华小学"弘扬盘古文化，营造民族精神"的特色品牌。我认为，我们对全校师生进行社会公德教育，就是对勇于进取、开拓创新的盘古精神的进一步弘扬。有了这种精神，我们这些盘古的后人就能无愧于我们所处的这个变革和进取的时代。选择狮岭区域文化作为校本课程资源，丰富了冠华小学课程的多样性，又使之具有个性化的特征，从而体现出课程资源的开放性、选择性、继承性和发展性。我们在开设国家新课程的同时，开设"皮革皮具"等诸多社会知识类选修课程，尊重学生的选择，发展学生的个性，并特别注重以下几点：①在注重学生知识与技能学习的同时，注重学习能力的培养；②在传授中华民族传统文化和继承优秀教育传统的同时，注重社会最新信息的学习与培养；③在使学生奠定坚实知识基础的同时，注重创造性与开放性思维的培养；④强调价值观教育和道德教育。

其次，处在时代变革大潮下的我们必须沉下心来，办出真正的好学校、好教育。真正的好学校、好教育，必然有自己深刻的核心文化内涵。十年前，我和冠华小学行政团队坚持以人为本，树立全面、协调、可持续的发展观，制定"质量立校，科研兴校，文化名校，品牌强校"的办学策略，提出"建设高品质的个性化省级名校"的办学目标，并将教育科研作为引领学校发展的重要旗帜。十年来，锐意改革、积极进取、追梦不止的冠华人先后开展"主体个性化"教育、"走进皮革皮具之都，探究个性和谐发展"、"创作教育：弘扬盘古文化，培育创新精神的实践研究"、"盘古文化精神与学校特色文化建设校本研究"等的课题研究，引领学校走特色发展和内涵发展之路，逐步形成了具有现代精神的学校文化内涵，最终创建了以盘古精神为内核的"恒远教育"特色。

在学校核心文化逐渐凝练的过程中，校园建设所蕴含的"恒远教育"内涵

学校品牌文库

也日益丰富、愈加深刻。根据"冠华小学"的校名和"恒远教育"的主题，发掘"冠华"校名中"扬长成冠，振兴中华"的内涵，我们将校园的三栋主体建筑分别命名为"风华楼""育华楼""菁华楼"，将两条主要校道命名为"恒远路""明远路"，将整个校园规划为"风华厅""磬华园""砚华阁""趣华园""砺华园""彰华廊""芳华园""皮革园"八大文化园区。学校还建立了盘古文化生态园，每年定期举办盘古文化节、盘古书画节、皮革皮具艺术节，以"皮革皮具创作实践"系列活动、"传承盘古，诗意冠华"系列活动和乡村少年宫系列活动等实践活动为载体，给学生创造多维度、多途径的才华展示平台。这样，学校的特色文化物象实现了生态化、洁净化、美丽化，到处弥漫着优雅的人文气息和书香意蕴，在"传承盘古精神，培育恒远品格"的"恒远教育"办学理念下建成了"怀恒常之心，立明远之志"的学校精神家园和诗意化校园。

最近十年，冠华小学不断深化教育改革，积极推进素质教育，探索学校特色发展和内涵发展之路，效果显著，办学质量不断提高，社会美誉度日益扩大。学校先后被评为（或被确立为）全国德育实验学校、全国优秀家长实验学校基地、全国少先队"红领巾阅读推广计划"示范学校、全国少先队特色小队、全国教育科学"十二五"规划课题"九年制义务教育一至六年级科学、社会课程开发与实验的研究"实验学校、广东省一级学校、广东省巾帼文明岗、广东省优秀红领巾小社团、广东省书香校园、广东省中小学知识产权试点教育学校、广东省现代教育技术实验学校、广州市首批义务教育阶段特色学校、广州市德育示范学校、广州市绿色学校、广州市绿化先进单位、广州市电化教育先进单位、广州市体育达标单位、广州市优秀红旗大队、广州市优秀学生记者站、广州市百所读报用报先进学校、花都区教育系统先进单位、花都区首批特色学校、花都区特色示范学校、花都区安全文明学校、花都区"创强"先进单位、花都区学校法制教育先进单位，每年都获得花都区教育教学质量一等奖。

先进的教学设施为冠华小学的快速发展创造了良好的条件，开拓进取、追逐梦想的行政团队和教师队伍使冠华小学取得了一个又一个的骄人成绩。继承优秀传统文化、追求现代精神的学校文化内涵和特色办学理念的形成，再加上独特的校园文化建设，不仅提升了学校办学的文化品位，彰显了时代精神和人文精神，也为学生综合素质的提高、为学生的全面发展和个性张扬提供了更加广阔的空间。在这样一个有机地融合了社区和学校资源、注重特色发展、拥有深刻文化内涵的诗意环境下学习和生活，我们满怀信心地期待着我们一批又一批的冠华学子，传承开天辟地、敢为人先的盘古精神，持之以恒，勤学致远，健康地发展自己的身心，健全地发展自己的人格，掌握必要的科学文化知识，顺利升入理想的高一级学校，成长为感恩父母、奉献社会、富强国家、振兴民族的栋梁之材！

第一章
优秀理念，孜孜求索——
追逐梦想不停歇

理念决定思路，思路决定出路。好教育、好学校必然有自己的优秀理念，好教育、好学校必然有自己的特色。构建优秀理念、创办特色学校的过程实际上正是深刻地理解和把握学校个性或特殊性的过程，每所学校的条件不同、情况各异，在建设和发展的思路上必须有所区别，必须体现个性。唯有建设特色、彰显特色，才能更充分地展示学校自身的存在价值，并在竞争中立于不败之地。

十年来，冠华小学实施"质量立校，科研兴校，文化名校，品牌强校"的办学策略，贯彻新课程的核心理念，从小学阶段教育的特殊性出发，利用学校所处的区域资源优势，开展富有成效的课题研究，以教育科研为引领，以校本特色课程开发为载体，探索学校特色发展和内涵发展之路。在这个过程中，冠华小学经常"走出去"，学习和借鉴外校，甚至是外国的先进经验，注重传承而又勇于创新，逐步形成了"传承盘古精神，培育恒远品格"这一体现时代精神的学校文化内涵，创建了以盘古精神为内核的"恒远教育"特色。

致力于教育教学变革，以特色和内涵发展促进学校办学质量的不断提高，使冠华小学由一所普通的农村镇办小学迅速成长为教学质量优、办学效益高，在花都区辐射效应大、在广州市乃至广东省产生影响力的具有鲜明办学特色和办学个性的一流学校。十年探索，冠华小学办学理念与办学特色的形成经历了以下三个阶段：

第一阶段：2004—2008 年，践行"主体个性化"理念。我们开展"主体个性化"教育和"走进皮革皮具之都，探究个性和谐发展"研究，探索以皮革皮具创作实践活动为基础的"主体个性化"教育理念，打造"皮革皮具创作实践活动"品牌项目，使学校由一所普通的农村小学发展为花都区的品牌学校，成为广东省一级学校、花都区首批特色实验学校。

第二阶段：2009—2012 年，倡导盘古文化的传承。我们开展"创作教育：弘扬盘古文化，培育创新精神的实践研究"的课题研究，在原有基础上举办系列化的"传承盘古，诗意冠华"盘古文化传承与皮革皮具主题艺术创作活动，形成了比较成熟的整体特色，"皮革皮具创作实践活动"品牌成为学校一张耀眼夺目的名片，在市内外形成了较大的辐射效应。

第三阶段：2013—2015 年，形成以盘古精神为内核的"恒远教育"理念。我们对办学理念与办学特色进行深入研究，将盘古文化与小学教育深度结合，提炼出"传承盘古精神，培育恒远品格"的"恒远教育"办学理念和"恒德立品，远志立人，扬长成冠，振兴中华"的育人理念。"恒远教育"既能体现优秀的文化内涵和价值观念，又能反映小学素质教育的育人方向，是一种先进的、成熟的办学理念。本阶段，冠华小学成为广州市首批义务教育阶段特色学校、花都区特色示范学校，"冠华品牌"在一流学校中占有了一席之地。

面向主体，发展个性——回归本质的价值追求

在素质教育全面推进，新课改步步深入的时代背景下，人们越来越清晰地意识到，人类已经进入知识经济时代。知识经济发展的原动力就是创新，创新已经成为知识经济时代最重要的标志、成为素质教育的核心任务。而创新型人才的培养离不开人的个性发展，个性化、主体性、多样性和差异性是创新精神和创新能力产生的必要条件。

创办特色化的学校，应当根据每一个学生身心发展的个性特点，为不同天赋、潜能、气质、性格以及来自不同文化背景的学生提供多样化、个性化、特色化、人性化的优质教育，以培养学生的创新精神与实践能力为己任。2004 年，冠华小学确立了"质量立校，科研兴校，文化名校，品牌强校"的办学策略，结合新课程"以学生发展为本"的核心理念，从学校自身的资源优势出发，开展"主体个性化"教育的研究和探索，并坚持以"主体个性化"理念来指导教育教学行为。

一、主体个性化：体现丰富的人本内涵

我们的"主体个性化"教育，强调学生的认知基础，承认学生的个性差异，尊重学生的个性特点，强化学生的个性优势，坚持为每一个学生最大限度地发展自己搭建良好的舞台，力求使每一个学生都能在优化个性中发展综合素质，成为人格健全、合作创新、开拓进取的时代新人。从文化根源、理论建构、时代特征、价值追求等几个方面看，"主体个性化"教育均体现出丰富的人本内涵。

（一）文化寻根：中国传统人文精神的批判继承

"主体个性化"的人本观可以追溯到中国两千多年前的人文思想。老庄哲学是中国传统文化中人文思想的重要代表。老子说："人法地，地法天，天法道，

道法自然"，认为应该尊重人的自然天性；《庄子》中有"大人之教，若形之于影，声之于响。有问而应之，尽其所怀，为天下配"的话，认为教育者的非凡之处，就在于采取灵活多样的方式，去顺应受教育者的自由发展。早期儒家思想中也有人文精神的内涵。孔子思想的核心就是"仁"，"仁"的基本精神就是对人的关爱；孟子认为"民为贵，社稷次之，君为轻"，这是中国古代"以人为本"的文化精神的重要体现。

我和冠华小学矢志找寻适应本校发展的教育理念，在充分尊重与传承中国传统人文精神的前提下，提出构建"主体个性化"教育模式，强调学校教育要唤醒"人自身在自然中沉睡的潜能"。"主体个性化"的可贵之处，就在于它既超越了老庄的唯心主义观念，又摒弃了孔孟的伦理色彩，批判地继承了中国古代人文精神。

（二）理论建构：现代教育思想的理性借鉴

借鉴教育理念，不仅要懂得"古为今用"，也要善于"洋为中用"。"主体个性化"以马克思主义学说和西方现代教育理论为基础，构建起既严谨又开放的理论体系。在"主体个性化"教育研究中，我们课题组在界定"主体"和"个性"这两个概念的基础上，借鉴和吸收了马克思主义关于人的全面发展学说和现代教育个性发展学说的研究成果来构建"主体个性化"的理论假说。在各个子课题的研究中，H. Gardner 的多元智能理论、Vogotsgy 的建构主义理论、A. Maslow 的人本主义心理学理论、S. D. Krashen 的语言输入假说、Ellis 的输入与互动假说、A. Swain 的语言输出假说等西方教育理论，是我们开展课题研究工作的理论依据。

在世界现代教育发展史上，教育思想经历过两次重大转变。第一次是 19 世纪初西方创立现代国民教育制度。经历过文艺复兴、科学革命、资产阶级民主革命的洗礼而形成的科学、民主、法制精神，催生了一批人文主义教育理论家，推动着西方教育制度的变革。而当时的中国，由于封建传统思想的根深蒂固，在引进西方教育制度的同时，提倡"中学为体，西学为用"，对观念的变革不够重视。第二次是 20 世纪 70 年代，联合国教科文组织国际发展委员会发布《学会生存》的报告，建议"将终身教育作为发达国家和发展中国家今后若干年内制定教育政策的主导思想"，这标志着世界教育思想的又一次变革。当时我国正处在"文化大革命"的动乱之中，又一次与教育大发展的机遇失之交臂。

到 20 世纪末，随着改革开放的深入，我国教育界才开始研究和实践"生本教育""和谐教育"等新型教育观。因此，我们只有以海纳百川的胸怀和理智务实的态度学习借鉴先进的教育理论，才能深化教育改革与创新。当然，如果我们

学校品牌文库

不考虑自己的实情，囫囵吞枣地照搬别人的抽象理论，显然也是不合实际的。个人觉得，冠华小学的可取之处就在于：在广泛吸取先进教育理论的同时，懂得立足本土资源，根据自己的实际需要去取舍、去实践、去创新，逐步形成了具有本校特色的理论架构，实现了现代教育理论的校本化。

（三）价值追求：师生双方生命价值的最大实现

学校与其他社会机构有着本质的区别：学校是特殊的教育性社会活动场所，置身其中的教师、学生和学校管理者都是活生生的生命体，都是具有主动性和发展能动性的独特的生命个体。从这个角度说，教育应该是一种生命关怀，以人为本应该是教育的本质属性。学校教育应该有自己的价值追求，那就是促进每一个生命个体获得健康、主动的发展。叶澜教授说得好："教育是直面人的生命、通过人的生命、为了人的生命质量提高而进行的社会活动，是以人为本的社会中最体现生命关怀的一种事业。"我们的"主体个性化"教育关注生命个体，把最大限度地实现师生的生命价值作为价值取向，符合教育以人为本的本质属性。

我们首先追求的是受教育者生命价值的实现。"主体个性化"在人的本体论层面上，在新课程的理念与价值取向上提出和践行这样的观点：主体是人的发展的本体，主体教育基于人的身心素质潜能的开发和塑造；主体教育又从个性发展需要出发，开发和唤醒每个个体的潜能，发展每个个体独一无二的个性，实现人的主体的个性化。基于这种观点，我们以培养学生的现代公民基础素质为核心，建立了个性化的学校教育目标体系；以学科课程改革为切入点，构建开放型的个性化课程体系；以课堂教学改革为突破口，构建"活动、探究、创新"的个性化课堂教学模式；以学生为活动主体，建构班集体的自我发展教育活动体系。这一系列的探索活动为学生生命个体获得最大限度的发展提供了可能。

不仅如此，我们还追求教师与学生发展的同步和同构。个人以为，管理的真谛在于充分发挥人的价值，在于开发人的潜能，在于实现从"管理人就是制约人"到"管理人就是发展人"的观念转变。学校领导班子尊重教师人格，关心教师前途，积极挖掘学校内外各种资源和潜力，开展校本化、全员化的队伍培训，为教师提供发展的平台，促使教师向事业型、专业型、综合型、科研型、个性化的目标发展。冠华小学建立了以教师发展为本的管理机制，实施以赏识为主的教师激励评价制度，使学校人事管理向人本化方向发展。这种满足教师发展需要的管理模式，最大限度地调动了每位教师的积极性，使教师的发展与学生的发展、学校的发展实现了统一与共赢。

（四）教育个性：本土资源摄取与对外交流合作的有机融合

一所学校要想铸就自己独特鲜明的办学个性，必须善于挖掘地方教育资源并使其效益最大化。冠华小学是狮岭镇的中心小学，坐落于著名的"中国皮革皮具之都"——花都区狮岭镇，毗邻皮革皮具城，教师、学生、家长都有相对丰富的皮革皮具制作知识，在学校开展特色活动有着得天独厚的地区资源。因此，学校以校本课程"走进皮革皮具之都，探究个性和谐发展"为载体，开展皮革皮具制作系列活动，特别是直接参与了在狮岭镇举办的一年一度的"中国（狮岭）皮革皮具节"的展示活动，促进了教师教学特色的形成，开发了学生的潜能，张扬了学生的个性，从而形成了鲜明的办学特色。

思想有多远，步伐才能走多远；目光有多宽广，胸怀才能有多博大。冠华小学是花都区最具有开放精神的学校之一。在教师培养方面，冠华小学是区内第一所大规模、长时间派出行政干部和教师到区外先进学校跟岗学习的学校。几年来，学校不断派出副校长、教导主任、年级长、科组长和普通教师，到广州市东风东路小学、沙面小学等学校跟岗学习。跟岗学习不仅加强了学校与学校之间的交流，而且直接促进了我校行政干部管理水平和教师教育教学水平的提升。

在学生教育方面，冠华小学虽然地处农村乡镇地区，但积极引导学生树立"走出狮岭，走向世界"的志向和"走上世界舞台与世界对话"的抱负。从2006年起，我校每年都组织学生前往香港参加国际青少年合唱节，成为花都区内第一所组织学生走出内地参加国际性比赛、第一所获得国际性比赛奖励的学校。学校还组织学生到广州的日语学校与日本小朋友交流，组织学校舞蹈队前往北京表演，与广西壮族自治区百色市平果县坡造镇中心小学联合举办"体验艰苦手拉手，两广学生心连心"综合教育实践活动等。这些活动的开展有利于拓展学生的视野，陶冶学生的情操，提高学生的表达和交流能力，促进学生的个性发展。

二、主体个性化：一种全新教育理念的实践探索

"特色"，《现代汉语词典》将其解释为"事物所表现的独特的色彩、风格"。由此推理，"学校特色"应该是指学校在办学过程中所表现出来的独特的色彩、风格。特色学校的创建应该有以下几个特点：

第一，特色学校的创建是在特定的学校里，从学校实际出发，充分发挥校长和教职工的主观能动性，对办学形态进行有意识的选择和创造，以最优的协调方式使学校与外部社会环境相适应的过程，是学校优化组合的过程，是学校探索及

学校品牌文库

教育当恒远——一位校长的教育思考

形成本校办学特色的过程。

第二，特色学校具有明显的标志性的内部、外部特点，譬如鲜明的个性化办学理念、特殊的办学模式、特长突出的学科、有特色的活动等。而这些特点应该是长期存在、稳定发展的。

第三，特色学校的成功之处表现在坚定的素质教育方向。

第四，特色学校的"特色"必须符合学校的客观环境与人文环境，只有如此，它才是有生命力的，才是可行的，并能让学校走向成功。

基于以上思考，冠华小学以科研为先导，确立了"主体个性化"教育理念。"主体个性化"的教育旨在全面提高学生素质的同时，更加强调考虑学生已有的认知基础和个性特点，在教育教学中承认个性差异，尊重个性特点，强化个性优势，进而因材施教，为每一个学生最大限度地发展自己搭建舞台，使全体学生都能在优化个性中发展综合素质，成为人格健全、合作创新、开拓进取的时代新人。在"主体个性化"教育理念的引导下，学校从办学方向、办学特色、教育科研、课程改革以及教育教学过程进行了全方位的实践与探索，并逐渐归纳总结出"主体个性化"教育所包含的四个主要特征。

1. "主体个性化"教育体现人文色彩

素质教育最令人激动的莫过于提出了"以人为本"的教育思想。"主体个性化"教育尤其关注不同类型的学生的思想、心理和行为差异，关注不同类型的学生的优势和特长，努力实现每一个学生的最佳发展。这就是我们所理解的"以人为本"。

（1）营造民主、和谐、宽松的氛围，提供学生个性张扬的土壤。

践行"主体个性化"教育的第一步，是着力在全校范围内营造出一种民主、和谐、宽松的氛围，师生关系、教学方式、师生心智模式等都在这种大氛围里被重新构建。

在教育教学实践中，我们的老师逐渐由居高临下的"绝对权威"转向"平等中的首席"，努力从一点一滴中发现学生的闪光点，鼓励学生有创意、有个性地提问和解答，有意识地点燃学生的智慧火花。"探究""讨论""对话""表达""体验""感悟""活动"已经成为我们实现教学目标最重要的行为动词，极大地激发了学生的学习热情及主动参与学习和活动的积极性。学生变得如此喜爱学校、喜爱课堂、喜爱老师，他们甚至喊出了"我和冠华同成长"的心声！我认为，只有身处在这样一种宽松的氛围中，学生才能真正做到心态开放、主体凸现、个性张扬、善思好学。

（2）从培养情商入手，发展学生的智商，给每一个学生提供发展的机会。

在创设氛围的同时，学校一贯注重和提倡情感教育，主张从培养学生的情商

入手来发展智商。国内外关于智力与非智力因素关系的研究表明，好奇心、求知欲、上进心和坚持性等非智力因素或个体特征对于智力发展有重要的促进作用。"主体个性化"教育的目标不仅仅是让学生获得知识技能，还是通过培养学生良好的态度、动机和个性特征，间接地促进学生知识技能和智力的发展，并最大限度地促进学生潜能的发挥。

对所谓的"好学生"进行情感教育还比较容易，困难的是对学习成绩较差的学生进行人文关怀，并为这样的"弱势群体"寻找、创设每一个发展机会。因此，新课程改革以来的冠华小学深刻地认识到，学校不仅仅要为学生传授知识、解答疑问，更应当训练学生的创造性思维，培养学生的创新意识，培养情商足、智商高、创新思维能力强的新一代祖国未来接班人。我们致力于通过设置创新性思维情境，组织"我是小小发明家""读书活动月""科技创新节"等跨学科的专题活动，建立多种多样的课外兴趣小组，在语文、数学、英语等传统学科中因地制宜地渗入创新性思维和批判性思维训练课，锻炼学生的发散性思维、逆向思维和联想能力，尊重、保护和赞赏学生的奇思妙想。

（3）搭建多元化、有特色的发展平台，为不同的学生提供多样化、针对性的服务。

学校以"走进皮革皮具之都，探究个性和谐发展"为抓手，根据学生不同的兴趣、爱好和特长，按天分"剪样"、率本性而为，相继创设了手工制作班、电脑班、外语班、艺术班等兴趣特色班级，保护和发展学生多样化的个性。尤其在每年的"中国（狮岭）皮革皮具节"上，学校推出"冠华小学皮革皮具艺术节"开放活动，展现全校师生丰富多彩的手工制作，受到前来参观的社会各界的广泛赞誉和高度评价。

除此之外，开展以皮革皮具为载体的校本实践活动和以校园文化建设为底蕴的"书香校园"文化活动，为每一个学生搭建发展个性特长的大舞台。学生们在参加"皮革皮具跳蚤市场"活动中感受诚信，增长才干；在参加广州市电视台举办的"智力才艺百分百"竞赛活动中一举夺冠，感受成长的乐趣；在参加"书香校园"读书活动中，发现成功、体验成功，评价自我、悦纳自我，培养自信、增强自信。

事实证明，只有从多个角度来关怀、观察和接纳学生，关注学生个体间发展的差异性和个体内发展的不均衡性，树立学生的自尊和自信，更为主动、自觉地为每一位学生设计因材施教的方法，实施"主体个性化"的教育理念才不是一句空话。

2. "主体个性化"教育注重实践探索

"实践"，尽管从字面上看不是一个新概念，但它仍然有着许多值得我们深

文学校品库

入探讨的内涵。因而，在教育教学的每一个环节中，我们应该尽可能地创造条件，让我们的学生动手实践，亲身参与，学以致用，以此作为培养学生的实践精神、创新能力、团结合作、交流分享、取长补短等优秀个性品质的突破口。

（1）在课堂教学中着眼于学生实践意识的养成，帮助学生面向生活并学以致用。

课程改革的重要任务之一就是克服当前基础教育课程脱离学生自身生活和社会生活的倾向，把课堂变为学生探索世界的窗口，让生活融入现代课堂教学，因为课堂教学本身就是生活。

在课堂教学中，我特别关注教师是否具有真正的学生意识、童年意识，是否能按照学生的思维来思考教学，是否把学生提出的稚嫩问题和天真想法当作教学的资源。要求教师力求使每个知识点的展开都从学生的生活经验出发，源于实际问题，重在自行探究，止于问题的解决和拓展，让我们的学生带着问题走进教室，走出教室的时候仍然渴望做更进一步的探究。例如，在校本课程的开发与实施中，学生提出了与狮岭皮革皮具产业相关的环保、销售、资金和人员使用等一系列的问题。对于学生们提出的这些问题，教师必须鼓励他们去探究、去实践，并给予必要的指导。

（2）让校本综合实践活动课程正式走进课表，为学生个性的充分发展创造空间。

学校为一到六年级的学生精心编制了以"走进皮革皮具之都"为主要载体的特色校本德育课程，这些课程能随时为不同的学生增补发展爱好特长的学习内容。学习形式常常以课题小组的探究形式出现，并整合学校、家庭和社会资源。不同的课题小组可以根据自身的需要选择不同的上课地点，校内或校外都可以。这些课题有"走进家乡的成功人士""崛起的皮革城""多姿多彩的皮具节""我们设计的皮具工艺品""我们开发的家乡品牌系列"等，精彩纷呈的课题探究保证每个学生都有机会自主选择和决定学习内容，给学生个性的充分发展留有时间和空间，实现了许多在过去的课程中所无法实现的教育理想。

（3）引导学生开展丰富多彩的课外活动，以高雅的文化来滋养学生的心田。

爱因斯坦曾经说过："所谓教育，就是当一个人把在学校所学全部忘光之后所剩下的东西。"可见，教育不单单是知识积累的教育，更是心灵、精神和人格的教育。学校课外活动的开展最具意义的改变就是将学生的需要、动机和兴趣置于主体核心地位，通过精心设计的主题活动，以高雅的文化来滋养学生的心田。为此，学校经常邀请一些科学界、艺术界、体育界的杰出人物来校和学生进行零距离接触，加强心灵的沟通、情感的交融。同时，我们的学生也走出书本，走出课堂，到各地去游览，到街上去漫步，到工厂去参观，到实验室去探究。从喧嚣

的都市到寂静的田野、从现实的生活环境到虚拟的网络空间，都是学生学习实践的大课堂，都是学生个性飞扬的广阔天空。

例如，我们组织师生到广西贫困山区学校去体验生活，开展"手拉手"活动，冠华学子与当地的同龄学生同在一个教室上课，同在一张桌子吃饭，同在一片蓝天下劳动、欢笑，手拉手，心连心。这些活动实现了德育的最佳要素：不经意、兴趣浓、参与广、感受深，孩子们的人格、情感和价值取向便在这些丰富多彩的活动中不断臻于完善，这些活动对他们未来生活的构建起着潜移默化的引导作用。

对实践探索的高度重视，无疑是对我们国家过去长久以来注重"坐而论道"、忽视生活体验和实践能力的传统教育的创新，使冠华小学的"主体个性化"教育能够根植于实践这块肥沃的土壤，栉风沐雨，开花结果。

3. "主体个性化"教育追求自我教育的理想境界

我国著名的教育家叶圣陶先生曾经说过，"教育"的目的是为了达到"不教育"。从教育哲学的角度来看，教育只有通过学生身心这个内部因素才能起作用，一切教学、活动、环境对教育的任务就是使教育者的意志得到受教育者的认可并转化为受教育者的意志，成为受教育者自我发展的目标。只有将受教育者的自我教育能力培养起来，教育才是成功的，教育的效果才能巩固和发展，"不教育"的理想状态才能实现。

为了达到这种教育的至高境界，学校确立了"六自"方针：自尊、自信、自强、自学、自律、自理。在日常的教育教学管理实践中，我们整合各方面的力量，反复研究在素质教育的背景下，自我教育内涵和外延的变化，不断丰富自我教育的活动载体，开拓指导学生自我教育的渠道，探索一条"变他律为自律、变管教为引导、变规范为需求"的教育内化的路子，再努力将其提升为一种模式加以推广，并随着时代的发展而与时俱进。

我们除了借助平时的课程学习以外，还通过各种载体，如"HANDSON"体验活动、创建绿色学校、校园值周、班级法庭、学生社团、家校互联平台、班队自主活动等，有计划、有目的地促进学生自我教育能力的养成和提高。又如，插花艺术比赛、水果拼盘比赛、"六一"艺术节——"飞扬的红领巾""冠华小学皮革皮具艺术节""环保小天使"等活动的开展，使教育有了灵动的载体。自我教育的实施与探索，高度发扬了学生的主体精神，有效地改善了学生的心智模式；同时，也在一定程度上影响了个体倾向性的良性调节，使得"主体个性化"教育培养出个性缤纷、自信自立、自主创造的冠华学子。

人本教育、实践教育、自我教育从三个层面上诠释了"主体个性化"教育所包含的主要特征。在这种办学理念的引导下，仅用了一年的时间，我们的探索就取得了初步成效，学校在社会上、在家长们心中享有很好的声誉，要求就读本校的学生络绎不绝。

三、主体个性化：一种全新教育理念的理性思考

任何社会、任何民族都有其核心价值观，它一般包括那些能够体现社会主体成员的根本利益、反映社会主体成员的价值诉求、对社会变革与进步起着维系和推动作用的思想观念、道德标准和价值取向。社会核心价值观最集中地反映当时社会政治制度的基本性质，最鲜明地体现这个社会的核心价值诉求，是指导社会成员价值选择和行为取向的基本标尺。

教育是社会生活的重要内容，其能否适应社会的发展需要，取决于教育理念与当代社会核心价值理念的契合程度。冠华小学在探索和完善优秀办学理念的过程中，始终强调以学生和教师为本，把满足学生和教师的发展需要作为教育工作的出发点和落脚点，努力践行一种能促进学生、教师和学校协同发展的优秀办学理念。这样的理念符合当今中国社会的主流价值观，体现了当今中国社会的文化认同和价值追求，是一种以人为本、进人的全面发展的新型教育理念。近几年，学校的不断成长和壮大以及我们所取得的成绩和产生的影响，都很好地说明了这个问题。

创办特色化的学校就应当根据每一个学生身心发展的个性特点，为不同天赋、潜能、气质、性格及来自不同文化背景的学生提供多样化、个性化、特色化、人性化的优质服务，以培养学生的创新精神与实践能力为己任。"主体个性化"教育的实验构想，有三大特征值得我们认同。

1. 在现代教育科学理论指导下实施"主体个性化"教育，突出了鲜明的改革主题

教育实验是人们按照一定的教育价值观对现行教育模式进行的变革，以及对理想教育模式的创造性探求。我们的改革课题主要表现在：

（1）在一定的理论指导下，着重探索马克思主义的全面发展教育和当前国际教改大潮中的个性发展教育的关系。

（2）在培养目标上，试图突破全面发展与个性发展的并列论或二元论。

（3）在教育实验的方法上，遵循人的素质在社会实践中对象化和主体化双向构建的规律，以学习者的活动、交往和自我意识为中介，激发个体和群体积极性、主动性、创造性等内在动力，从而实现学生品质的社会化和个性化。

（4）在具体的操作与管理上，努力加强整体性与实践性。我们特别重视目标达成的全面性、教法选择的综合性、学习情境的合作性、互动方式的多边性和

价值取向的整体性。

2. 以课堂教学改革为突破口，推进"主体个性化"教育在教学领域的深化

在实验过程中，教师更多地思考改革学科课程的问题，如：怎样构建学科自学技能、训练基本学习能力？怎样优化学科课程的结构和整体功能？怎样通过开设综合课、学科活动课等新的形式整合与优化学科课程的结构？怎样以课堂教学改革为突破口，构建"活动、探究、创新"的个性化课堂教学模式？各学科教学怎样体现"主体个性化"教育？

（1）以学校教育体系的整体为实验对象，探求主体个性整体优化的途径和方法。

（2）从动态的观点出发，把握有张有弛的各种教学现象的本质及其规律，突出教学过程的动力及最优化研究。借鉴当代主体性教学、交往性教学、创造性教学三大教学流派的理论，建构个性化的课堂教学模式。这种教学模式要反映出调控教育活动和学习活动、集体活动和个体活动在掌握知识技能中发展学生个性品质、在师生互动合作中开发增值性教学合力等主要特点。

（3）用现代教育评价理念促进每个学生全面地、个性化地、最大限度地发展，以课程改革为切入，以教学活动为主渠道促进教学方法、教学管理、教育评价的全面改革。学校致力于营造开放、多维、有序的教育活动体系，实现自主性的课堂教学与选择性的校本课程实践活动的有机结合。改革实验过程要把发展性教学评价贯穿始终，从而培养学生广泛的兴趣、积极的情绪、奋发进取和热心参与的品质。

3. 从本校实际出发，倡导科学精神和求实态度，运用实验方法研究课题

广州市花都区狮岭镇是"中国皮革皮具之都"，皮革皮具产业是其支柱产业，至 2004 年已经成功地举办了三届"中国（狮岭）皮革皮具节"，拥有独特的皮革皮具教育资源。冠华小学是狮岭镇的中心小学，处于狮岭镇的繁华闹市地带，毗邻皮革皮具城，因而拥有得天独厚的皮革皮具课程资源；大多数学生的家长都从事与皮革皮具相关的工作，学生们耳濡目染，对皮革皮具有一定的了解。在狮岭镇的大环境下，学校的大部分教师都有一定的皮革皮具方面的知识或资料。因此，以皮革皮具制作系列活动为载体，探索"主体个性化"教育，冠华小学拥有比较好的物质、人文和课程资源。

科学精神是一种追求真理的精神，我们一般所说的坚持真理、重视实践、勇于探索、开拓创新等，都属于科学精神的范畴。我们倡导科学精神，就是要求真务实。求真，就是注重对教育内部联系和内部规律的探索，遵循教育的本质规律，从小学阶段教育的特点出发，通过校本课程和系列实践活动引导学生积极参与，激发起学生的兴趣，在实践活动中发展学生的个性；务实，就是讲求以实验

学校品牌文库

教育当恒远——一位校长的教育思考

为依据，在认识和把握真实的教育现象和教育行为的基础上，逐步在学校范围内推广"主体个性化"的教育理念。

几年来，我们立足冠华小学的实际，利用狮岭镇的地方资源和传统文化优势，注重实践，先进行实验再在学校范围内推广，先后开展"主体个性化"教育和"走进皮革皮具之都，探究个性和谐发展"课题研究，开发"走进皮革皮具之都，探究个性和谐发展"校本课程，举办"皮革皮具小制作"等系列活动，直接参与狮岭镇举办的一年一度的"中国（狮岭）皮革皮具节"展示活动，探索以皮革皮具创作实践活动为基础的"主体个性化"教育理念，打造"皮革皮具特色实践活动"品牌项目，促进了教师教学特色的形成，开发了学生的潜能，张扬了学生的个性，从而初步形成了比较鲜明的办学特色。学校也由一所普通的农村小学发展为花都区的品牌学校，成为广东省一级学校、花都区首批特色实验学校。

我们的教育理想是：在"主体个性化"教育办学理念的引导下，真正让个性化素质教育的雨露滋润每一个孩子的心田，进而探索出一条有别于传统教育模式的崭新的教育之路。我们相信，天道酬勤，只要我们善于思考、勇于实践、敢于创新，那么，"主体个性化"教育的办学理念一定会在教育的百花园里绽放出绚丽的花朵！

传承盘古，诗意冠华——逐渐凸显的发展特色

天库 · 学校品牌

教育当恒远——一位校长的教育思考

　　积极推进校本课程的开发、研究与实验，构建以校为本的课程体系，是新课程改革给予我们的机遇。校本课程的设置，不仅要体现课程的个性化和课程的开放性，还要体现课程资源的选择性、继承性和发展性。冠华小学所处的花都区狮岭镇不仅是"中国皮革皮具之都"，也是"全国盘古文化之乡"，而且还是珠江三角洲地区唯一以"盘古文化"命名的乡镇，具有丰富的可选择利用的人文环境和教育资源。

　　如何依据科学发展观引领学校可持续发展更上一层楼？我们拓宽视野，瞄准了家乡的区域文化，挖掘具有家乡特色的盘古文化教育资源，在完成国家规定的必修课程的同时，开设"走进皮革皮具之都"等社会知识类选修课程。我们认为，这些体现家乡地域特色和文化风貌的选修课程的开设，可以让学生感受盘古王开天辟地、敢为人先的勇气，体验狮岭人勤劳勇敢、敢拼敢闯的创业精神，从而有助于激发学生亲近家乡、热爱家乡的情感。

　　基于上述思考，2009年6月，我们申报了学校的第二个省级课题——"创作教育：弘扬盘古文化，培育创新精神的实践研究"，并成功获得了广东省中小学德育研究与指导中心的立项。我们在原有的基础上举办系列化的"传承盘古，诗意冠华"盘古文化传承与皮革主题艺术创作活动，形成了比较成熟的整体特色。"皮革皮具创作实践活动"成为学校一张耀眼夺目的名片，在花都区发挥了巨大的辐射效应，在广州市乃至广东省都产生了较大的影响。

一、弘扬盘古文化，满足学生、学校和社会发展的需要

　　文化的概念是与自然相对的，是人类精神的外化，是指人类在社会历史过程中所创造的物质和精神财富的总和。盘古是中华各民族都认同的创世始祖，盘古文化在中华大地流传了数千年。所谓盘古文化，实际上是汉族文人记录、整理南方少数民族的相关神话，并加以哲理化、谱系化而形成的盘古开天辟地、创造世

界的神话。它是少数民族文化与汉族文化融合的典范，是中华民族文化多元一体构成的生动体现。盘古文化是在中华本土上滋生的远古文化，延续古今、传播中外，其内涵之博大精深居世界前列。

传承盘古开天辟地、敢为人先的精神，对全校师生进行社会公德教育，就是对盘古精神的进一步弘扬。有了这种精神，盘古的后人将无愧于时代。盘古文化的内核是：开天辟地、敢为人先，勤劳勇敢、百折不挠，艰苦创业、战天斗地，强调如何做人、注重对人的精神高度的向往。弘扬盘古文化是对其精髓——开天辟地、敢为人先、不断创新、勤劳奉献的继承与发扬，对学生人生智慧、精神价值、文化基础、道德信念、人格熏陶、习惯养成的培养都会起到不可估量的作用。

（一）学生发展的需要

学校是对未成年人进行思想道德教育的主要场所。因此，我校把德育工作摆在素质教育的首要位置，积极探索德育的有效途径，依托社区资源，积极开发与地方资源相关的校本德育课程，让学生在获得基础知识与基本技能的同时，学会做人、学会求知、学会发展，从小树立"立足狮岭，走向世界"的崇高理想，增强学生爱祖国、爱家乡、爱学习的情感。"越是民族的，越是世界的"，只有传承本民族的优秀传统文化，才能信心满满地走向世界。

我们认为，要倡导学习精神，就要继承和弘扬中华民族的优秀传统文化，让我们的学生在灵魂深处夯筑起民族文化的基础，初步形成具有中国特色的社会主义价值观、人生观和世界观，让他们从小就站在巨人的肩膀上汲取智慧和力量，为将来做人、做事奠定坚实的文化和思想的根基；传承开天辟地、敢为人先的盘古精神，形成至诚、至信、至勤、至爱，不怕牺牲、勇往直前、积极进取、不断创新的优秀品格。

（二）学校发展的需要

为了实现跨越式发展的目标，学校必须有自己的办学特色。我们确立了"主体个性化"教育的办学特色，核心是培养学生的创造精神和实践能力，发掘学生内在的潜能，使其个性特长得到充分的发挥。前几年，我校充分利用狮岭镇丰富的皮革皮具资源，开展"走进皮革皮具之都，探究个性和谐发展"的省级校本德育课题研究，取得了显著的成效，校园文化得到了积淀与提升，"皮革皮具特色"和"主体个性化"发展特色正在逐步形成。

如何引领学校在原有的基础上可持续发展，使学校的办学特色更加明显？开发具有家乡特色的盘古文化教育资源，拓宽学生的视野，在"皮革皮具特色"和"主体个性化"的基础上进一步打造冠华小学特色，这正是我们的研究的动机。"创作教育：弘扬盘古文化，培育创新精神的实践研究"这一课题充分利用本地的文化资源，对全校师生开展以盘古文化为载体的创新精神和创作教育实践研究，是进一步形成特色、促进学校内涵发展的需要。

（三）社会发展的需要

广州市花都区狮岭镇是"中国皮革皮具之都"，花都区政府对该产业的发展非常重视，积极扶持和引导企业走高科技、现代化的发展道路，增强皮革皮具企业和产品的竞争力。花都皮革皮具产业经过20多年的不断发展壮大，已成为全国最大的皮革皮具生产销售中心和原辅材料集散地，狮岭镇还被广东省科技厅列为"专业镇技术创新"试点单位、广东省制造业信息化工程试点示范镇。狮岭镇的皮革皮具产业有其独特的竞争优势，但也面临着诸多新的困难和挑战。当前的狮岭镇政府正积极转变观念，打造技术创新、管理创新、服务创新的新型政府，合理规划产业布局，为把狮岭由世界皮革皮具生产基地转变成集生产、设计、研发和贸易为一体的宜商宜居的现代商贸名镇而努力奋斗。

我们的学生是狮岭镇未来的主人，是皮革皮具事业的接班人。正因如此，我们努力通过课题研究和实际工作，培养学生的开拓创新意识和坚忍不拔的品质，传承盘古开天辟地、敢为人先的精神，让他们从小就树立起"立足狮岭，走向世界"的崇高理想。

二、理论与实践相结合，尽情抒写诗意冠华

课题研究只有讲求实效，才能真正起到推动学生、教师和学校三方健康和谐而又协调统一的发展。在"创作教育：弘扬盘古文化，培育创新精神的实践研究"课题的研究过程中，我们讲究策略，将理论与实践相结合，特别注重课题研究成果的应用。我们深刻地认识到：教育科研必须实现教师发展、学生发展和学校发展的统一。结合冠华小学的实际，我们坚持走"自我思考促参与，自学理论促转变，实践反思促提高，专家指导促研究"的道路。

（一）坚持理论学习，更新观念，树立现代教育理念

冠华小学扎扎实实地开展教育理论学习，营造浓厚的学习气氛，坚持集中学

学校品牌

教育当恒远——一位校长的教育思考

习与自主学习相结合，经常邀请专家来校举办讲座。学校经常以"请进来，走出去"的方式促进领导和教师观念的更新。我们先后开展了"传承盘古，诗意冠华""教师审美与绘本文化的研究""用智慧和创新精神打造优秀团队""'紫色奶牛'——德育创新之路""叙事德育""班主任培训"等课题研究的专题讲座，组织骨干教师和行政领导到台湾、广州、福建、江西等地学习。通过这些学习、培训、考察和研讨，学校领导和教师更新了教育观念，深刻地认识到了"创作教育：弘扬盘古文化，培育创新精神的实践研究"的课题研究在学校发展中的现实意义。

（二）走进社区，传承盘古精神，抒写诗意冠华

"创作教育：弘扬盘古文化，培育创新精神的实践研究"课题开题后，我们每年定期组织学生到狮岭镇盘古文化公园举办"盘古公园创新创作实践"活动，以拓宽学生的视野，激发学生传承开天辟地、敢为人先的盘古精神，以及勇于进取、乐于奉献、不断创新的优良品质。

我们依据各个年级的年龄特点设计不同的主题活动，探索走"盘古文化与现代文化、本土文化和国际文化相结合"之路，利用本地的独特文化资源和自然条件优势，带领学生走出学校，到大自然中去探索。这样的社区活动让我们的学习散发出浓郁的生活气息，更有利于实现学生潜能的拓展和需要的满足，进而让学校在教育的田野上焕发碧绿的生机，喧腾生活的诗意，流淌冠华的活力。

（三）结合学科教学，开展"创作教育"，培养学生开拓创新精神

教学的落脚点是课堂，因此在各科中如何落实先进理念，结合课堂教学开展课题研究，是课题研究得到扎扎实实开展的基础。我校在新课标理念的指导下围绕"创作教育"开展创新课堂教学模式的研究，各个学科依据自身特点实施教学，在课堂上和课外活动中注重创新，培养学生的创新思维和动手操作能力。在课堂上创新教学理念、方法和手段，加强师生之间的互动与交流，努力培养学生开拓创新和团队合作的精神。比如，语文科组注重抓住教材提供的感性知识和生动的语言，让想象与感情联系在一起，锻炼学生的想象能力；数学科组在教学过程和课外活动中注重体现学生的动手操作能力，培养学生的创新思维；英语科组开展丰富多样的课外活动，激发学生的创新欲望；艺术科组充分利用家乡资源，开展体现家乡创新精神的皮革皮具的绘画、设计、制作、创造活动。

总而言之，只有将"创作教育"渗透到课堂教学中，才能让我们的教学充

满益然生机。学生的创新能力要在课堂教学实践中培养，因此，教师要善于为学生创造条件，把"创作教育"落实到课堂教学的每个环节中，让课堂教学成为真正培养学生创新思维的沃土。

（四）用一系列的活动践行创新思维

为了提升"创作教育：弘扬盘古文化，培育创新精神的实践研究"的课题研究成果的独特性和综合性，学校开展系列化的"传承盘古，诗意冠华"盘古文化传承与皮革主题艺术创作活动。我们紧紧围绕"润泽心灵、弘扬诗韵、传承盘古、追求创新"的指导思想，着力发掘中华民族文化的深层意蕴，通过"七色花开""异想天开""诗苑漫步""历史长卷""小小设计师"等主题，让孩子们在活动中接受诗意文化的熏陶，培养纯正高雅的审美情趣和知书达理的创新精神。

我们还将"创作教育"与鲜明的地域特色结合起来，传承狮岭皮革产业的地区特色，就地取材，废物利用，让学生利用身边随处可见的皮革皮具碎料，采用线描、拼贴、集体合作等方式，创作出具有童真童趣、令人惊喜的艺术作品，打造冠华小学德育独特的皮革皮具文化特色，真正培养学生"先天下之忧而忧，后天下之乐而乐"的奉献精神，以苦为乐，不怕困难。我们还开展"环保皮革皮具秀""冠华小学皮革皮具艺术节"等献爱心活动和手拉手帮扶活动，培养学生的爱心和互助合作的团队精神。

三、将皮艺文化融入国家课程的初步探索

我国三级课程管理政策出台之后，掀起了一股地方课程开发的热潮，不少学校开发出了地方课程，有的学校还开展了基于地方文化的地方课程建设研究。在这样的背景下，冠华小学开发出"走进皮革皮具之都"校本德育课程，以培养学生良好的品格，提高学生的综合素质。但就学生的学习而言，需要立足现实，通过一定的经历，才能最终让学生获得良好的发展。因此，课程设计需要从整体上谋划好国家、地方、学校带给学生的课程，使之形成系统，合力推进学生学习。地方课程是地方文化的代表，如何通过这些地方课程为学校课程变革服务、促进国家课程在学校层面的有效实施？针对这个问题，冠华小学将狮岭镇的皮艺文化融入国家课程，进行了"校本化实施"的尝试。

狮岭镇皮艺文化，指的是"中国皮革皮具之都"——广州市花都区狮岭镇所具有的"敢为天下先"的狮岭精神，以及从事皮革皮具和其他相关产品的设

学校品课 天库

计制作及生产、销售等活动所衍生的文化体系，包括设计文化、制作文化、营销文化、审美文化、环保文化和创业文化等等。"校本化实施"，是指学校在国家课程实施中，依据校情和学情对国家课程进行的调适与创新行为，从而使国家课程在学校课程的实施中释放出更大的课程功能和价值。

狮岭，由于具有靠近花都自然港口的天然条件，自古便受到"海上丝绸之路"商业活动的重要影响，具有浓厚的商业文化。狮岭人从小便有经商观念，天生具有商业胆识和干劲。20世纪70年代末，当改革开放的春风吹起，狮岭人凭着敏锐的商业嗅觉和市场判断力，悄然从外地拉来皮革订单，搞起了皮革加工生产。当时的狮岭人迫不及待地纷纷走出山门"下海"，甚至漂洋海外，发家创业；与此同时，来自五湖四海的人也汇集到狮岭，与当地人一起打拼，成了"新狮岭人"。

狮岭人的精神气质特点可以归纳为：一是敢吃"螃蟹"，当国人还擦着惺忪睡眼惊讶皮革皮具怎么从海外漂入中国的时候，狮岭的大家小户已经摆出缝纫机做"嫁衣"了；二是"南腔北调"大家一起唱，狮岭本地人不排外的友好心理，吸引了很多"大佬""鬼佬"纷纷落户，外来务工人员也如潮水般涌来，引发了一股"有钱大家一起赚"的创业热潮；三是主动领航精神，20世纪末21世纪初，在许多人追问皮革皮具行业何去何从的时刻，狮岭人主动站出来，带领行业进行突围。狮岭人的雄心壮志和吃苦拼搏的精神，使狮岭人终于实现梦想图景。2002年，狮岭被评为了"中国皮革皮具之都"。现在，狮岭几成中国的"米兰"！

在这样深厚的地方文化的滋养下，作为教育的传授主体的我们，应该以此为依托，将狮岭文化的精神和内涵深深融进教学设计、教学课程中，让学生能够充分挖掘本源文化的内在魅力，增强狮岭文化的归属意识和保护意识，提高自己的能力和素养，真正为家乡之美、精神之厚感到自豪和骄傲。

冠华小学在具体实施国家课程的前提下，充分利用狮岭本地的社区资源——皮艺文化，结合本校的传统、优势以及学生的兴趣和需要，由学校教师作为主要实验者，基于学校现状，满足本校学生的需要，进行了将皮艺文化融入国家课程的实施。

这种实施主要包括：①皮艺文化的内涵、特征及其课程功能研究，即皮艺文化包含的设计文化、制作文化、营销文化、审美文化、环保文化和创业文化这些文化的内涵及特征及其课程功能研究；②皮艺文化与国家课程内容融合与创新的策略研究，即皮艺文化作为课程资源融入学科教学活动、综合性主题探究活动、地方文化课程校本改造的策略研究；③皮艺文化融入国家课程的教学策略研究；④基于皮艺文化建设学校特色课程的研究；⑤皮艺文化融入国家课程的教学效益研究。

我们依托皮艺文化开发出的"走进皮革皮具之都"校本德育课程的一至六年级的全套教材已经印刷使用。这一校本德育课程的实施在区域内引起了强烈的反响，省、市、区多次在冠华小学召开现场会及经验交流会。我们还利用丰富的皮艺资源开发出冠华小学综合实践活动课程体系，围绕皮革皮具、狮岭镇国际皮革皮具城及新狮岭人设计了一系列活动主题，如"狮岭镇马路工人现象的研究""小小设计师""我当小店主""狮岭镇外来人口的调查"等。由于我们在切实有效地实施综合实践活动课程方面成就突出，2010年11月，广州市教研室及花都区教研室在冠华小学召开了"广州市综合实践课程教研活动现场会"；2011年11月，在冠华小学召开了"广州市综合实践活动教师专业发展策略研究"子课题的全市开题报告会，并举行了"广州市综合实践特约教研员优秀课例展示"活动；2012年、2013年，冠华小学还承办了"广州市花都区综合实践优秀课例展示"活动。

从总体上看，我们所做的这些初步探索，有助于地方文化的传承以及地方教材的生成；有利于改变学校课程实施中地方文化缺失的现状，加强学校课程与学生生活的联系；有利于构建具有学校特色的校本课程和活动课程资源，形成学校自己的特色课程体系，与国家课程优势互补，从而深化我校的教育改革和课程改革，形成鲜明的办学特色。

四、传承盘古精神，办学特色逐渐凸显

实现人的全面发展是马克思主义理论的最高理想之一；当前实施的素质教育与全面发展教育具有一致性。全面发展教育就是要促进人的智力和体力充分自由地、生动活泼地、主动地发展，就是要促进人的各方面才能和兴趣、特长和谐统一地发展，以及人的道德水平、审美情操的协调发展。

当今综合国力竞争的一个显著特点是文化的地位和作用日益凸显，越来越多的国家把提高文化软实力作为发展战略的重要内容。从一定意义上说，谁占据了文化发展的制高点，谁拥有了强大的文化软实力，谁就能够在激烈的国际竞争中赢得主动。在国家文化软实力竞争日益激烈的背景下，中共十七届六中全会审议通过的《中共中央关于深化文化体制改革推动社会主义文化大发展大繁荣若干重大问题的决定》就明确提出：提高国家文化软实力，树立和践行社会主义荣辱观。社会主义荣辱观体现了社会主义道德的根本要求，我们必须全面加强学校德育体系建设，构建学校、家庭、社会紧密协作的教育网络，动员社会各方面的力量共同做好青少年思想道德教育工作，大力弘扬中华民族的优秀传统文化。

对家乡盘古文化进行发掘与研究，可以使学生初步感受狮岭的盘古文化是中

学校文库

教育当恒远——一位校长的教育思考

华民族优秀文化的一部分，激发学生热爱家乡的情感，在深厚的文化土壤中汲取大量的精神养料，成为狮岭盘古文化的继承者和传播者。发掘家乡的人文环境资源，对学生进行人文素质教育，可以提高学生识真伪、分善恶、辨美丑的能力，弘扬中华优秀文化传统。

我们融入"中国（狮岭）皮革皮具节"的元素，用皮革皮具文化打造学校特色，引领学生发展综合素质，实现了学校资源、社区资源和家庭资源的有机整合。我们尊重学生的选择，发展学生的个性，在传授中华民族传统文化、继承优秀民族传统的同时，注重联系社会生活、掌握社会最新信息，启迪了学生的心智和灵性，发掘了学生的主体意识和实践精神，培养了学生的开放性和创造性思维。

发掘狮岭盘古文化资源，充分利用皮革皮具资源，开发和实施"走进皮革皮具之都"校本德育课程，突出宣扬盘古文化所蕴含的传统美德以及狮岭人勤劳勇敢、积极开拓"中国皮革皮具之都"的创业精神，利用自主、合作、探究的学习方式，设计相关的综合实践活动方案，可以为学生创造亲身实践和综合学习的机会，从中寻求弘扬盘古文化的途径和策略。

经过几年的实践，我们通过皮革皮具这一家乡的物质载体，引导学生传承开天辟地、敢为人先的盘古精神，开发学生的开放性和创造性思维，弘扬中华民族的优秀传统文化，培养学生的良好品德，健康地发展学生的身心，健全学生的人格，张扬学生的个性，真正提高了学生的综合素质。"皮革皮具创作实践活动"成为冠华小学一张耀眼夺目的名片，"传承盘古，诗意冠华"的办学特色日益凸显。

盘古精神，恒远教育——凝练成熟的办学理念

特色学校是时代的产物。一方面，随着社会需求的日益多样化，过去那种千校一面的"标准件式"的办学方式已经不能适应未来社会；另一方面，人的发展日益个性化，各式各样的学校为人的个性化发展提供了多样化的选择。素质教育使学校从应试教育中解脱出来，为创建特色学校指明了方向。新课程改革追求个性化，为特色学校的形成和发展提供了可能和机会。

冠华小学地处广州市花都区狮岭镇，源远流长的皮革皮具文化滋养着我们，声势浩大的课程改革更新了我们的育人理念，"全国盘古文化之乡"的环境资源给了我们开拓创新、探索生存之路的机遇。2012年3月，学校的第三个省级立项课题——"创作教育：弘扬盘古文化，培育创新精神的实践研究"的课题研究顺利结题，我们收获了一系列的丰硕成果。

成就已成为过去，冠华人追逐梦想的脚步不会停歇。我们将继续凝练办学思想，引领学校内涵发展，坚定不移地走特色办学之路。冠华小学已经将品牌建设纳入学校的内涵发展规划，形成了冠华品牌管理机制。我们将每个学期的各项活动整合到品牌建设的框架中来，从环境文化、组织文化、制度文化、活动文化等方面全方位打造冠华品牌，并将品牌建设工作纳入对教师的培训和考核之中。

2013年以后，我们对学校的办学理念进行了深入研究，将家乡的盘古文化与小学教育深度结合，力求在校训、校风、教风、学风等学校品牌、环境和校园文化建设等方面体现我们的办学理念。我们在继承学校以往优秀传统的基础上，总结近十年来学校所走过的特色办学和内涵发展之路，创建以开天辟地、敢为人先的盘古精神为学校文化内核的"恒远教育"特色，倡导"传承盘古精神，培育恒远品格"的"恒远教育"办学理念，追求"恒德立品，远志立人，扬长成冠，振兴中华"的育人理念。

"恒远教育"既能体现当今世界优秀的文化内涵和价值观念，又能反映小学素质教育的育人方向，是一种成熟、先进的办学理念。以"恒远教育"办学理念引领学生的心灵成长，促进学生的全面发展和个性张扬，学校发展得以再上新

台阶，冠华小学成为广州市首批义务教育阶段特色学校、花都区特色示范学校，冠华品牌在一流名校中占有了一席之地。

一、开天辟地、敢为人先——盘古精神的内涵解读

世界上有大大小小数百个国家和地区，不管东方还是西方，几乎每一个国家和地区都有自己最美丽的创世纪传说。西方人说世界是上帝创造的，上帝先创造了男人亚当，然后又用亚当的一根肋骨创造了夏娃，此后才有了人类。而我们中国人则认为世界是在盘古开天辟地之后女娲创造了人类。盘古开天辟地的神话，千百年来流传于全国各地，尤以南方流传播布为盛。民间传承的盘古神话，其大意是：

大约在三百二十六万七千年以前，地球上天地还没有形成，到处混沌一片，既分不清上下左右，也辨不出东西南北，整个世界就像一个中间有核的浑圆体。人类的祖先盘古便在这个浑圆体的核心中孕育而成。

盘古经过一万八千年的孕育才有了生命。当他有了知觉的那一刻，便迫不及待地睁开了眼睛。可是周围一片黑暗，他什么都看不见。急切间，他拔下自己的一颗牙齿，把它变成威力巨大的神斧，抡起来用力向周围劈砍。浑圆体破裂了，沉浮成两部分：一部分轻而清，一部分浊而重。轻而清者不断上升，变成了天；重而浊者不断下降，变成了地。盘古就这样头顶天、脚踏地诞生于天地之间。

盘古在天地间不断长大，他的头在天为神，他的脚在地为圣。天每日升高一丈，地每日增厚一丈。如此一日九变，又经过了一万八千年，天变得极高，地变得极厚，盘古的身体也变得极长。盘古就这样与天地共存了一百八十万年。

盘古想用自己的身体创造出一个充满生机的世界，于是他微笑着倒了下去，把自己的身体奉献给大地。在他倒下去的刹那间，他的左眼飞上天空变成了太阳，给大地带来光明和希望；他的右眼飞上天空变成了月亮，两眼中的液体撒向天空，变成夜里的万点繁星；他的汗珠变成了地面的湖泊；他的血液变成了奔腾的江河；他的毛发变成了草原和森林；他呼出的气体变成了清风和云雾；他发出的声音变成了雷鸣；他的头化作了东岳泰山（今山东省境内）；他的脚化作了西岳华山（今陕西省境内）；他的左臂化作了南岳衡山（今湖南省境内）；他的右臂化作了北岳恒山（今山西省境内）；他的腹部化作了中岳嵩山（今河南省境内）。从此人世间有了阳光雨露，大地上有了江河湖海，万物滋生，人类开始繁衍生息。

盘古开天辟地的故事，显然是古人对人类始祖的神化，真正创造了人类社会的是劳动人民自己。劳动人民在劳动中不断进化，用群体的智慧创造了丰富的历

史文化，为后人留下了许多美好的神话传说。这些上古时期的神话传说，历经千万年，为一代又一代的后人所念念不忘，自然有其存在的意义。

盘古开天辟地的神话传说体现出中华民族向往光明、无私奉献的伟大精神。始祖盘古赐给了人类生活的粮食、生存的技能、生育的本能和无限的智慧来管理天地间的万事万物。盘古开天辟地的传说有着太多的文化意义，不必在这里一一列举。在我们看来，这个神话传说的精神内涵在于：盘古开天辟地，赋予了人类志存高远、不畏艰险、大胆探索的勇气，体现出敢为人先、乐于奉献、勇于进取、开拓创新的精神，反映出自主自强、百折不挠、积极求变的主动意识等。这样的勇气、精神和意识，恰恰同促成狮岭经济腾飞的狮岭人世代相传的"勤劳勇敢、敢拼敢闯"的开拓精神是相吻合的。

简而言之，我们可以将盘古精神的核心价值概括为八个字：开天辟地、敢为人先。这一核心价值正是冠华小学选择盘古精神作为引领学校发展的文化内核的原因所在。

我们之所以在冠华小学校园内建立独特的校园文化景观——"皮革园"，依据狮岭皮革皮具产业发展壮大的历程划分几个不同的展区，摆放反映不同时期狮岭人敢拼敢闯、艰苦创业的时代精神的实物展品和媒体资料，正是为了让冠华学子从小便深入了解家乡的皮革皮具产业，增强热爱家乡的情感，传承开天辟地、敢为人先的盘古精神。

二、"恒远教育"——冠华小学发展的内涵积淀

学校文化建设核心理念是学校办学理念和育人理念的体现，是学校进步与发展的指南。一所学校文化建设的核心理念，一般是以先进的现代教育思想为指导，以国家教育方针政策为依据，以学校特色和优势资源为基础，以社会和家长对学校的期待为参照，以校长的办学和育人理念为主线交叉整合后提炼而成的。

一所学校的办学理念，是这所学校办学育人的价值取向和理想追求的个性化的表达。来源于花都区狮岭镇盘古王庙的区域特色文化——盘古文化精神，是"恒远教育"理念产生的区域特色文化资源。

冠华小学的办学理念是"恒远教育"。"恒"是会意字，本意用作形容词，指永久的、固定不变的，引申意用作名词，特指恒心、恒常；"远"是形声字，"辶"为形，"袁"为声（在繁体字中），用作距离长，与"近"相对，意思是远见（远大的眼光）、时间长、关系疏、不亲密、深奥、深远等，这里取其"远见、深远"之意。"恒远教育"既能体现现代优秀的文化内涵和价值观念，又能反映小学素质教育的育人方向，是一种先进的办学理念。经过不断的探索，我们

学校品牌
天库
教育当恒远——一位校长的教育思考

将盘古文化精神这一狮岭本地所特有的区域特色文化资源与培育小学生良好的品德习惯和学习习惯结合起来，逐渐形成了"传承盘古精神，培育恒远品格"的"恒远教育"办学理念和"恒德立品，远志立人，扬长成冠，振兴中华"的育人理念。

校训是对一所学校办学的核心理念和学校文化精神的准确而精炼的表述。校训是一所学校的灵魂，它代表着学校的校园文化和教育理念，是人文精神的高度凝练，是学校对师生的教育指引、告诫和训导。校训既要有底蕴又要有实效，它是全校师生为人处事和治学的规范，在铸造师生灵魂中起到座右铭的作用。校训就像一座灯塔，为学校的发展指明了方向。基于对校训及其意义的理解，冠华小学把校训确定为"持之以恒，勤学致远"。

持之以恒，即有恒心、持续不间断，强调面对任何事情都要以恒心对待，做到锲而不舍、孜孜不倦、坚持不懈。该成语出自清曾国藩的《家训喻纪泽》："尔之短处，在言语欠钝讷，举止欠端重，看书不能深入，而作文不能峥嵘。若能从此三事上下一番苦功，进之以猛，持之以恒，不过一二年，自尔精进而不觉。"俗话说"只要功夫深，铁杵磨成针"，成才的道路上，具有持之以恒的毅力是必不可少的一个重要因素。一个人一生的发展不可能始终一帆风顺，只有在遭遇多次挫折中坚持下来，树立遇到困难不退缩、努力去克服困难的积极向上的正确态度，才能具有坚强的毅力，才能最终战胜一个又一个的困难，才能体验和感受到成功的快乐。

勤学致远，指勤奋学习、志存高远。"业精于勤荒于嬉，行成于思而毁于随。"一个人只有能下功夫、能吃苦，一步一个脚印地前行，久久为功，才会有所收获。无论是学业还是生活，都不会有随随便便的成功。"会当凌绝顶，一览众山小"；"不畏浮云遮望眼，只缘身在最高层"。一个人若想看得更远、走得更远，必须提升理想信念和思想认识的高度。正所谓"心有高标，方可致远"，只有心怀崇高信仰和远大目标，才能在人生道路上走得远。

我们的校风是：恒常，恒远。与"持之以恒，勤学致远"的校训一脉相承，我们积极倡导冠华学子，以恒常之心勤奋学习，立恒远之志奋发向上。

我们的教风是：精心，精简。全校教师的价值追求是，以精心态度精细教学，以精简方式精致育人；精心求实效，精简求品质。

我们的学风是：自信，自强。自信，即有坚定的信念，相信自己一定能行；自强，即勤奋学习，自强不息。

只有持之以恒、勤学致远，才能获得坚实的知识基础，才能有更加广阔的发展和更加远大的前途。以此作为校训，冠华小学意在告诫学校的全体教职工，尤其是学生：为人处世要有明确的目标信念和坚定不移的信心与恒心；只有积极努力、勤奋向上，才能有远大的前程，才能够实现宏伟的理想目标。以此作为校训，冠华小学意在激发冠华学子立志成才、实现人生梦想、贡献家乡和社会的宏大志向！

三、盘古精神及"恒远教育"理念下的校园文化建设

校园文化是一种氛围，一种精神。校园文化是学校发展的灵魂，是凝聚人心、展示学校形象和提高学校文明程度的重要体现。作为一种教育力量，校园文化对学生的健康成长和学生的人生观、价值观的形成起着潜移默化的深远影响，而这种影响往往是任何课程都无法相比的。健康、向上、丰富的校园文化对学生品格的形成发挥着渗透性、持久性和选择性的影响，对于提高学生的人文道德素养、拓宽学生的视野、培养跨世纪人才具有深远意义。

校园文化建设的终极目标是创建优美和谐、健康向上、充满活力、富有个性的校园氛围，以更好地陶冶学生的情操，全面提高学生素质。校园文化标识是彰显学校文化和学校精神的重要物化载体。基于这样的认识，我们努力美化校园环境，建设具有浓厚特色文化氛围的校园景观，设计了一系列彰显我们的办学理念和办学特色的文化标识，将我们的"恒远教育"渗透到每一位师生的心田，为学生的健康成长创造了良好的环境氛围和活动条件。

1. 优化校园景观——学校物质文化建设

学校的校园景观，表现出一个学校整体精神的价值取向，是一种具有强大的引导功能的教育资源。我们发掘"冠华"校名中"扬长成冠，振兴中华"的内涵，将学校的三栋主体建筑分别命名为"风华楼""育华楼""菁华楼"；我们依据"恒远教育"的办学理念，将校园内的两条主干道命名为"恒远路"和"明远路"，时时刻刻提醒冠华学子，从小便要养成良好的学习和生活习惯，树立正确的人生观和价值观，"持之以恒，勤学致远"！

我们在校园内辟出专门的地方建立"皮革园"，依据狮岭皮革皮具产业发展壮大的历程划分展区，让学生从小便深入了解家乡的皮革皮具产业，体验不同时期狮岭人敢拼敢闯、艰苦创业的时代精神，从而增强学生热爱家乡的情感，传承开天辟地、敢为人先的盘古精神。我们还在校园内设置"风华厅""馨华园""砚华阁""趣华园""砺华园""彰华廊""芳华园"，它们与"皮革园"一起构成了冠华小学的八大校园文化园区。

这些校园文化景观，都是根据"冠华小学"校名的内涵和学校"恒远教育"的办学理念来命名或设置的，从整体上体现了"传承盘古精神，培育恒远品格"的"恒远教育"办学理念。富有文化内涵、彰显办学理念的校园景观，以无声

学校品牌文库

教育当恒远——一位校长的教育思考

的语言、流动的乐章，激励冠华学子从小就"恒德立品，远志立人"，长大后"扬长成冠，振兴中华"！

2. 确定校训、校风、校歌——学校精神文化建设

我们基于"恒远教育"的办学理念，提炼出"持之以恒，勤学致远"的校训和"恒常，恒远"的校风。我们还特别将"持之以恒，勤学致远"的校训篆刻于校园主干道右侧的黄底巨石上，让每天进出学校的全体教职工特别是学生清醒地意识到：为人处世要有明确的目标信念和坚定不移的信心与恒心；同时，只有奋力拼搏、积极向上、勤奋学习，并持之以恒，才会有远大前程，才能够实现理想目标。

我们的校歌是《冠华之歌》，它用轻快的节奏、抒情的旋律、凝练的文字反映了冠华学子的精神风貌，通过"中国皮革皮具之都""全面发展又有个性特长"的元素突出了学校的办学个性，在激励师生、增强群体观念、培养学生优良的个性和品质等方面起到了重要作用。

3. 确定文化标识——学校品牌形象建设

（1）校旗和校徽。

冠华小学校旗的主色调是蓝色和黄色，寓意是学生在广阔的天空中自由翱翔，在知识的海洋中任意遨游。蓝色衬托下的黄色中间，是醒目的校徽，用"冠华"的声母 G 和 H 的变体，设计成一只展翅高飞的雄鹰；校徽下面是拼音校名和中文校名，寓意冠华教职工追求教育卓越、实现学校腾飞，冠华学子在知识的海洋里勇敢遨游、追寻梦想、敢于拼搏、飞扬个性、实现梦想。

（2）校色和校服。

学校的颜色以黄为主色，以蓝、绿为底色，打造出主题突出又多彩和谐的诗意校园。黄色与阳光关联，既有光明、辉煌、华美的含义，又有轻快、向上、觉醒、充满希望和活力等含义；与金色关联，有收获、欢快的含义，寓意实现办学目标、师生个性特长得到发展完善。蓝色寓意学生遨游在知识的海洋，成长于和谐的校园；绿色寓意学校生机盎然，学生自然本色自由发展。因此，学校的主体建筑、校道等都以黄色为主色调，校旗、校服都以蓝色衬托黄色。学校信封、教师备课本、听课记录本等封面设计都以鹅黄色为底色。学校的冬装和夏装校服线条简练，色调明快，都是"上黄下蓝（蓝黑）"，以蓝色衬托黄色，体现出明朗、向上、欢快、追求个性、勇于创新的时代内涵。

（3）学校吉祥物——"冠华娃"。

冠华小学的吉祥物是冠华娃——"冠冠"和"华华"。通过跳动、欢笑的人化幼狮卡通形象，彰显办学理念和盘古文化特征，反映活泼健康、自主自强、持之以恒、个性张扬的冠华学子形象。在此基础上，学校还依据冠华学子的发展目

标，设计出各个领域、各个学科的冠华娃形象——"多彩冠华娃"，如书香娃、书法娃、巧算娃、英语娃、科技娃、阳光娃、爱心娃、绘画娃、歌唱娃等，制作成书签、贴纸、摆饰、挂饰等，用于奖励和激励学生。

4. 校园诗意化——学校文化活动建设

学校以"盘古文化精神与学校特色文化建设校本研究"的开展为契机，遵循"传承盘古精神，培育恒远品格"的"恒远教育"办学理念来设计校园文化，以拓宽教师和学生的视野，激发师生传承开天辟地、勇于进取的盘古精神，形成勤劳勇敢、乐于奉献的优秀品格。我们建立盘古文化生态园，努力办好"盘古文化节"和"盘古文化书画节"，以皮革皮具制作活动、皮革皮具艺术节、科技展览、乡村少年宫等实践活动为载体，为学生创造学习、实践和发展的平台，促进学生多维度、多途径展示自己，使学生的身心和个性和谐发展。这些有利于增强学生的自信心从而促进发奋自强的活动的开展，传承了盘古精神，培育了恒远品格。

学校特色文化标识做到了生态化、洁净化、美丽化，校园到处弥漫着优雅的人文气息、浓厚的书香意蕴，形成了"传承盘古精神，培育恒远品格"的"恒远教育"办学理念下的"怀恒常之心，立明远之志"的学校精神家园和诗意化校园。

学校品课文库

教育当恒远——一位校长的教育思考

第二章
课题引领，不断创新——
特色办学效益好

教育当恒远——一位校长的教育思考

冠华小学的"恒远教育"办学理念，起源于新课程改革的核心理念和学校、学生发展的现实需要，基于细致扎实的教育科研工作和卓有成效的教育科研成果。2004学年第一学期，我上任冠华小学校长，组成了新一届的冠华小学行政团队。作为学校的带头人，如何引领学校进一步发展，使学校的办学水平迈上新台阶？在审慎思考之后，经过行政团队和教学骨干的充分研讨，我们确立了"质量立校，科研兴校，文化名校，品牌强校"的办学策略，明确提出了开展有效的课题研究，以教育科研带动学校发展，走特色办学和内涵发展之路，创建有深厚文化内涵的特色学校，努力将冠华小学打造成为高品质的个性化省级名校。

为实现上述目标，我们很快就把"主体个性化"教育研究确定为学校课题，探索如何在充分发挥学生主体作用的基础上发展学生的主体意识和能力，促进学生的自我完善和自我发展，并在校内积极稳妥地逐步展开实验。2005年4月，"走进皮革皮具之都，探究个性和谐发展"课题获得广东省教育厅思想政治教育处和教育教学研究室的批准立项，冠华小学成为"广东省基础教育课程改革加强思想道德教育实验研究"的实验学校，我们充分利用狮岭镇的皮革皮具资源进行校本德育课程的开发和研究，使皮革皮具特色逐步形成。2009年9月，我们第二个省级德育课题"创作教育：弘扬盘古文化，培育创新精神的实践研究"的课题研究获得立项，学校所寻求的"特色办学"深入到精神文化内涵的层次，我们注重传承盘古精神，建设"诗意冠华"。2014年9月，我们又一个省级德育课题"盘古文化精神与学校特色文化建设校本研究"获得立项。随着课题研究的逐步展开，我们将区域精神文化内核与学校特色办学、内涵发展有机地融合在一起，提炼出"传承盘古精神，培育恒远品格"的"恒远教育"理念，取得了丰硕的成果。

冠华小学的十年发展历程，使我们深深地体会到了教育科研在现代学校发展中所发挥的巨大作用。正是由于课题研究的引领，学校才走上了特色办学和内涵发展的科学轨道。随着办学特色的日益明显和学校内涵的逐渐凝练，冠华小学的办学效益和社会声誉也在不断提高。

第一节

突出学生主体，开展"主体个性化"教育研究

经过多年的探索与实践，教师的教学观念得到更新，教学方法和手段不断改进，学生对自己在学习中的主体地位逐步明确，对学习目的的认识日渐提高，学校"教与学"的面貌发生了很大变化，并取得了一定的成绩。但是，在教学过程中仍然暴露出一些问题：比较重视教师的"教"，而对学生的"学"研究得不够深入；过多注重学生知识与技能的培养，不太重视学生情感、态度与自信心的培养，对评价的发展功能考虑不够等。

新一轮的基础教育改革已经从知识形态走向生命形态，强调学生是学习的主人，要创建学生本位的课堂学习，要尊重学生的个性差异和个性化学习方式，让学生全面、和谐发展。经过比较充分的论证，我们决定开展以"主体个性化"为总课题的学校教育实验探究。其操作定义为：以新课程主体教育的核心理念为导向，构建"主体个性化"的学校教育模式，在开发儿童身心素质潜能中发展学生的主体意识和主体能力，培养良好个性品质。本课题试图在以下两方面有所突破和创新：

第一，在实验的理论假说上，探索主体教育与新课程理念中的个性发展教育的关系，从中打造具有本校特色的创造性教育模块；在实验目标上，探索主体与个性的关系。我们把"主体个性化"确定为实验目标，是试图突破主体与个性的二元论，而在整合与建构上有所创新。

第二，在实验的操作规范上，针对目前学校教育普遍存在的无序性、随意性和模糊性等问题，我们把构建学校教育特色作为实验因子的规范化过程，使教育实验过程成为改革与创造学校教育特色的过程。

一、课题的界定与理论假说

要界定"主体个性化"这一课题的研究对象及其范围，必须确定"主体"与"个性"这两个概念的内涵及外延，进而构建"主体个性化"的理论假设。

（一）关于"主体"概念的界定

这里说的"主体"，是以学生为出发点，在充分发挥学生主体作用的基础上发展学生的主体意识和能力，促使学生的主体性得到自我完善、自我发展。

人是通过自身有目的的活动或实践而认识客观事物的，其在不断的认识中发展自我，因此可以说是认识的主体。教育过程中，学生是受教育者，也是认识的主体。他们通过自身参与教育活动而接受教育，使自身得到发展。所以，在教育过程中必须尊重学生的主体性，只有积极引导学生发挥主体意识和能力，才能把外在的教育内容通过学习活动内化为学生自身的素质，从而使学生获得发展和完善。

学生的主体性还表现在情感体验和行为的自觉性，即知、情、行三者得到统一。学生对学习的兴趣、求知欲和在学习过程中感受到的乐趣，是他们学习的动力。他们对学习内容的体验就是对学习内容深刻理解和体会的内在表现。情感既是学习的动力，又是深化认识的表现。如果说浅层次的学习尚可以通过灌输和强制手段让学生掌握，那么深层次的认识活动和情感体验则完全寄托于学生自身的主体作用。学生要把学到的观念、知识、技能，综合地、灵活地运用到实际活动中，达到学以致用，也离不开主体意识和能力。没有学生的主体性，就没有独立解决问题的能力。

此外，新课程以素质教育作为课改的指导方针，极大地推动了主体教育的理论和实践的发展。素质教育强调发展学生的内在品质，强调只有充分发挥学生在学习活动中的主体作用，才能把外在的教育要求内化为自身的发展需要，把外在的教育内容内化为自身的素质。因此，发挥学生的主体作用成为素质教育的核心。要实施素质教育就必须激发学生的主体作用，增强主体意识和主体能力。

（二）关于"个性"概念的界定

"个性"是哲学、社会学、心理学、教育学等多学科交叉研究的对象。从哲学意义上说，个性是相对于共性的一种抽象概念。社会学揭示了个性的社会文化特征，心理学则把个性视为个人稳定的心理特征。本课题试图从"主体个性化"意义上，建构一个与人的主体结构动态同构的个性假说，从个性的社会内容、心理形式、生理基础三个层面整合人的主体性在个体方面的独特显现。由此，我们把个性的操作定义表述为：个性是个体在一定的内在的生理和心理素质的基础上，在外在的环境和教育影响下，以个体社会化的学习、交往和自我意识为中介

学校品牌文库

教育当恒远——一位校长的教育思考

所形成和发展起来的个体独特的身心结构及其主体性品质。个性既是社会文化历史成果在个体身心结构的内化和积淀，又是个体身心素质潜能开发和实现程度的主体性表征。人的个性发展呼唤着主体意识的觉醒，人的主体意识和能力的发挥决定着个性品质的发展水平。

（三）关于"主体个性化"的理论假说

在界定了"主体"和"个性"这两个概念的基础上，我们借鉴和吸收了马克思主义关于人的全面发展学说和现代教育的个性发展学说的研究成果，构建"主体个性化"的理论假说。

（1）主体是人的发展的本体、潜能和原型，它既是教育活动的对象和基点，又是学习活动的前提和条件。

（2）个性是人的主体的社会化、意识化、主体化在个体的历史积淀和独特显现，它既是教育活动的目的，又是学习活动的作品。

（3）"主体个性化"这一命题试图在人的本体论层面上，也在新课程的理念与价值取向上提出主体是人的发展的本体，主体教育是对人的身心素质及潜能的开发和塑造。首先，主体教育按照社会发展需要，以文化传递为中介，将人类在社会实践中创造的物质文明和精神文明成果内化、积淀为个体身心结构的社会文化素质，实现人的主体社会化。其次，主体教育又从个性发展需要出发，以活动、交往和自我意识为中介，唤醒个体"人自身自然中沉睡的潜能"，在文化反思和社会选择中，发展创造性个性，实现人的主体的个性化。最后，新课程的核心理念是"为了每一个学生的发展"，也就是说，新课程呼唤着全面关注学生的主体性、全员性、差异性、潜在性的发展。从这个意义上说，"主体个性化"这一命题在实践研究中开拓了在人的全面发展中实现"主体社会化"与"主体个性化"双向建构的崭新领域。

二、课题的实验因子与操作规范

（一）以培养目标为导向，设计"主体个性化"的学校教育目标体系

1. 以培养学生的现代公民基础素质为核心

（1）爱学习，提高科学素养。主要指标：合理的知识结构，有效的科学方法，开放的信息能力，务实的科学态度。具体要求：养成良好的学习态度和学习习惯，掌握基本的学习方法和技能，掌握现代化学习工具。

（2）会关心，提高道德素养。主要指标：正确的政治方向，远大的社会理想，现代的公民意识，参与的民主素养，自觉的法制观念，良好的道德品质。具体要求：爱广州，爱祖国，关心集体，关心国家大事，关心和热爱大自然，初步具有诚实、勤俭、勇敢、负责、进取等良好品质；会交往、能合作，文明有礼，遵纪守法，初步形成自我意识和自我发展的能力。

（3）能创新，提高审美能力。主要指标：能发现美、感受美、表现美、创造美。具体要求：热爱自然美，热爱美好人生，有健康的审美情趣，初步具有对艺术美的感受、欣赏、表现和创作的基本技能及能力。

（4）懂服务，提高劳动素养。主要指标：热爱劳动，珍视劳动成果，掌握基本的劳动技能，养成劳动习惯。具体要求：学会生活自理，参与家务劳动，参与社区服务和劳动。

（5）做现代人，提高生活素质。主要指标：有良好的身体素质、健康的心理素质，具有民主素养、竞争意识和奉献精神。具体要求：爱好体育活动，有良好的生活和卫生习惯，心理健康，兴趣广泛，个性活泼，社会适应性良好。

2. 以现代公民素质为导向，开发学生身心素质潜能，培养"主体个性化"品质

（1）自主性。其操作定义可表述为：活动主体以自我意识为调控机制而在活动中表现的自觉性、独立性、主动性品质。其可观测指标为：兴趣、求知欲，成就动机，竞争意识，主动参与行为，社会适应性。其能力测评指标为：知识获得中的自主学习能力、品德习得中养成的自我发展能力、文体活动中的自我锻炼能力、集体中的自我管理能力、科技活动中的自我创造能力、生活中的自我服务能力。

（2）合作性。其操作定义可表述为：交往主体在社会交往和人际交往中树立正确的交往观念，掌握交往规范与交往媒体，改进交往方式，提高交往能力。其可观测指标为：崇尚平等、友谊、诚实、信誉的交往观念；尊重人、关心人、乐于助人的人道主义精神；勇于在合作中竞争，善于在竞争中合作的品质与能力；在课堂讨论、小组学习和集体性作业中善于运用语言和非语言符号系统开展规范、高效的交往；善于反思与参与评价，具有建立良好人际关系的交往能力。

（3）创造性。其本质是活动和交往的主体对环境及自我的超越意识和能力。其可观测指标为：强烈的问题意识，对事物有求知、好奇动机，善于提出问题，有质疑问难的习惯；观察敏锐，能从多角度发现事物的特点，提出与众不同的见解；在学习中，养成独立思考、独立分析、独立完成学习任务的习惯，能自觉探究、勇于创新；有丰富的想象力，具有举一反三、触类旁通的迁移能力；面临新问题、新事物时，具有直觉思维和体悟能力；敢于打破旧框框，提出新见解；经

教育当恒远——一位校长的教育思考

得起失败挫折，有坚持不懈的毅力。

（4）独特性。它是指个体的主体素质结构中所包括的要素之间是相互渗透的整体结构，其组合方式在个人身上是别具一格的，具有差异性、多样性和发展性。其可观测指标为：有自己喜爱的项目；有与众不同的兴趣、爱好；有素质发展的强项，在某一方面超过同龄人。

（5）和谐性。它是指个性的素质结构中各要素之间的构成与整合的完美。其可观测指标为：现代公民基础素质的规范性与个性才能、性格独特的融合和谐，个性的心理素质与情意的和谐，身心和谐发展，个体与群体的和谐发展。

（二）以学科课程改革为切入点，构建开放型的个性化课程体系

该实验因子的操作定义是：以新课程学科课改为切入点，向两头延伸，一方面在开发社区、学校潜在教育资源中设计校园文化课程，一方面在开发学生自我发展潜能中建设校本课程，由此构建一个由学科课程、校园课程、校本文化课程动态同构的体现新课程理念的开放、多元、有序的"主体个性化"课程体系。其操作规范主要包括以下三个方面。

1. 改革学科课程

学科课程是培养现代公民基础文化素质的课程，具有导向性、工具性、规范性功能。其操作原则是：

（1）根据新课程的理念与要求，增强学科课程的导向和规范功能。

（2）增强学科课程的基础性、综合性、开放性和活动性，构建学科自学技能和基本学习能力的训练系列。

（3）优化学科课程的结构和整体功能，采用开设综合课、学科活动课等形式沟通、整合与优化学科课程的结构。

2. 开发校本课程

校本课程是指在学科课程外，由学校有目的、有计划、有组织地通过多种活动方式，开展以学生为主体，以实践性、自主性、创造性为主要特征的课程。其操作原则是：

（1）校本课程的教学目标是在活动和交往中增长见识，培养能力，开发身心个体潜能；在生动活泼的活动中构建学生的主体性人格结构，培养良好的个性品质。

（2）校本课程的内容与形式都要根据学生的年龄特点，合理地配置社会教育活动、综合实践活动等资源，从文本编写、课时、场地、器材、师资、评价等各个环节加强校本课程的规范化建设。

（3）以开发学生身心素质潜能、培养"主体个性化"品质为目标发展特色化的校本课程，如审美化的艺术活动课程、人机互动的信息技术课程、创新型的科技活动课程、以人为本的心理辅导课程等，推进校本课程的个性化规范化建设。

3. 开发校园文化课程

校园文化课程主要有狭义和广义两种：狭义的校园文化课程包括学校舆论风气、人际关系、校园环境等；广义的校园文化课程是指学校的整体文化，包括校容校貌、教学内容与管理制度、全校师生的共同认识及所遵循的价值观念与行为准则，以及由此而产生的一种浓烈持久的精神氛围。本课题开发的校园文化课程特指广义的，即将校园文化课程理解成学校历史文化、环境、氛围、校风、道德规范、规章制度、人际关系及行为方式等因素的总和。其操作原则是：

（1）构建"主体个性化"的管理模式。"主体个性化"的管理模式，包括开放、民主、科学的学校管理模式，个性化的开放教育管理网络和学生的民主、自主管理模式。

个性化的学校、社区、家庭三维的开放教育管理网络，以"中国皮革皮具之都"的社区环境为依托，以开发校本课程资源为活动蓝本，以建设校园文化环境为激励功能，有针对性地优化和整合学校、社区、家庭"三位一体"的教育资源。

学生的民主、自主管理模式，就是要发挥学生在教学活动、班队活动、校园文化建设中的主人翁精神，使其交往能力、合作能力、自控能力、组织能力得到最大的提升。

（2）构建以健全人格教育为中心的"主体个性化"教育体系。这里的"人格"不仅包括心理方面的特质，还包括身体方面的特质，是个人的体魄、气质、性格、能力和个性倾向性（需要、动机、兴趣、信念、价值观等）的总和。健全人格强调在社会化的过程中要全面发展个性，在培养学生基本素质的同时发展其特长。健全人格教育的主要活动有健康心理教育、少先队活动与班级活动和校本课程活动。

（3）建立以教师为主体的科研管理体系。教师主体性的发展是新课程改革成败的关键。教育理念只有通过教师的实践活动才能转化成现实的成果，只有当教育理念为教师所理解、接受并转化为教师的主动和创造性的行为时，才有可能产生实际的教育效果。当前，新课程改革走向纵深，在课程目标、课程结构、课程标准、课程评价、课程管理、教师培训、课程改革的组织和实施策略等方面提出了全新的内容和要求，教师作为新课程改革的具体实施者，其主体性的合理发挥是新课程改革能够成功推进的最根本、最直接的基础。所以毫无疑问，学校的

文库 学校60课牌

教育当恒远——一位校长的教育思考

科研管理体系必须以教师为主体。

（三）以课堂教学改革为突破口，构建"活动、探究、创新"的个性化课堂教学模式

实验原则包括教学目标个性化原则、教学过程学习化原则、教学关系民主化原则、教学组织形式整合性原则和教学特色创造性原则。

"活动、探究、创新"的个性化课堂教学模式的操作规范是：变革传统的教师职能观和教师行为模式，正确发挥教师在教学过程中的主导作用；变革传统的学生观和学习行为方式，充分发挥学生在教学过程中的主体作月；变革传统标准化的教材观和统一性的教学内容，充分发掘开放化、生活化、综合化、个性化的学习资源；改革教学关系，建立民主、合作、和谐、宽容的师生关系；调控课堂教学的动力系统，提高课堂教学效率。

（四）以学生为主体，建构班集体的自我发展教育活动体系

学校情境中的学生个体是作为班集体成员参与教学活动的。社会环境和学校教育对个体素质发展的影响是以学生个体所参与的班集体为中介的。因此，科学地建设班集体，建构以学生为主的文化群体的自我发展活动体系，是"主体个性化"教育实验的重要实验因子。其操作规范包括以下三个步骤。

1. 以学生为主体设计班集体目标，激励学生自我发展

设计方法是：①依据学校的培养目标，制定和整合各学科教育目标体系，为班级教育和教学过程提供可操作、可测评的共同目标。②引导学生参照集体目标，自主设计"自主学习，自我发展"的学习目标。③以积极的集体期望为不同层次的学习目标创造成功的机会和条件，使集体中每个成员树立自尊、自信、自强的自我形象。

2. 建构班集体的自我发展活动体系，开发班集体中每个成员的身心素质潜能

操作方法是：以集体目标为导向，建构一个由"学会学习"的课堂自主学习活动、"学会选择"的课外兴趣小组活动和"学会创新"的校本课程活动有机组合的自我发展活动体系，为班集体的每个成员提供发现、尝试、锻炼及表现自己天赋与才能的自由时间和空间，在活动、交往、探究中开发潜能并提高文化素质。

3. 指导学生参与民主管理，使班集体中每个成员都担当成功的角色

主要方法是：①创设角色化学习情境，培养学生的民主意识和自我管理能力。②采用"人人有岗位"的角色学习方法引导学生参与班集体管理。③采用"干部轮换制""值日班长制"等形式，使学生在角色变换中增强自我意识、责

任感和自主管理能力。

（五）变革传统的学校管理模式，构建开放、民主、科学的学校管理体制

该实验因子的操作方法是：以社区为依托，开发社区教育资源，建立家长和社区民主参与学校管理机制；以学生为主体，建立班集体自我管理制度；以年级（部）为单位，建立教师集体民主管理机制。

三、"主体个性化"教育研究的组织工作

（一）"主体个性化"教育研究组织工作的过程

1. 准备期：2004 年 9 月至 2005 年 7 月

组建花都区冠华小学"主体个性化"教育实验课题组，选择和确定实验教师；制订、论证课题设计与教育实验方案；培训实验教师队伍。学习教育科学理论，阅读研究课题的文献资料及背景资料，领会实验方案，统一实验思想，掌握实验方法、策略和技能等；参照课题设计教育实验总体方案，制订子课题和分项目的实验计划；收集整理测评量表，编制校本教研文本、课程、活动计划和应用统计表格等。

2. 实验期：2005 年 8 月至 2007 年 3 月

选择和确定实验班与对比班，进行初期实验与分组；操作实验因子，控制实验条件；认真做好实验资料的收集、整理和保管工作，包括实物工具（教具和学具等）、文字资料（实验方案、计划总结、活动纪实、教师笔记与教学反思、学生作业、测评资料等）、音像资料（照片、录音、录像、课件等）；定期检测实验目标、教育目标的状态变化及因果关系；发挥"发展性教学评价"在教育实验中的反馈调节、展示激励、反思总结、积极导向等评估作用。

3. 总结期：2007 年 4 月至 12 月

整理分析、统计实验资料，撰写专题实验报告，撰写课题研究总结报告，课题成果展示与课题鉴定。

（二）课题组成员及分工

1. 总课题组成员及分工

课题策划与指导：姚顺添，广东省德育研究课程专业委员会副会长、广州市

学校品牌文库

教育当恒远——一位校长的教育思考

小学品德学科教研会会长、广州市教育局教研室教学研究员。

课题组组长：钟丽香，校长、小学思想品德高级教师，全面负责课题管理。

课题组副组长：黄桂芳，副校长、小学数学高级教师，协助组长进行课题管理。

课题组主要成员：温丽梅，小学数学高级教师、子课题组长，负责课题设计；罗庆祥，小学体育高级教师，负责课题的具体实施。

2. 子课题组成员及分工

表 2 - 1

学科	课题名称	课题组组长	课题组副组长	课题组成员
语文	小学语文新课程学生学习方式及评价体系的研究、全国小学语文发展与创新教育研究	罗天如，负责课题设计和理论指导	邱秋玲，负责课题管理和制订实施计划	潘凤娇、钟艳丽、杨燕怡负责课题实施
数学	小学数学课堂教学中"立足过程，促进发展"的评价研究	黄桂芳，负责课题设计和理论指导	温丽梅，负责课题管理和制订实施计划	温秀欢、龙伟华、李慧贤、钟顺霞、卢淑慧负责课题实施
思想品德	课堂教学中教师主导和学生主体的互动研究、中华民族传统美德教育提高实效性方式的研究	杨燕怡，负责课题设计和管理	潘凤娇，负责制订课题实施计划	李丽连、卢碧云、朱新好、杨艳玲负责课题实施
英语	任务型语言教学在小学英语教学中的运用与研究	宋燕媚，负责课题设计和管理	罗梅珍，负责制订课题实施计划	毕欢容、袁玉娴、毕艳薇负责课题实施

四、"主体个性化"教育研究的阶段性成果

"主体个性化"教育研究课题确定后，在 2004 年 8 月底组建课题组，并召开第一次全体成员会议，对课题研究做了悉心准备和部署，各负责人明确任务及职责，着手思考和构建课题研究的总体思路与框架。具体工作如下：①组建"主体个性化"教育研究课题组，以"主体个性化"教育研究作为学校总课题，下设子课题，各子课题须围绕总课题开展研究工作；②明确人员分工，根据课题研究的需要，总课题组由我任组长，黄桂芳副校长任副组长，全面负责课题管理，主

要成员温丽梅、罗庆祥主任负责课题的设计与具体实施，子课题负责人负责子课题的设计与具体实施；③制订论证课题设计与教育实验方案；④培训实验教师队伍；⑤参照课题教育总体方案，制订子课题实验计划。

（一）形成课题研究的基本思路与理论假说

课题组成员通过学习与探索，认识到新课程改革下学校教育要发展、教科研要先行，达成了以下三个方面的研究思路：

一是以新课程主体教育的核心理念为导向，构建"主体个性化"的学校教育模式。新课程呼唤着全面关注学生的主体性、全员性、差异性、潜在性的发展，以"主体个性化"构建学校教育特色，使教育实验过程成为改革与创造学校教育特色的过程。创建学生主体的课堂学习，要尊重学生的个性差异和个性化学习方式，让学生全面和谐发展。

二是在开发身心素质潜能中发展学生的主体意识和主体能力，培养良好的个性品质。以学生为出发点，在充分发挥学生主体作用的基础上发展学生的主体意识和能力，促使学生的主体性得到自我完善、自我发展；承认学生存在差异，确立"有差异生，但没有差生"的观念，让每个学生得到发展。

三是课题组成员以心理学、教育学、马克思主义关于人的全面发展学说和现代化教育的个性发展学说为指导思想，进行"主体个性化"教育研究，形成"主体个性化"理论假说。经过认真的研究，我们认为，"主体个性化"这一命题在实施新课程实践研究中开拓了在人的全面发展中实现"主体社会化"与"主体个性化"双向建构的崭新领域。

（二）以学科课程改革为切入口，构建开放型的个性化课程体系

前期的课题研究工作着重围绕"以学科课程改革为切入口，构建开放型的个性化课程体系"，改革学科课程、开发校本课程和开发校园文化课程应从以下三个方面开展研究。

1. 改革学科课程方面的主要工作

（1）全面开展课程改革，加大教研力度，成立了10个学科教研组，包括品德、英语、语文、音乐、健教、科学、数学、美术、体育、综合实践活动。各个学科结合自身特点及总课题确立自己子课题研究的内容，积极参与各级的课题研讨。

（2）组织课题组全体成员学习"主体个性化"的有关理论，树立新课程的

学校品牌文库

教育当恒远——一位校长的教育思考

核心理念及"为了每一个学生的发展"的育人观。

（3）优化学科的结构和功能，采用开设综合管理、学科活动等形式，整合与优化学科课程的结构。

2. 开发校本课程方面的主要工作

（1）邀请专家举行校本课程编写讲座。组织校本课程编写组的教师学习相关的理论，从而提高教师的科研素质及编写能力。

（2）拟定各级校本课程的编写大纲。

（3）组织教师编写校本课程，并进行反复修改，写出初稿。

3. 开发校园文化课程方面的主要工作

（1）规划好学校的教学区、运动区、功能区，每个区域的布置都力求尽显学校课题的特色，如教学区的走廊张贴名人名言、历史知识及有关图片，每个课室设有专供学生张贴个人作品的专栏。

（2）开辟一个专门摆设学生设计的有关皮革皮具特色的作品橱窗，让学生的个性得到充分张扬。

（3）建设一条不锈钢文化长廊，安排各学科的作品展示，美化标志性建筑，如中心舞台及雕塑等，让校园的每一处都成为学生展示才华的舞台。

在研究过程中，课题组成员以高涨的热情投入教育教学中，各负其责，既分工又合作，保证了课题研究的依次进行。在开展研究的过程中，课题组成员所表现出来的进取心及事业心令人动容。例如，到深圳参加全国小学语文发展与创新教育第四届研讨会时，参赛教师与非参赛教师一起废寝忘食地准备赛事，后来我校共获得了三个一等奖及多个二等奖，成绩令人瞩目，主办方连续说了三次"冠华小学不错，冠华小学真的不错"！对此，花都新闻还做了特别报道。又如，在校本课程的编写过程中，教师从课程内容的编写、排版及插图的选用等都费尽心思，力求做到最好。因此，课题立项的时间虽短，但课题组全体成员都非常努力，取得的成绩令人满意。

（三）课题研究取得令人满意的初步成果

1. 编写《走进皮革皮具之都》（六年级）校本课程

新课程改革非常重视地方差异性，鼓励各校在保证国家课程的基本质量的前提下，通过科学评估本校学生的需求，充分利用社区和学校的课程资源而开发多样性的、可供学生选择的课程。

花都区狮岭镇是"中国皮革皮具之都"，已经成功举办了十届"中国（狮岭）皮革皮具节"，拥有独一无二的地方课程资源。冠华小学是狮岭镇的中心小

学，毗邻皮革皮具城，因而拥有得天独厚的课程资源。大多数学生的家长都从事与皮革皮具相关的工作，学生们耳濡目染，对皮革皮具有一定的了解。在狮岭镇的大环境下，学校的大部分教师都有一定的皮革皮具方面的知识或资料。因而，课程《走进皮革皮具之都》的开发就具备了比较丰富的地方资源和比较好的人文基础。

经过课题组成员及全体教师的共同努力，冠华小学校本课程《走进皮革皮具之都》（六年级）及其补充资料《综合实践活动学习卡》的编制工作已顺利完成，校本课程《走进皮革皮具之都》于 2005 年上半年起供六年级学生使用。

（1）《走进皮革皮具之都》（六年级）的基本内容。

冠华小学校本课程《走进皮革皮具之都》（六年级）图文并茂、内容丰富，所涉及的方面主要包括：人口、民族与文化、环境与资源、经济与生活、劳动与技术、健康与安全、法制与社会、健康与合作、环境与保护、艺术与生活等。这本供六年级使用的《走进皮革皮具之都》共有 12 个课时、七大主题。

主题一：我的家乡在花都。向学生介绍家乡广州市花都区的地理位置，引导学生通过实践考察和参观访问，观察和发现花都的巨大变化，初步感受花都在改革开放政策的指引下实现的经济腾飞与社会发展，并组织学生展望花都未来的发展。

主题二：腾飞中的狮岭。引导学生通过采访自己身边的亲人、收集见证狮岭发展的图片，了解狮岭镇的历史、主要产业以及发展历程，组织学生开展社会调查并参观农贸市场、个体商户和工厂企业，了解和认识家乡的工农业资源，感受狮岭镇经济的腾飞，初步认识到科学技术已成为促进当前家乡经济发展的主要动力。

主题三：狮岭人的精神。发动学生走进社区进行调查，组织学生开展讲座，进行问卷调查，了解狮岭人的主要职业、家庭收入、业余生活等，初步形成身边狮岭人的形象，探究和总结狮岭人靠什么发家致富，体会到狮岭人勤劳勇敢、刻苦耐劳、求实进取、百折不挠、坚苦创业的优秀精神。

主题四：采访家乡的成功人士。学生们以小组为单位，采访家乡的成功人士，寻找他们成功的足迹，探寻他们的成功秘诀，并讨论在当今竞争日益激烈的商界怎样当一个成功的"老板"，初步形成当遭遇挫折时努力找到解决途径和办法的人生态度。

主题五：我们的发现。组织学生参观狮岭的皮革皮具城，感受今日狮岭的繁华，通过上网、访问或调查的方式，寻找狮岭成为"中国皮革皮具之都"的原因，并相互交流、分享自己的成果和感想；参观皮革皮具城，观察城里的各种皮革皮具原料，了解皮革皮具原料的来源和用途，相互交流并讨论皮革皮具原料做

教育当恒远——一位校长的教育思考

成各种工艺品后是如何处理碎料的；访问自己的亲人，了解狮岭家庭皮具小工厂的数量，认识家庭皮革皮具产品与自己的生活与学习的关系，并观察父母一天的劳动，体验他们工作的艰辛，在此基础上开展"我也学做小当家"的活动，增强学生对父母的热爱和感恩之情。

主题六：家乡品牌工艺品。"中国（狮岭）皮革皮具节"每年举办一届，每届都吸引了不少来自法国、意大利、西班牙、韩国和中国的台湾、香港、澳门、江苏、浙江等20多个国家和地区的皮具生产厂家与经销商参加盛会。让学生收集皮革皮具节的相关图片，调查狮岭多姿多彩的皮革工艺品，并整理自己的调查记录，在此基础上尝试设计一件皮革工艺品，并相互欣赏，交流体会，最后将自己的设计放入"成长记录袋"。

主题七：家乡未来更辉煌。让学生了解我们所生活的这个信息化时代，畅想二十年后皮革城的建筑、品牌产品、销售方式，展示学生的最新创意，交流个人的设计图，并相互评价，在此基础上引导学生写"我的奋斗计划书"；让学生尽情地展开想象，开发家乡品牌系列，并关注家乡的生态与环境，以家乡小主人翁的姿态，对家乡未来的可持续发展进言献策。

（2）《走进皮革皮具之都》的学术价值和社会效益。

课题所研究的"主体个性化"，其核心是培养学生的创造精神和实践能力，发掘学生内在的潜能，让他们的个性特长得到充分的发挥。因此，利用狮岭镇特有的地方资源，编写校本课程，以校本课程为载体，通过各种活动和艺术小创作，促进学生个性的充分发展，这种思路符合冠华小学的实际，科学性和实效性都比较强。

学生们通过皮革皮具艺术小制作，不仅提高了自己的动手操作能力，还了解到家乡成功人士的创业过程，有助于激发学生学习的兴趣、动机，并将这些兴趣和动机转化为努力学习的前进动力，为成长为祖国未来的栋梁之材奠定了良好的基础。

结合《走进皮革皮具之都》的学习和各种活动的实践，让学生从小就树立"立足狮岭，走向世界"的崇高理想，从而培养他们爱家乡、爱祖国的情感，有利于造就全面发展并拥有特长而又积极建设家乡、参与国际竞争的未来一代新人。

2. 课题组成员撰写多篇学术论文，收获多个奖项

近三年，课题组成员热心参与课题研究，并勇于实践，在实践的基础上进行理论探索，在教育科研方面取得了不少成就。所撰写的论文，获国家级奖励的有48篇、市级奖励的有16篇、区级奖励的有93篇。

除了撰写论文外，课题组成员还积极参加各种竞赛活动。邱秋玲的课例录制

成 VCD，参加全国小学语文发展与创新教育第四届研讨会并获二等奖；李慧贤、毕艳薇、杨燕怡制作的多媒体课件在全国小学语文发展与创新教育第四届研讨会上获一等奖；潘凤娇的说课在全国小学语文发展与创新教育第四届研讨会上获一等奖；罗天如等三名教师参加全国小学语文发展与创新教育第四届研讨会，其"课题论坛"项目获二等奖；语文组在第七届"推普周"2004 年花都区拼音知识竞赛活动中获区优秀组织奖；宋燕媚、袁爱萍等在区少儿英语表演活动中获优秀辅导教师奖。

五、课题研究推动学校走上特色发展之路

随着"主体个性化"教育课题研究的顺利开展，冠华小学坚持以人为本，树立全面、协调、可持续的发展观，结合新课程的核心理念及学校的实际，明确提出了"以人为本，促进学生、教师和学校的全面发展和个性化发展"的办学宗旨，制定了"建设高品质的个性化省级名校"的办学目标；同时确立了"主体个性化"教育模式的特色发展方向，制订了《冠华小学创建特色学校工作方案》，全面启动创建特色学校的工作。

（一）建立机制，加强宣传，为建设特色学校营造良好氛围

2004 年，冠华小学成立创建特色学校工作领导小组，以我为组长，副校长为副组长，教导主任、科年级长为组员。工作小组的主要职能是负责创建特色学校的策划、组织和管理工作，完善学校常规管理制度和教育评价制度，充实和强化有关创建办学特色的内容，如《学校办学特色思考》《冠华小学德育特色班制度》等。创建特色学校工作领导小组成立后，着手创设特色建设工作的政策环境，为建设特色学校营造了良好的氛围。

为使全校教职工充分认识到创建特色学校的重要性，特色学校建设工作领导小组利用各种形式进行宣传，组织教师学习创建特色学校的相关内容，先后多次邀请广东省德育研究课程专业委员会副会长、广州市小学品德学科教研会会长姚顺添老师到我校作"主体个性化——新课程理念下的小学教育模式""创办主体个性化特色学校的认识和思考""主体个性化——如何实现跨越式飞跃"等讲座。对创建特色学校重要性的宣传和一系列专题讲座的举办，对于促进学校教师转变观念、提高认识、优化特色学校建设工作的人文环境起到了重要的推动作用。

学校品牌文库

教育当恒远——一位校长的教育思考

（二）科学规划，合理定位，为学校特色发展确定目标方向

办学特色的构建需要了解社会、时代的要求，需要遵循科学原理，需要结合学校的实际及发展状况。我们在确立学校特色发展方向时主要从三方面考虑。一是师生个性发展的需要。现代人的主见性、主动性和独立性增强，自我实现倾向越来越强烈，因而学校教育应从"人性"角度出发，充分发挥人的价值和潜能，发展人的个性，最大限度地发挥人的积极性、主动性和创造性。二是狮岭镇教育发展的需要。花都区狮岭镇是"中国皮革皮具之都"，狮岭教育肩负着培养现代型、创新型人才的重任；冠华小学作为狮岭镇的中心小学，创办特色学校，打造狮岭教育品牌，培育狮岭未来建设人才，责无旁贷。三是新课程实施的需要。新一轮基础教育课程改革已经从知识形态走向生命形态，强调学生是学习的主人，要创建学生本位的课堂学习，要尊重学生的个性差异和个性化学习方式，让学生全面、和谐发展。

基于以上三点认识，经过反复、充分的论证，我们决定开展构建"主体个性化"教育模式的试验，并把构建学校教育特色作为实验因子的规范化过程，使教育实验过程成为创造学校教育特色的过程，并在这一过程中达到开发学生身心素质潜能，发展学生的主体意识和主体能力，培养学生良好个性品质的目标。

（三）加大投入，整合资源，为创建特色学校奠定物质基础

办学特色的形成需要良好的物质环境。近年来，学校在各级政府的支持下，多渠道筹集办学资金，投入了 1 050 多万元，改善了办学条件，为创建特色学校奠定了良好的物质基础。仅在 2004 年，镇政府就投入了 330 万元新建了一幢综合楼，投入 30 多万元对运动场进行改造；区教育局投入了 40 万元建起了校园网；学校投入近 100 万元进行教学专用室的装修及设备设施建设，使学校的办学条件发生了巨大的变化。校园布局合理，环境优雅，建有教学楼 2 幢、综合楼 2 幢、标准的专用室 30 多间，各种教学功能室齐全，常规教学仪器均按国家一类标准配齐。我们重视与特色项目有关的设施建设，"皮具设计制作"车间式的劳技室等在各次评估中深受专家好评。信息化教育设备完善，办公室、课室和大部分专用场室均有信息点，全部课室安装了教学平台。

一个环境优美和谐、充满活力、富有个性化的校园能塑造师生真善美的理想人格，培养学生良好的个性品格。学校结合"主体个性化"办学特色，精心设计了校园七大文化景区：一是修身养性的"悦心亭"，二是阅趣怡情的"怡趣

亭"，三是呈现硕果的"展示厅"，四是张扬个性的"特色长廊"，五是绿影叠翠的"蘑菇园"，六是美轮美奂的"运动景区"，七是曲径通幽的"百草园"。这七大文化景区不仅扮靓了一个秀美的现代化校园，而且大大提升了学校的文化品位，张扬了人文精神，真正做到了让每一堵墙壁都说话，让每一个景点都育人。优美的校园环境以无声的语言、流动的乐章，把"主体个性化"教育渗透到每一位师生的心田，为学生的成长提供了积极向上、和谐优美、科学有趣的环境氛围和活动条件，为创建特色学校奠定了良好的物质基础。

（四）全面渗透，整体发展，为建设特色学校实施"六结合"策略

1. 特色建设与学校管理相结合

为实施人文与科学融合的学校管理，我校积极构建"主体个性化"管理模式，这种管理模式包括三个方面的主要内容。

一是构建开放、民主、科学的学校管理模式。其核心是建立一套有利于充分发挥学校特长的办学运作机制，能激发教职工的工作积极性、创造性的学校管理制度——以现代的思想统一人，以发展的目标凝聚人，以实际的行动鼓舞人，以宽松的环境培养人，以和谐的气氛感染人，以健全的制度规范人。

二是构建个性化的学校、社区、家庭三维的开放教育管理网络。我们以社区为依托，开发校外教育资源，建立家长集体和社区组织民主参与学校管理机构。除聘请法制副校长、成立家长委员会、建立皮革皮具城等实践基地外，我们还建立了上靠省市专家、外联社区家庭的"冠华小学教育管理与发展委员会"，聘请广东省德育研究课程专业委员会副会长、广州市小学品德学科教研会会长姚顺添，原花都区新华镇第三小学副校长梁仪霜，狮岭镇主管教育的副镇长刘欢容，以及镇交通、司法部门领导和若干有代表性的家长为委员，每学期定期召开会议，研究学校的发展规划，指导学校的重大工作。这种开放式的管理，冲破了学校的狭小圈子，把学校的未来引向了更为宽广的发展道路。

三是建立学生的民主、自主管理模式。冠华小学发挥学生在教学活动、班队活动和校园文化建设活动中的主人翁精神，引导学生积极参与、自主管理、自我提高、自我完善，学生的交往能力、合作能力、自控能力、组织能力都得到了较大的提高。我们采用"干部轮换制""值日班长制"等形式，让学生在角色变换中增强自我意识、责任感和自主管理能力。我们开展特色班的创建活动，各班以生动活泼的形式、积极健康的内容，如布置"聪明树""荣誉角"等，努力打造班级特色文化，各班在年级共性的基础上都拥有了其他班所没有的个性。像三年级三班、二年级一班等班级在创建德育特色过程中，在发展学生的潜能和个性方

学校文库

面所取得的成绩尤其突出，在校内外引起了巨大的反响。

2. 特色建设与队伍建设相结合

教师的个性化发展是学生个性化发展的前提，有特色的教师才能培养出有特色的学生。我校把特色建设与队伍建设结合起来，为教师提供发展的平台，促使教师向事业型、专业型、综合型、科研型、个性化的目标发展。我校实行校本化、全员化的队伍培训：一是实施了对教师以赏识为主的激励评价制度；二是拓展教师发展的自主空间，改革备课制度，提出分层要求，提倡教师写教学反思，并在科组内展示交流，从而促进教师群体的快速成长。学校经常以"请进来"的方式邀请市、区教研室和区教师进修学校的专家、学者到学校作专题讲座或深入课堂作指导。学校又以"走出去"的方式组织教师到外地听有关教育专家、特级教师、优秀教师的讲座、报告，观摩优秀课例。如先后组织教师前往安徽、湖南及广东的深圳、广州等地参加全国性课题研讨会，为教师创造了更多的学习机会，开阔了教师的视野，促进其教学特色的形成。

随着我校对教师队伍建设的重视和加强，我校逐渐涌现出一批具有个人教学魅力和独特教学风格的骨干教师，如温秀欢、毕丽娟、邱秋玲、毕艳薇、罗凤平、钟顺霞、温丽梅、黄桂芳、钟秋菊、李竹君等。他们当中有 8 人成长为区教研中心组成员，5 人成长为花都区学科带头人，1 人成长为广州市综合实践科理事，1 人成长为广州市数学科理事，3 人成长为广州市特约教研员。语文科组、数学科组、英语科组、综合实践科组、品德科组和科学科组被评为"花都区优秀教研组"和"广州市优秀教研组"。我校教师在各级教育部门举办的教学竞赛中获得区级以上奖励共 252 人次，其中国家级奖 24 人次、省级 9 人次、市级 56 人次，公开发表论文 26 篇。2005 年 11 月，我校语文课题组老师参加"全国小学语文发展与创新教育第五届教学研讨会"，李丽连的录像课、杨永茹的微型讲座获得了一等奖；罗凤平、杨艳玲的现场课件制作获二等奖；朱新好的教学案例获得了一等奖。2006 年 6 月，我校邱秋玲参加广州市品德学科青年教师技能比赛，荣获一等奖。

3. 特色建设与德育工作相结合

我校把特色建设与德育工作紧紧结合起来，围绕"主体个性化"教育模式，积极构建主体性德育，使学生成为德育的主体。在扎实开展常规德育的基础上，营造主体性德育的浓郁氛围，以"挖掘学生潜能，发展主体意识和主体能力，引导学生学会生存、学会做人、学会学习、学会协作"为中心内容，加强德育工作的管理和研究，努力提高德育实效。我们从大事着眼、小事着手，以做人与做事为主要内容，开展了一系列由学生直接组织和参与的活动，如开展每月一专题的教育活动、健全国旗下讲话的晨会制度、开展有时代感的少先队主题活动等。我

们指导学生举办每年一届的"冠华小学皮革皮具艺术节"，从活动内容到形式、从筹备到评奖，都让学生自行决定、自主组织；围绕省教育厅《关于在中小学校开展"弘扬中华美德，争当现代公民"主题教育系列活动的通知》的精神，以学生为活动主体，以道德实践活动为主要手段，以创作手抄报、漫画、设计活动方案等为形式，挖掘、利用传统文化资源对学生进行中华传统美德教育；此外，结合广州市教育局教研室、现代中小学生报社、广州市小学思想品德教研会主办的"广州市小学生'动脑筋、有创意地生活'德育活动"系列活动大赛，我校参加了"红背心跳蚤市场"、英语形象设计大赛、"我是一颗未来星"、学生德育漫画比赛和学校德育案例征集等活动，使德育工作、德育课程的开展富有特色，发挥了学生的主体性、主动性和创造性，其中"红背心跳蚤市场"、英语形象设计大赛均获一等奖。《现代中小学生报》对我校的这些活动作了专版报道。

4. 特色建设与教学活动相结合

办学特色不是空中楼阁，也不是水中月、镜中花，我校把办学特色的创建落实到具体的教学活动中，在教学中实施"主体个性化"教育，建立个性化的学校教育目标体系，促进学生个性和谐发展。在各科教学中，我们注重培养学生自主性、合作性、创造性、独特性、和谐性五方面的品质，较好地发展了学生的个性，取得了突出的成绩。

英语学科组织学生参加"首届全国少年儿童科技奖英语演讲大赛和英语情景剧大赛"获三等奖，参加广州市英语形象大赛获一等奖；品德学科参加花都区"快乐学法律"比赛获一等奖，并代表花都区到广州市参赛获二等奖；社会与科学学科参加区四驱车比赛分别获一、二、三等奖；音乐科组指导的学校合唱队于2006年7月被邀请参加在香港举行的国际青少年合唱比赛获得铜奖，使我校成为花都区第一所外出参加国际性比赛的学校；我校学生参加广州电视台举办的"智力才艺百分百"比赛，获得了花都赛区的第一名，并代表花都区参加全市总决赛，获第三名。

5. 特色建设与课程改革相结合

在根据新课程的理念与要求改革学科课程、优化学科课程的结构和整体功能的基础上，我校依托社区资源，有目的、有计划地开发学科课程以外的以学生为主体，以实践性、自主性、创造性为主要特征的课程——《走进皮革皮具之都》。在课程设置上，我们做到"三确定"，即定课时、定教师、定教材。在培养目标上，我们力求通过校本课程的学习，一方面让学生通过皮革皮具的制作，提高动手操作的能力；另一方面通过了解狮岭人的创业过程，从小树立"立足狮岭，走向世界"的崇高理想，激发学生学习的兴趣、动机，培养爱家乡、爱祖国、爱学习、爱劳动的情感，从能力、思想上造就参与国际竞争的未来新一代。

学校品牌文库

教育当恒远——一位校长的教育思考

由于我校积极实施新课程改革，有较高的教育科研实验的能力，我校在2006年7月被广州市教育局教研室邀请参加全国教育科学"十二五"规划课题"九年制义务教育一至六年级科学、社会课程开发与实验的研究"，并成为其实验学校。

6. 特色建设与教育科研相结合

学校建设与发展需要教育科研的引领与支持。我校把教育科研与学校特色建设相结合起来，把"主体个性化"教育研究作为学校教育实验的总课题。2004学年，子课题"走进皮革皮具之都，探究个性和谐发展——冠华小学校本德育课程的开发与研究"获省级立项。2005年3月，"'主体个性化'教育研究"被评为区八大优秀课题之一。围绕"主体个性化"的总课题，语文、数学、英语、音乐、综合实践活动等学科积极地进行各级课题研究，其中有6个为区级以上课题，学校已形成"科科有课题，全员齐参加"的良好局面。

2005年6月9日，广州市教育局教研室各学科教研人到我校进行调研，他们听课总计25节，其中优良课24节，优良率为96%，获得了广州市教育局教研室全体教研人员的一致好评，花都区近300人次来我校观摩了这次调研课。2005年12月，我校接受省一级学校评估时，被听课14节，优良率达100%。我校各学科课题组多次承担了镇、区研讨课、展示课，在镇、区中起到了良好的辐射作用。

（五）找准切入点，张扬优势，为创建特色学校打造强劲品牌

要想成功地创建特色学校，必须找准切入点。经过审慎的研究，从学校的自身实际出发，我们依托社区资源，积极开发"皮革皮具制作"特色项目。首先，花都区狮岭镇是"中国皮革皮具之都"，冠华小学开展"皮革皮具制作"特色项目活动有着得天独厚的地区资源；其次，大多数学生的家长都从事与皮革皮具相关的工作，学生耳濡目染，对皮革皮具有一定的了解；最后，在狮岭镇的大环境下，学校的大部分教师都有一定的皮革皮具制作方面的知识或资料，因而拥有一定的人文资源。

因此，我们以校本课程"走进皮革皮具之都，探究个性和谐发展"为载体，开展"皮革皮具制作"系列活动，促进教师教学特色的形成，开发了学生的潜能，张扬了学生的个性，深化了学校的办学特色。学校每年均举行一次"冠华小学皮革皮具艺术节"，在皮革节上开展制作、展示、销售、皮革秀等活动，既充分发挥了学生的主体能动性，也使学校的办学特色得以彰显。

（六）资源共享，共同奋斗，为特色的巩固优化拓展空间

教育资源共享是最好的辐射方式，我校每次邀请专家举行的讲座均向全镇、全区公开，让校内外教师都得到学习的机会。2005学年第一学期，我校有四位教师在花都区"新课程改革巡礼"上展示课。在全区"新课程改革巡礼"小学数学科及小学综合实践活动课程的现场，我校副校长温丽梅及黄桂芳分别代表学校作了《综合实践活动课程与校本课程开发与实施的有机结合》的经验介绍，我校的做法获得了市、区教研室领导和与会教师的一致好评，我校的办学特色得到了大家的认可。在2006年的4月底，广州市教研室举行了首次综合实践活动课程的大型交流活动，全广州市选了七所学校作经验介绍，我校是其中的一所，黄桂芳副校长代表学校作了《挖掘狮岭特色，开展综合实践活动课程，促进学生发展》的报告，得到了与会领导及教师的好评。

21世纪是一个竞争的、创新的世纪，是一个特色的、个性化的时代。办出特色、打造品牌，是学校发展的必然选择。俗话说"一枝独秀不是春，万紫千红春满园"，我校在创建特色学校的过程中，充分发挥狮岭镇中心小学的辐射作用，影响和带动整个花都区教育的特色发展，通过帮助和促进其他学校的发展来进一步刺激本校的发展。

为了让兄弟学校共同提高，在花都区教育局的建议和倡导下，我校校级领导和中层行政管理人员分批次、定期前往合成小学、前进小学等学校，指导他们开展特色建设的规划和创建工作，不仅参与这些学校的特色发展专题研讨会，还参与他们特色发展立项课题的研究工作，发挥了良好的"传、帮、带"作用，促进了这些学校的特色发展，使这些学校顺利通过了广州市一级学校评估。我们的这种做法受到了花都区教育局领导的一致赞扬。

学校品牌文库

走进皮革皮具之都，探究个性和谐发展

校本德育课程的特征必须体现课程的个性化、校本化和开放性，使课程资源得到扩充；同时，课程也必须具备继承性和发展性的特征。因此，我校试行在开设国家新课程的同时开设社会知识类（如《走进皮革皮具之都》）选修课程，尊重学生的选择，发展学生的个性；在注重学生知识与技能学习的同时，注重学习能力的培养；在传授中华民族传统文化的同时，注重融入社会最新信息；在使学生奠定坚实知识基础的同时，注重创造性与开放性思维的培养。

我们以开发家乡、社区、学校、家庭资源为切入点，以爱国主义教育为重点，以培养学生负责任、有爱心、动脑筋、有创意为侧重点，以有利于学生全面、和谐而富有个性化地发展为目标，进行校本德育课程"走进皮革皮具之都，探究个性和谐发展"的开发与研究。

2005年4月，我校得到了广东省教育厅思想政治教育处、广东省教育厅教育教学研究室的批准，成为"广东省基础教育课程改革加强思想道德教育实验研究"的实验学校。不久之后，我校就全面启动了课题研究的相关工作。在一年多的实验研究中，我们将理论联系实际，扎实有效地开展实验研究工作，于2006年作课题研究中期报告，该报告成为"广东省基础教育改革——加强思想道德教育实验研究"的交流材料。

"走进皮革皮具之都，探究个性和谐发展"的研究和实践是对学校"主体个性化"教育课题的继承和进一步发展。几年来，我们将社区、学校和家庭教育紧密地结合在一起，充分利用家乡的皮革皮具特色产业和其中所蕴含的人文精神资源，探索以皮革皮具创作实践活动为基础的"主体个性化"教育理念，打造"皮革皮具创作实践活动"品牌项目，取得了令人瞩目的优异成绩。在此期间，冠华小学成为广东省一级学校和广州市花都区首批特色实验学校，由一所普通的农村小学一跃成为花都区的品牌学校、龙头学校。

一、课题研究的背景和理论依据

（一）课题的提出

未成年人是祖国未来的建设者，是中国特色社会主义事业的接班人。他们的思想道德状况直接关系到中华民族的整体素质，关系到国家的前途和民族的命运。因此，我校把德育工作摆在素质教育的首要位置，积极探索德育的有效途径。

"走进皮革皮具之都，探究个性和谐发展"，冠华小学的这个校本德育课程的开发与研究有着充分利用本地资源的可持续发展的优势。我们认为：可持续发展观将改变人们传统的价值观念和行为方式。可持续发展观是在古往今来关于人与自然、社会关系的基础上提出来的致力于推动社会和谐有序进步的理论。教育系统对于培养具有可持续发展观的个性化的人，推行可持续发展战略负有重要的责任。教育是否培养了大批个性化的有可持续发展观的人，直接关系到未来社会是否可持续发展。因为只有自身有可持续发展观的人，才会注重社会的可持续发展。教育只有培养出一个个可持续发展的个性化的人，我们才有后续的力量、才有整体的活力去推动社会的可持续发展。因此，我们以开发校本德育课程为基点，更新教育观念，以指导整体改革。我们的课题着眼于学生的个性和谐的可持续发展，把每个学生潜能的开发、身心的和谐发展、主体精神的形成及自主学习和发展创造能力的培养、良好个性品格的形式等作为最重要的任务。

（二）课题研究的理论依据

1. 建构主义理论

建构主义理论尊重学生原有的生活经验，强调运用原有的经验来解决问题，强调师生对话和学生之间的对话、合作、交流，强调对学习情境的意义建构。这些理论对具有建构体验性、实践性、选择性、反思性的品德教学具有指导意义。

2. 人本主义理论

人的成长是整合性的，是知、情、意、行的同构。教学目标的提出、教学内容的整合、教学方法的形成都必须从学生的学习需要出发，要以学生的发展为目标。这对于建构以学生为主体的教学实践活动具有指导意义。

3. 多元智能理论

人的智能是多种多样的。美国学者加德纳（H. Gardner）认为人类有九种不同

教育当恒远——一位校长的教育思考

的智能：言语/语言智能、数学逻辑智能、视觉/空间智能、音乐/节奏智能、身体运动智能、人际关系智能、自我内省智能、自然观察智能和存在智能。这九种智能彼此独立而又相互关联，每个人拥有这九种智能中的若干种，但是没有谁能够拥有全部的这九种智能。正是每个人所拥有的智能不同，构成了人与人的差异，也构成了人类社会的丰富性。每个人所具有的不同智能和智能结构，就是他的特异之处，每一个学生都有权利按照其固有的天性和禀赋发展自己，展现自己。多种智能的发挥有利于学生知、情、意、行的同构，把多元智能运用到课堂教学中去，能强化教学的开放性和方法的多元化，有利于学生从自己的需要出发，运用自己的方法解决问题。

二、课题研究的目标与内容

（一）研究总体目标

培养心灵丰富而协调的、具有既独立又合作的精神的、能自主学习（具有扎实的基本学习能力、良好的认知结构、坚持不懈的求知欲）的、有探究能力的、健康而富有情操的学生。

（二）具体操作目标

（1）培养三种能力：学习能力——收集、处理信息的能力，发现、解决问题的能力，广泛的求知兴趣与探究精神；创新能力——质疑问难、善于动脑动手、有创意地生活；审美能力——能感受美、发现美、欣赏美和创造美。

（2）养成"三心"：爱心——爱父母、爱师长、爱同学、爱同胞、爱学校、爱家乡、爱国家、爱社会；诚心——真诚、诚实、守信；责任心——对自己负责、对家庭负责、对集体负责、对社会负责。

（3）锻炼"三自"能力：自主——学习自主，有设计活动能力、班集体管理能力；自控——自省、自律、自评；自信——正确的自我意识，乐观开朗，积极向上。

（三）课题研究内容

有机地整合学校、家庭、社区的教育资源，构建具有本校特色的校本课程基本框架。在内容的选取上，充分挖掘和利用本地区教育资源，把校本德育课程与

综合实践活动课程有机整合，注重课程内容的开放性和拓展性，以开放式学习为主，重在实践体验。以社会实践活动为主体开展系列活动，如组织学生参与各种社会公益活动，到德育基地、体验教育实践基地、校内外的劳动实践基地开展活动，开展假期社区活动等。研究内容具体如下：

（1）新课程标准下的校本德育课程的教学研究，包括教与学的研究，课堂教学目标研究，课程资源的开发、选择与实施研究，学生学习策略的研究等。

（2）教师实施校本德育课程的专项评价研究，包括课堂教学评价、学生学业评价及学生表现性评价等发展性评价研究。

（3）校本德育课程资源的开发研究。

（4）课程管理的研究，包括如何创造性地实施国家和地方课程，构建符合学校实际、有校本特色的课程结构和课程管理机制的研究。

（5）关于课程结构综合化、个性化、弹性化的研究以及学校课程整体架构的研究。

三、课题研究的进度、方法及成员分工

（一）课题研究的进度

1. 准备期：2004 年 10 月至 2005 年 1 月

组建广州市花都区冠华小学"校本德育的开发与研究"教育实验课题组；选择和确定参与实验的班级和教师；举办讲座，制订、论证、完善课题设计与教育实验方案。

2. 实验期：2005 年 2 月至 2007 年 2 月

开设系列讲座，培训实验教师队伍，树立现代教育观念；开发校本德育课程文本，调整与优化校本课程设置；确立以"问题探究为中心"的个性化和谐发展教学策略；构建"个性和谐发展"的评价指标；建设以校本文化艺术长廊为主体特色的校园文化；构建"活动、探究"的动态型作业（学生学习活动卡）。

3. 总结期：2007 年 3 月至 12 月

整理、统计、分析、归纳实验资料，撰写专题实验报告，撰写课题研究总结报告，课题成果展示与课题鉴定。

（二）课题研究的主要方法

主要采用行动研究法、调查研究法、比较研究法、实验研究法等。

学校品牌 文库

教育当恒远——一位校长的教育思考

1. 行动研究法

将改革行动与研究工作相结合，针对教育活动和教育实践中的问题，在行动研究中不断地探索、改进工作，解决教育实际问题。

（1）预诊：发现和反思学校德育工作中的问题，并根据实际情况进行诊断，得出行动研究的最初设想。

（2）收集资料，初步研究：成立由政教处人员、品德科教师和学校行政人员组成的研究小组，对问题进行初步讨论和研究，充分利用资料，查找解决问题的有关理论、文献。参与研究的人员共同讨论，听取各方意见，以便为总体计划的拟定做好诊断性评价。

（3）拟定总体计划：这是最初设想的一个系统化计划。行动研究法是一个动态的开放系统，所以总体计划要根据后来的实际情况适时地加以修订更改。

（4）制订具体计划：这是实现总体计划的具体措施，它以实际问题解决的需要为前提，有了它才会发现旨在改变现状的干预行动。

（5）行动：边执行，边评价，边修改。在实施计划的行动中，注意收集每一步行动的反馈信息，可行的，则可以进入下一步计划和行动。反之，则总的计划甚至基本设想都可能需要做出调整或修改。

（6）总结评价：对研究过程进行考察，包括行动背景因素以及影响行动的因素、行动过程和行动的结果，注意搜集背景资料、过程资料和结果资料三方面的资料。

2. 调查研究法

包括问卷调查、访问调查等。了解实际情况，分析情况，认真研究，得出结论，寻找解决办法或进一步研究的方案。抽样可以运用多种方式，比如，从总体中选出若干有代表性的群，在群内进行概率抽样；从一个群中选出接近于研究者对总体平均数的印象的那些个体，需要注意的是，样本应限于总体中易于取到的部分，且是随便选取的，样本由自愿被调查的人员组成。但对这样得到的样本要选择适当的数据分析方法，对结论也要慎重，应充分利用其他信息进行核查、确认。

3. 比较研究法

根据一定的标准，把相关的学校德育手段放在一起进行考察，对比其异同，以把握学校德育所特有的质的规定性的研究方法。从相互联系和差异的角度观察和认识学校德育，进而探索学校德育发展的规律。

4. 实验研究法

根据本课题所要研究的本质内容设计一些简单而又有用的实验，控制某些环境因素的变化，使得实验环境比现实环境相对简单。通过对可重复的实验现象进行观察，可以从中发现一些本质的规律。

（三）课题组成员及分工

（1）课题策划、指导：姚顺添，广东省德育研究课程专业委员会副会长、广州市小学品德学科教研会会长、广州市教育局教研室教学研究员。

（2）课题组组长：钟丽香，小学思想品德高级教师、校长，全面负责课题管理。

（3）课题组副组长：黄桂芳，小学数学高级教师、副校长，协助组长负责课题管理。

（4）课题组主要成员：温丽梅、罗庆祥、罗天如、温秀欢、李丽连、杨永茹、潘凤娇、朱石梅、杨燕怡。

四、课题研究的意义、价值及整体思路

（一）创新之处

我校校本德育课程的开发，将狮岭的地方特色资源融合到综合实践活动这一课程中，有机地整合了学校、家庭和地方社区的教育资源，构建具有本校特色的校本课程的基本框架。

在内容的选取上，我们充分挖掘和利用本地区教育资源，把校本德育课程与综合实践活动课程有机整合，注重课程内容的开放性和拓展性，重在实践体验，以开放式学习为主。以社会实践活动为主体开展系列活动，在开发校本课程的同时，增强学生的动手、动口、动脑能力，突出"主体个性化"教育的特征。

（二）理论意义

如何实现学校总课题"主体个性化"提出的教育目标？"走进皮革皮具之都，探究个性和谐发展"以学校子课题的形式推出，体现了冠华小学一个很突出的教育理念：校本德育课程的开发是教师集体和学生集体以教育目标为参照标准，以课程文化为工具，以教育互动的信息沟通和人际交往为中介的一个共同活动系统。教育目标的社会期待和课程的文化价值规范，只有通过师生在教育活动过程中的共同活动与人际交往的中介和转换，才能实现集体活动向个体活动、外部活动向内部活动的转化，才能促进学生主体潜能的社会化和个性化。

文库 学校品牌

"走进皮革皮具之都，探究个性和谐发展"校本德育课程的课题研究是引导学生内化社会文化素养，开发个体素质潜能的关键性实验因子。实验中，我们依据建构主义理论、多元智能理论和人本主义理论，从实践中关注学生的认知、习得与世界观的生成和建构过程；关注学生的个性差异与潜能开发；关注学生的自我意识、自我要求、自我调控、自我激励与自我完善过程，从中构建具有本校特色的、体现"张扬个性，回归天性，完美人生"理念的校本德育课程体系。由此，我们把校本德育课程的开发与研究作为学校"主体个性化'教育实验的突破口。

（三）应用价值

本课题的价值体现在教育观念上力图突破五个转变：一是改变"唯书、唯知、唯分"的教学目标，转而注重开发学生的主体性学习潜能，重视个性品质的培养；二是在教学资源的开发上，改变只重视教师讲解、传授的做法，转而重视教师的人格榜样、个性品质、教育期望、非语言教育行为以及班集体的交往、人际关系、课堂气氛、学生无意识学习以及实践活动体验等潜在教学资源的开发与调控；三是在课堂信息网络结构上，改变"教师中心"的做法，转而重视发掘学生个体间及学习集体中信息交流的教学潜能；四是在教学组织形式上，改变不断强化教师的灌输、注入、考评的传统做法，转而重视学生在课堂上独立思考、自主学习与实践探究的学习时空条件，重视小组学习的中介与组织功能；五是在教学方法上，改变只重视符号认知、解题记诵、现成结论的做法，转而重视操作应用、思维想象和在实践中发现创造的过程。

我们认识到，学生自主性、个性化学习品质的培养，与师生合作、实践活动的人际交往、群体互动以及创造性的氛围密切相关。因此，我们参照学校"主体个性化"教育实验的总体设计，以"主体个性化"的培养目标为导向，以开放型的课程体系为切入点，以发展性教学评价为杠杆，以班集体的合作性学习为动力，构建课题"走进皮革皮具之都，探究个性和谐发展"，由此探究和构建"主体个性化"的学校办学模式。

（四）整体思路

1. 坚持理论学习，提高认识，树立现代教育观念

我校扎扎实实开展系列学习活动，营造浓厚的学习气氛。学校领导把学习作为终身教育的一项重要内容，健全每周定时学习的制度，让教师树立终身学习的

思想。学习内容包括"三个代表"重要思想、教育法规政策、《中国教育改革和发展纲要》、《新课程标准》、校本课程编写的相关理论等。通过学习政治理论和现代教育理论，交流思想，更新观念，树立新的人才观和质量观，增强管理能力和凝聚力，并以新的教育教学理念指导学校各项工作的开展。

坚持集中学习与自主学习相结合，专家引领与校本培训相结合。学校经常以"请进来"的方式邀请市、区教研室和区教师进修学校的专家、学者到学校作专题讲座，如广东省德育研究课程专业委员会副会长姚顺添老师、广州市教育局教研室王亚云老师、花都区音乐首席教师黄丽丽等专家都到过我校开展专题讲座；我们还组织学校的领导和教师到福建、江西等地学习。通过学习、讨论，行政领导、教师的教育观念得到了更新，深刻认识校本德育课程的开发与研究在学校发展中的现实意义。

2. 创新德育方式，提高德育的实效性

我们组织教师认真学习《中共中央国务院关于进一步加强和改进未成年人思想道德建设的若干意见》，用这些意见来指导我们更好地开展德育工作。为了提高德育的实效性，我们把"走进皮革皮具之都，探究个性和谐发展"课题的研究与学生的品德教育结合起来，以增强学科德育的渗透力。我们在认真上好学校校本课程的同时，努力结合狮岭镇的独特地方资源开展德育课题研究。比如，狮岭镇是"中国皮革皮具之都"，每年举行一届"中国（狮岭）皮革皮具节"，我们充分利用家乡这一得天独厚的课程资源，在"中国（狮岭）皮革皮具节"开幕的同时，举办"冠华小学皮革皮具艺术节"，用一天的时间让学生在校园内展示自己的皮革皮具创意设计、皮革皮具艺术小制作，开展皮革皮具秀表演、皮革皮具销售、小警察维持秩序、小礼仪导购介绍、手抄报制作、"信得过商家"评选等一系列活动，内容丰富，实践性强、参与度高，在学生、家长之间和社会上均引起了巨大的反响。这些活动的开展，使学生的交际能力、动手能力、人员调配能力、审美能力等都得到了不同程度的锻炼。"冠华小学皮革皮具艺术节"成了孩子们积极参与、展示自己风采的节日。

3. 进行课堂教学改革

在学习的基础上，我们确立了"以问题研究为中心"，实施"个性和谐发展"的评价指标体系，弘扬学生的个性化主体意识。在研究中，我校经常组织教师上移植课、示范课、过关课、研讨课、公开课，课后及时组织评课，写教学反思，促进教师将自己的教学实践上升到理论认识，强化学生的"主体个性化"意识。教学实践提升到理论认识的高度，使学校的课堂教学面貌为之一新。

4. 开发"走进皮革皮具之都"校本德育课程系列

（1）课程形式：课程以开放的形式存在，有确定的课程目标、课程内容、课程实施和课程评价等。课时长短根据具体的需要来确定，对某一具体课程不定授课日程。

（2）课程实施途径：坚持校内外相结合，课堂教学与专题讲座、社会实践、外出考察活动、主题表演等相结合，由"形式课堂"走向"非形式课堂"，促进学生主动、生动地发展个性。

（3）课程开发方法：①将课程开发寓于课题研究之中，保证科学性；②充分调动教师参加课程开发的积极性，体现参与性；③利用校内外的教育资源，坚持校本化；④仔细研究《国家基础教育课程改革指导纲要》，保证校本课程开发方向的正确性和探究的科学性。

（4）课程资料编制：我校成立了校本课程资料编制小组，根据学生的年龄特点编制校本课程教本，在各个年级设置既相互联系，又自成一体的校本德育课程。相互联系是指各个年级的校本课程的大主题都是围绕皮革支具研究而开展；自成一体是指各个年级都有自己相对独立的研究主题。六年级的校本课程《走进皮革皮具之都》已印刷成书，本课题研究期限内我们将开发供四、五年级使用的《走进皮革皮具之都》，采取边试用、边修改的方式，让"走进皮革皮具之都"成为一个系列，促进不同年龄段学生的个性发展。

五、拓宽德育渠道，推进课题研究，促进学生个性发展

我国中小学生教育的根本任务是为提高全民族的素质打好基础。人的素质包括思想道德素质、智能素质、体能素质、审美素质、劳动技术素质和心理素质等等。其中，思想道德素质居领先地位，起主导作用。德育的基本内容包括思想教育、道德教育、行为养成教育和心理素质教育；要求遵循德育大纲的要求，根据学生不同的年龄特点，统筹安排并各有侧重。

小学阶段，主要向学生进行以爱祖国、爱人民、爱劳动、爱科学、爱社会主义为基本内容的初步的社会公德教育和有关的社会常识教育。新课标指出："本（德育）课程的教科书主要不是作为知识的载体来供教师讲授的，它是教师引发儿童活动的工具，是儿童开展活动时可利用的资源。"由此可见，教材不是不可更改的静态文本，也不是师生课程活动的指挥棒，其本身就包含了多元性和差异性的教学空间。教师要由教材的忠实宣讲者转变为教材使用的决策者，确立起自己作为新课程教材的创造者和实施者的主体意识，能够在具体的教学情境下根据不同的教学对象对教科书进行修正、开发和创造。

在统筹安排好德育课程基本内容的同时，发现和利用好身边的教育资源，是值得我们每一个学校和教师关注的事情。把课堂扩展到无限丰富的大自然、多姿

多彩的现实生活以至整个人类社会，让学生不仅学会书本上的知识，也学会热爱大自然、热爱家乡、热爱生活、热爱祖国、热爱我们生活的地球家园……从这个层面来讲，课程内容已经赋予了德育不同的意义，教师已成为真正意义上的德育课程内容的创造者。

基于以上认识，我们除了加强学校管理、优化育人过程、在教学中渗透德育因素之外，还根据本校实际和学生的个性特点，努力开拓德育渠道，开发德育资源，整理乡土德育教材，建立了革命传统教育基地、家乡新貌教育基地、劳动教育基地和社会实践基地，在实践中提高学生的道德水准。我们重视开展主题班会、兴趣小组、知识竞赛、参观访问和"创良好班集体""学英雄做新人"等丰富多彩的活动，寓教于乐，潜移默化地培养学生的优良品德。我们注重师德教育，强调教师的言传身教，以加强对学生的思想熏陶。

（一）充分利用皮革皮具资源，推进学校特色和学生个性发展

1. 以皮革皮具节活动，促进学校特色发展

一所学校的崛起是由一个个独具风格的特色文化活动串起的，"冠华小学皮革皮具艺术节"就是冠华小学一张亮丽的名片。"中国（狮岭）皮革皮具节"对学生来说，既熟悉又陌生。如何利用狮岭独具特色的资源，使学生及其生活的世界形成一个有机整体，从而成为教育、培养学生的有效因素呢？我校构建"大综合实践活动观"，把综合实践活动课引向大课堂，培养学生的综合素质。为此，我校开展"冠华小学皮革皮具艺术节"，它不是"中国（狮岭）皮革皮具节"的重复，而是有自己的特色的活动，是孩子们的节日。

我校在学年之初会制订"冠华小学皮革皮具艺术节"活动方案，与"中国（狮岭）皮革皮具节"同时举行，利用一天的时间让学生到皮革皮具城展示自己的才艺、创意和风采。活动的对象包括一至六年级的学生，活动的内容与每一个学科都紧密相关。活动的形式有文艺会演、现场皮革皮具小制作、现场皮革皮具小设计、皮革皮具秀表演、皮革皮具一条街（包含了皮革皮具销售、小警察维持秩序、小礼仪导购介绍等）、手抄报制作、"信得过商家评选"等等。

我们强调全体学生参与，学生可以根据自己的特长参加一项或多项活动，而他们准备的过程同时也是"大实践"的过程，可能需要用一个月、一个学期甚至一年准备。例如，有的学生喜欢皮具销售，想当小老板过过瘾，就要像生意人那样去准备货物、布置档口、学习销售知识。他们必须在"冠华小学皮革皮具艺术节"前考虑和解决许多问题。教师可以引导同一组的学生分工合作，每人负责一项具体的筹备工作，并在学生出现困难时给予必要的指导；学生可以先向家长

文学校品库牌

学习制作小皮革皮具的方法及技巧，然后自己制作再销售，或向亲戚收集一些积压产品来销售。通过这项活动，学生的口才能力、动手能力、人员调配能力、审美能力等都得到了锻炼。

又如现场皮革皮具小设计活动，它集绘画能力、审美能力、动手操作能力于一体，学生参加这项活动不仅展现了自己的创意和技能，心理素质也得到了锻炼。在皮革城展现并义卖丰富多彩的手工制作，将义卖款项捐给贫困学生。这项活动让师生感受到成功的乐趣的同时，也收获了爱心教育，受到前来参观的社会各界人士广泛的赞誉和高度的评价。

我校语文科组开展"皮革皮具艺术节有感"的征文活动，学生写出了很多体会较为深刻的好文章，以下是学生的一篇习作：

> 每年的"中国（狮岭）皮革皮具节"，我们学校都要去皮革城进行爱心义卖活动。我很荣幸参加学校举办的这次大型活动。在这次义卖活动中，我们的每一个同学通过设计、制作、销售每一件商品，学会了做人，学会了求知，学会了发展，学会了感恩。在这一天中的劳动里，我也深刻地感受到妈妈工作的辛苦，因为我妈妈是卖衣服的，每天都早出晚归，很辛苦。在皮革皮具节这天，很多顾客都来我们的档口买我们的作品，大家都对我们班做的作品赞不绝口，这是我们班同学辛勤劳动的结果。我也从他们身上闻到了一种味道，那就是"爱"的味道。我们多卖一个作品，那些需要我们帮助的人就会多一分温暖。以后，我们还会更加积极地参加这样的活动，感谢老师和学校给了我们一次社会实践的机会，我暗下决心要努力学习，取得更好的成绩，同时我也坚信：我们狮岭皮革皮具的发展会更加辉煌！

实施综合实践活动要着眼于学生实践意识的养成，强调学生的动手操作、综合实践能力的养成。我校构建"大综合实践活动观"，以开展"冠华小学皮革皮具艺术节"为平台，培养学生的综合素质。开展了校园皮革皮具艺术节这一创举性的活动，在狮岭镇乃至花都区教育界都获得了非常好的反响，也得到了社会各界的广泛认同，引起了各界媒体的关注，《岭南少年报》《现代中小学报》《今日花都》《广州日报》《城市特搜》等媒体均作了采访并报道。学校德育教育逐步形成自己的特色，正沿着炉火纯青的道路迈进！

"冠华小学皮革皮具艺术节"成为冠华小学的一张名片，已经成为冠华小学展示"主体个性化"教育特色的窗口、汇报德育成果的舞台、打造校本特色校园文化的抓手、探索与革新校本德育课程的试验田。在挖掘学生的潜能、张扬学生的个性、营造校园文化氛围、提升校园文化品位、凸显学校"主体个性化"

教育特色等方面起到了非常重要的作用。

2. 以皮革皮具资源，开发校本德育课程

学校积极推进校本德育课程的开发与研究实验，构建以校为本的课程体系。我们以开发家乡、社区、学校、家庭资源为切入点，以爱国主义教育为重点，以培养学生负责任、有爱心、动脑筋、有创意为侧重点，还以花都区狮岭镇"中国皮革皮具之都"的社区环境为依托，利用得天独厚的地方资源，吸取地方文化的丰富营养，开发了校本德育课程"走进皮革皮具之都"，编写了一至六年级的校本课程教材。这套教材在全国校本课程高级研讨会上，获得了与会专家的一致好评。校本课程的开设使学生在获得基础知识与基本技能的同时，学会做人、学会求知、学会发展，有助于引导学生领悟、继承并发扬狮岭人勤俭、上进、拼搏的精神，让学生从小树立"立足狮岭，走向世界"的崇高理想，培养学生热爱祖国、热爱家乡、热爱学习、热爱劳动的良好思想品德。

我校开发的校本课程将狮岭"中国皮革皮具之都"的地方特色资源融合到综合实践活动这一课程中，在各年级开展"走进皮革皮具之都"实践活动的同时，围绕着"皮革皮具"这一活动主题，设计综合实践活动学习卡。

各年级综合实践活动学习卡的研究内容如下：一年级，皮革皮具的名称；二年级，皮革皮具的分类；三年级，皮革皮具辅料的知识；四年级，皮革皮具的印花及装饰；五年级，皮革皮具的简单设计；六年级，皮革皮具的简单制作。

校本课程的实施增强了学生的动手能力、动口能力、动脑能力，突出了"主体个性化"教育的特征。

3. 以皮革皮具文化，引领学生道德发展

狮岭镇每年生产的各类皮革皮具制品数以亿计，远销欧美及阿拉伯地区。皮革皮具产业的迅速发展使狮岭的经济腾飞，它的发展过程为学校教育提供了丰富的社区课程资源。

积极推进校本德育课程的开发与研究实验，构建以校为本的课程体系，这是新课程改革给予我们的机遇。我们认为，校本德育课程的特征必须体现出课程的个性化、课程的校本化和课程的开放性，同时体现出课程资源的选择性、继承性和发展性。因此，我校选择区域文化作为学生德育校本课程资源，在开设国家新课程的同时，开设社会知识类选修课程，以尊重学生的选择，发展学生的个性。在注重学生知识与技能学习的同时，注重学习能力的培养；在传授中华民族传统文化，继承优秀教育传统的同时，注重社会最新信息的学习；在使学生奠定坚实知识基础的同时，注重创造性与开放性思维的培养。以开发家乡、社区、学校、家庭资源为切入点，培养学生负责任、有爱心、动脑筋、有创意的良好品质，促进学生全面、和谐而富有个性化地发展。由此，我校开展"走进皮革皮具之都，

学校文库

探究个性和谐发展——冠华小学校本德育课程的开发与研究"的课题研究，以皮革皮具文化引领学生道德发展。

4. 以皮革皮具文化精髓引领开放教育，拓宽学生德育视野

冠华小学在教育改革的大潮中，正以地域皮革皮具文化敢为人先、勇于进取的精神，迈开坚实的步伐，迎接新世纪现代教育的新挑战。现代的世界是开放的，现代的教育也应该是开放的。无论在办学思想的提出、规章制度的制定，还是在管理措施的落实、具体教育教学活动的开展直至校园皮革皮具艺术长廊的设计上，冠华小学的教育改革无不体现着开放教育的意图。

（1）与周边社区携手共建学校。例如，与广州北站开展共建"生命无价，遵守交通规则，维护铁路畅通"文娱宣传活动；和南方航空公司的空姐们进行"同创和谐社会，共建绿色家园"植树活动；与狮岭家宜多商场开展共庆"六一"书画比赛活动、小记者采访皮革店老板等。

（2）与贫困地区孩子手拉手，从小培育孩子们的爱心情怀。2007年3月20日，我校少先队大队部发出与广西百色市平果县坡造镇中心小学联合举办"体验艰苦手拉手，两广学生心连心"综合教育实践活动的倡议书，号召同学们到山区贫困学生家体验生活，同时向贫困的同龄人伸出援助之手。倡议书一出，同学们纷纷踊跃报名参加，全校顿时掀起一股爱心捐赠热潮，很多同学不仅捐出自己的零用钱，而且积极发动身边的亲朋好友加入此次活动的行列。之后，我校学生还分批次、以年级为单位到坡造镇中心小学进行为期五天的综合教育实践活动，同学们到贫困生家中与贫困生同吃、同住、同劳动，进而学会了找草施肥，认识了各种农作物，既体验了艰苦生活，也磨炼了坚强意志，促进了不怕苦、不怕累、珍惜粮食等良好品质和习惯的养成。同学们目睹了百色地区人民的艰苦与坚强，懂得了要珍惜现在拥有的一切，好好学习，将来报答父母和报效祖国。

广西之行为孩子们的心灵打开了另一扇窗，透过这扇窗户，他们学会了思考，也学会了感激、奉献和珍惜。这次活动之后，我校在广西百色市平果县坡造镇中心小学设立了"冠华小学爱心基金会"，此后每年，我校都会向坡造镇中心小学的贫困学生伸出援助之手。我们相信，此等情谊将会继续，而且会有越来越多的人加入到这一爱心行动中。

（3）树立走向世界的抱负。狮岭是"中国皮革皮具之都"，每年都有不少国际友人前来。我们借助地域资源优势，带领学生"走出去"——参观考察、访问外商、与国际友人对话，并通过网上搜集资料，引导学生放眼世界，培养"走上世界舞台，与世界对话"的抱负与志向。应台中市南阳"国民小学"（简称"南阳国小"）之邀，冠华小学师生一行44人于2011年5月26日赴宝岛台湾，开展以竖笛为主要内容的教育交流活动。与台中市南阳国小的交流，对冠华小学

的每一位师生来说都是十分珍贵的体验。两校的互动，不仅是教育的沟通、学术的交流，更是海峡两岸文化的融合、感情的共鸣。2006年起，学校每年都组织学生前往香港参加国际青少年合唱节，与香港真道书院、广州市名校开展"手拉手"的冬夏令营，组织学生到广州日本人学校交流。通过这些交流活动，让学生认识世界，开阔视野，学会建立良好人际关系的交往能力。2009年7月27日，由中国文联、中国舞蹈家协会主办的第五届"小荷风采"全国少儿舞蹈展演在全国政协礼堂举行，冠华小学的14名小舞蹈家表演的《爱扭扭的牛牛》在展演中荣获金奖，获奖不仅让学生感受到了成功的自豪和幸福，还培养了他们的团队协作精神。学校还组织学生参加"红背心跳蚤市场"、英语形象设计大赛、"我是一颗未来星"及学生德育漫画比赛和学校德育案例征集等活动，使德育工作、德育课程的开展富有特色，发挥了学生的主体性、主动性和创造性，《现代中小学生报》对我校的这些活动作了专版报道。

我们践行"主体个性化"教育的办学理念，就是想在扎扎实实地继承中华民族优秀传统文化的基础上，实实在在地探索教育国际化的具体实施途径，让学生既饱含民族情怀，又具有国际视野。开放教育使得学生学会正确地认识整个世界，将"主体个性化"教育置于一个更加广阔深远的背景中去汲取营养，去丰富发展。

（二）开展形式多样的活动，促进家、校教育合力

1. 定期进行校本培训，提高家长的家教水平

利用本校兼职教师队伍，每学期我们都要系统、全面地对家长进行校本培训，讲授"家庭教育的重要性""从幼儿园到小学衔接的问题""关爱孩子的心理健康"等专题知识讲座，使每位家长都感悟到家庭教育的重要性——不仅重养，更要重教。为了提高家长的教育水平，普及家教知识，我校还邀请家教专家和知名人士为学生家长举办专门的家教讲座，像推崇"赏识教育"的大山老师、中国教育学会家庭教育专业委员会成员刘欢仪老师、花都区教育局陈照麟副局长，以及来自广州市少年宫成长教育中心的专家等都曾来冠华小学举办过家庭教育讲座，受到了家长们的欢迎。家长们普遍反映从中受益匪浅，希望学校以后多举办类似的讲座。另外，我校还在学校的家校互动网页提供有关家教学习资料供家长学习。无疑，这些举措在很大程度上促进了家长家教水平的提高。

2. 依托家长委员会，组织好相关家、校教育活动

我们将学校的家长会由原来教师唱独角戏改为每个班的家长委员会来组织，由家长总结发言，教师协助小结。为什么能做到这一点呢？这是因为我们的班主

任老师能够利用各种形式，如"校讯通"、班级网页、座谈等方式，经常性地与家长委员会沟通学生情况、班级成绩、班级活动等。家长委员会还让个别优秀学生及家长进行经验交流，将他们的宝贵经验与全体家长共享，为教育好子女提供借鉴。其中有的谈教子经验，也有的谈教子教训，还有的针对家教中的难点提出自己的思考与探讨。他们讲的是家教实践中的切身体会，针对性强，有典型性，易懂、易学，很多家长都反映良好。家长委员会还经常就班级活动征求家长的意见，有的家长建议外出烧烤、野炊、到农庄干农活等，有的建议外出旅行，我们采纳了这些建议，使家校活动更加丰富多彩，深受家长的喜爱。我们还经常讨论班级出现的一些事情，征求家长的意见，收集家长反馈的信息。无论是积极的或消极的反馈，家长委员会都会认真分析处理，积极与班主任老师沟通、相互配合，保证学生的身心健康。

3. 以家访、电访、信访方式，加强家、校联系

为了加强家长和学校的联系，我们建立了家访、电访、信访等制度，做到家校联系常态化。我们通过家访、电访、信访及时将学生在学校的近期表现反映给家长，并向家长了解学生在家的表现；遇到"特殊"学生，还同家庭共同商讨教育的方法。我校的家访重点放在一年级和六年级，要求一年级的老师必须到学生家，认识家长，了解学生的父母、家庭环境、生活及学习习惯等，以后好开展工作。六年级下学期初，由校领导在周末分班带队，走访每个学生的家庭，了解学生的学习状况。家访时，我们看看学生的房间，了解学生的学习环境；同时也向家长提出一些增加学生营养、关注学生的精神状况等建议，希望家长配合学校鼓励学生积极学习。在家访的过程中，通过与学生、家长的交流，拉近了家长同师生之间的距离，让学生、教师与家长之间的关系更加密切了，每学年我校的普访率达95%以上。每到节假日我校必给家长致信或发"校讯通"，提醒家长应该注意的事项。有些班级还设立"陪伴成长"QQ群，让学生家长加入，让教师、家长可以尽情交流。

4. 让家长参与学校组织的教育活动，了解学校、教师与学生

学校有四大固定活动，家长是一定要来参与的：第一个是每周二、三、四中午的亲子广播节目，这是每个班的家长和孩子轮流来学校讲故事给全校学生听的节目。第二个是每年的劳动节，学校为了让孩子养成好习惯及锻炼孩子的自理能力，会进行一些有关劳动技能的比赛，如插花、"夏日果缤纷"拼盘大赛、皮革皮具工艺制作大赛、齐心协力包饺子大赛、"我爱红领巾"戴红领巾比赛、削水果技能大赛、"折衣服"比赛、"穿针、钉纽扣"比赛、做个"小厨师"厨艺比赛等活动。第三个是每年10月的"冠华小学皮革皮具艺术节"，家长与学生一起参与。第四个是每年12月的校级运动会，学生比赛时家长作为义工为大家服务。

比赛结束后，各年级进行亲子运动会，如"亲子趣味运动会"、"我们能行"团队合作活动、阳光跑等。

通过参与这些学校活动，家长都有感而发，说"自己好开心"，"好像回到了儿童时代"，"找回了童心"，也因此与孩子更贴近，更了解孩子的性情，孩子跟父母的关系也更加融洽；同时，家长更体谅教师工作的艰辛，更加支持教师及学校的工作。除了以上列举的固定活动，每个年级还会在家长委员会的组织下进行一些特色亲子活动，如外出烧烤、植树，到广西百色平果县贫困孩子家体验生活等综合实践。每年 9 月 18 日的"中国盘古王民俗艺术节"开幕式、中国盘古文化高峰论坛以及狮岭镇盘古王诞，我们的家长与学生都会积极参与。

特别值得一提的是，我校黄俊彬老师到广西百色市平果县坡造镇中心小学挂职期间，了解到那里的孩子生活、学习等条件十分艰苦，但他们依然非常刻苦地学习。相比之下，我校学生的生活条件非常优越，日常生活都由父母包办，缺乏独立生活能力，自理能力较差，没有体会到父母的艰辛，不懂珍惜这来之不易的生活。针对上述情况，我提出，带学生到山区去，让我们的孩子体验山区的艰苦生活，磨炼坚强意志，树立远大理想，珍惜幸福生活，加倍努力学习。当时有人表示反对，因为毕竟路途遥远，要考虑到学生的安全问题。但我没有放弃，与学校家长委员会反复开会研究，最终定案，与广西百色市平果县坡造镇中心小学联合举办"体验艰苦手拉手，两广学生心连心"综合教育实践活动，号召同学们到山区贫困学生家体验生活，同时向贫困的同龄人伸出友谊之手、援助之手。

出乎意料的是，倡议书发出后，得到很多家长的支持，同学们纷纷报名参加。其中五年级三班钟志良同学的家长捐助 1 350 元、1 000 件文具、30 个书包，并长期资助两名贫困学生。在广西短短的五天，我们经历了许许多多。山区同龄人的生活、学习环境虽然艰苦，但他们不甘落后、无惧困难、勤奋好学的精神给我们的学生留下了深刻的印象。在这次活动过程中，同学们得益最大的是思想的变化：从看到住宿生的饭不想吃到主动地盛来吃；从怕脏怕辛苦不干活到争着下田拔草、放牛；从不肯上床睡觉到主动帮忙收拾床铺、灭蚊子；从一个爱撒娇、任性的孩子变成一个懂得关心他人的好孩子。在贫困生家居住时，我校张学宏同学就把身上的 100 元全捐给了贫困生，邹家源同学在干完农活回家的路上顺便买块肉煮给大家吃……这次锻炼给学生们留下了难忘、开心的回忆。活动结束后，我们向参加活动的学生家长发出调查问卷，对这批曾到山区体验艰苦的学生进行跟踪调查。调查结果显示，家长们对这次活动的效果赞不绝口，一致反映自己孩子的精神面貌和学习态度发生了巨大的转变，学习更加勤奋了，做家务也更主动了。家长们都希望学校可以多开展这样有意义的活动，还建议时间长些更好，让学生的体会更深刻。

学校品牌库

教育当恒远——一位校长的教育思考

5. 设立家长开放日，让家长参与学生的学习活动

为了充分调动家长参与教育孩子的积极性，学校实施了家长开放日活动。在家长开放日，家长可以走进学校、走进课堂参加孩子的学习和活动，与孩子共同听课，了解老师的教学方法。另外，学校还向家长展示老师的备课教案和学生的优秀作业，进一步增进了老师与家长之间的理解。

我校的教育教学成果日益丰硕，办学质量全面提高，社会美誉不断提高、扩大，这些都与家长、学校的协作密切相关。我们将进一步群策群力，加大工作力度，积极探讨家庭教育方法，提高家庭教育质量，不断改进和完善家长学校工作，努力提高家长学校的办学质量，凝聚学校、家庭和社会的合力，共同关心下一代的健康成长。

六、课题研究的主要成果

（一）教师方面

1. 教师的教学观念发生了根本变化

教师逐步了解了新课程的整体要求和校本德育课程的操作要求，了解了学校新课程的理念以及课题实验的整体框架，逐步建立起新课程的整体观念。人人参与学习、研究与策划活动，并善于用新课程的理念指导教育实验行为，效果良好。

2. 促进了教师专业化发展

教师向学生学习的促进者转变，成为教学的研究者、课程的建设者和开发者。在开发校本课程的过程中，教师加强了课程意识。近年，教师获区级以上奖励或名誉称号共 603 项，其中省级以上 242 项；学校产生了一大批市级、区级的教学骨干、学科带头人。

现在我校有广州市特约教研员 3 人、市综合实践活动科理事 1 人，区学科带头人 1 人、骨干教师 6 人。其中，邱秋玲、宋颖菊的课例分别荣获广东省"十二五"课题"小学德育课程教学方式研究"评比二、三等奖；毕艳薇的课例"狮岭镇皮革皮具节探究"在 2007 学年广州市小学综合实践活动说课大赛中荣获三等奖；毕艳薇、黄桂芳、卢秋婵共同撰写的论文《狮岭镇皮革皮具节专题探究》在"全国基础教育课程改革实验区综合实践活动第五次研讨会"论文评选中被评为一等奖。

（二）学生方面

学生的素质得到了全面提高，在学习兴趣、自主性与个性化发展方面有明显

提高；在认知、动作技能、审美、心理素质方面有明显改善。如2006年，陈婉媚、蓝静怡、罗秀文、谢锦辉、冯伟健等17名学生写的作文相继在《现代中小学生报》《岭南少年报》发表，家长、社会各界都对我校学生称赞有加。

近年，学生获区级以上学科竞赛奖励或荣誉称号共1 076项；我校参加广州市小学生"动脑筋有创意地生活"德育系列活动，如"红背心跳圣市场"、英语形象设计大赛、"我是一颗未来星"、学生德育漫画比赛和学校德育案例征集等活动，均获得一等奖；2006年1月，我校参加在香港举行的国际青少年合唱节比赛，并荣获铜奖。

（三）学校方面

1. 编写并出版了"走进皮革皮具之都"校本德育课程系列教材

在2005年编印冠华小学校本课程《走进皮革皮具之都》（六年级）及其补充资料《综合实践活动学习卡》的基础上，在课题组成员及全体教师的共同努力下，我们于2008年编印了冠华小学校本课程《走进皮革皮具之都》（四年级）和《走进皮革皮具之都》（五年级）及其补充资料《综合实践活动学习卡》（四、五年级），开始供四、五年级的学生使用。

秉承《走进皮革皮具之都》（六年级）图文并茂、内容丰富的特色，《走进皮革皮具之都》（四、五年级）所涉及的方面主要包括：人口、民族与文化、环境与资源、经济与生活、劳动与技术、健康与安全、法制与社会、健康与合作、环境与保护、艺术与生活等。这两本《走进皮革皮具之都》（四、五年级）分别有七大主题。

（1）《走进皮革皮具之都》（五年级）的基本内容。

主题一：可爱的家乡人。包括"家乡的风俗习惯""为了生活，四处奔波""乡音无改，走向世界"三个课时。

主题二：家庭"手工业"。包括"现代科技发展迅速""走进家庭'手工业'""家庭小帮手"三个课时。

主题三：变废为宝。包括"家乡垃圾探秘""皮具碎料用处多""七十二变：变废为宝我能行"三个课时。

主题四：七嘴八舌话皮革。包括"皮革皮具产业的来历""皮革皮具，想说爱你不容易""皮革皮具，魅力没法挡"三个课时。

主题五：寻找成功之路。包括"寻找名人的足迹""失败是成功之母""我们的'成功之路'"三个课时。

主题六：心灵手巧。包括"爱动脑筋有创意""人人敬佩小巧手""心灵手

学校品牌文库

教育当恒远——一位校长的教育思考

巧创品牌"三个课时。

主题七：皮革乐园。包括"我眼中的'皮革乐园'""我心中的'皮革家园'""我们是'皮革乐园'的小主人"三个课时。

（2）《走进皮革皮具之都》（四年级）的基本内容。

主题一：都说家乡好风光。包括"秀全故居'风水宝地'""从乡村走向城市""海内存知己，天涯若比邻"三个课时。

主题二：小小社区"地球村"。包括"开放的皮革社区""社区与我们的生活""我爱家乡的社区"三个课时。

主题三：皮革皮具，无处不在。包括"我们身边的皮革皮具""皮革皮具在家里""假如我是魔术师"三个课时。

主题四：生态乐园。包括"皮革皮具厂区的烟囱""我们的对策""我心中的生态乐园"三个课时。

主题五：皮革皮具广告与我们的生活。包括"多彩的皮革皮具广告艺术""小小广告设计师""我为家乡皮革皮具做广告"三个课时。

主题六：我们的"皮革皮具之都"。包括"开放的'皮革皮具'之都""寻找家乡人创品牌的精神""我为'皮革之都'添光彩"三个课时。

主题七：皮革皮具艺术节。包括"中国（狮岭）皮革皮具节""冠华小学皮革皮具艺术节"两个课时。

"走进皮革皮具之都"校本课程的学习和各种实践活动的开展，在促进学生个性的和谐发展和创新能力的提高方面发挥了积极的作用。参与社会调查、访问乡亲和参观厂区等实践活动，让学生学会观察和了解自己所生活的社区，有利于提高学生的社会交际能力和团队协作能力；皮革皮具小工艺品制作、皮革皮具产品形象设计等活动的开展，锻炼和提高了学生的动手操作能力，有助于学生发挥想象力并培养创新能力；了解家乡的皮革皮具特色产业、家乡成功人士的创业过程，激发起学习的兴趣和动机，并将这些兴趣和动机转化为努力学习的前进动力，从小就树立起"立足狮岭，走向世界"的崇高理想，从而培养爱家乡、爱祖国的情感，在全面发展的基础上拥有特长，将来积极参与国际竞争，建设祖国，建设家乡。作为彰显学校特色的校本德育课程的构建，"走进皮革皮具之都"校本德育课程系列使得冠华小学"百丈再百丈，攀登亮峰上"，也使"皮革皮具特色实践活动"品牌项目成为广州市花都区的一颗耀眼明珠。

2. 建设具有浓厚校园文化特色的校本文化艺术长廊

我校在每层楼的上下楼梯处，设计一些有艺术性的画框，用有机玻璃镶嵌着展示学生设计的皮革皮具作品，让学生在体会成功的同时，展示自己的个性；课室内设计一个让学生展示个人作品的专栏；校园内开辟一个特色长廊，专门展示学生设计的有皮革皮具特色的作品，让学生在动手、动脑中充分张扬个性。

3. 冠华小学成为区内名校

经过几年的实践，我们开展"主体个性化"教育和"走进皮革皮具之都，探究个性和谐发展"的研究与实验，通过皮革皮具这一家乡的物质载体，引导学生传承开天辟地、敢为人先的盘古精神，开发学生的创造性思维，弘扬中华民族的优秀传统文化，培养学生的良好品德，使学生的身心健康发展，健全学生的人格，张扬学生的个性，提高学生的综合素质，逐步形成了以皮革皮具创作实践活动为基础的"主体个性化"教育理念，打造了"皮革皮具创作实践活动"品牌项目。冠华小学由一所农村镇办小学迅速发展成为花都区的首批特色实验学校，品牌效应开始显示出来，社会美誉度得到提升，在广州市和广东省也有了比较大的影响力。

作为花都区的首批特色学校，以农村学校的定位成为龙头学校，冠华小学在花都区起到了良好的示范作用，并辐射和影响周边的学校，深受家长和社会各界的喜爱。学校在 2005 年 12 月被评为广东省一级学校；2006 年 7 月成为全国教育科学"十二五"规划课题"九年制义务教育一至六年级科学、社会课程开发与实验的研究"实验学校；2006 年被评为花都区首批特色实验学校，建设了具有浓厚校园文化特色的校本文化艺术长廊，语文科组、数学科组、英语科组分别被评为花都区优秀科组、广州市优秀科组。

我校举办的"冠华小学皮革皮具艺术节"活动在区内产生了较大的影响力，狮岭镇政府在第七届"中国（狮岭）皮革皮具节"特别邀请我校在 10 月 31 日这一天在皮革城举行"冠华小学皮革皮具艺术节"。来自全国各地的客商、学生家长对我校的活动给予了比较高的评价。广州市教研室的教研员及我区督导室、教研室的领导均认为我校这一立足地方资源的特色活动已成为花都区教育的一面旗帜。"冠小学皮革皮具艺术节"的开展还得到了多家媒体的关注，《岭南少年报》《现代中小学报》《今日花都》《广州日报》等新闻媒体都来过我校采访和报道。

特别值得一提的是，随着一系列卓有成效的课题研究的开展，冠华小学的办学特色日益凸显，不仅教学成绩大幅度提高，而且育人成果显著，在社会上的美誉度和知名度不断扩大。2004 年以来，我校多次受邀与广州市东风东路小学等省市名校一起参与国际性的教育和学术交流活动，比如到香港参加"国际青少年合唱节"，到台湾参加竖笛交流活动等。冠华老师和冠华学子，一定会尽情地展示诗意冠华的亮丽风采！

学校品牌文库

第三节

创作教育：弘扬盘古文化，培育创新精神的实践研究

一个民族的文化凝聚着这个民族对世界及自身的历史认知和现实感受，体现了这个民族最深层的精神追求和行为准则。任何一个国家及民族文化的延续和发展，都是在既有文化传统基础上进行的文化传承、变革与创新。胡锦涛同志曾在党的十七大报告中提出："弘扬中华文化，建设中华民族共有的精神家园。"这种精神家园首先就体现为一种民族创新精神，民族创新精神是中华文化的核心和灵魂，弘扬中华文化传统的精髓是新世纪培育和弘扬民族创新精神的有效举措和重要保证。

十七届六中全会审议通过的《中共中央关于深化文化体制改革推动社会主义文化大发展大繁荣若干重大问题的决定》中提出："优秀传统文化凝聚着中华民族自强不息的精神追求和历久弥新的精神财富，是发展社会主义先进文化的深厚基础，是建设中华民族共有精神家园的重要支撑。"盘古文化作为民族创新精神的内核是中华文化的重要组成部分，我们要从战略发展的高度，深刻认识继承狮岭盘古文化对弘扬民族创新精神的重大作用。

基于这样的思考，我们于 2009 年 6 月申报了学校的第二个省级课题——"创作教育：弘扬盘古文化，培育创新精神的实践研究"，9 月成功获得了广东省教育厅思想政治教育处和广东省中小学德育研究与指导中心的批准立项。我们在原有基础上开展系列化的"传承盘古，诗意冠华"盘古文化传承与皮革主题艺术创作活动，形成鲜明的整体特色。"皮革皮具创作实践活动"品牌成为学校一张耀眼夺目的名片。

一、课题提出的背景和意义

冠华小学位于花都区狮岭镇盘古王公园附近。盘古王公园原名盘古王山，是古代"南海中盘古国"的遗址之一，传说是盘古王开天辟地的地方。盘古文化在花都地区已有 1 500 年历史，在南朝时期就有"南海中盘古国"的记载。在狮

岭的盘古王庙举行的"盘古王诞"民间庆典活动，流传了两百多年。在狮岭举办的"狮岭盘古王民俗文化节"，每年都有数以万计的乡亲父老蜂拥而来，热闹非常。2008 年，狮岭镇被广东省文联和广东省民协授予"广东省盘古文化之乡"称号，这是珠江三角洲地区唯一以盘古文化命名的乡镇。

盘古王民俗这一非物质文化遗产历数千年积累传承至今，凝聚着中华民族的智慧与情感，连接着花都狮岭镇一带民众的血脉情缘。盘古王民俗这一地域文化在花都区狮岭镇这一方水土有独特的精神创造和审美创造，是人们乡土情感、亲和力和自豪感的凭借，是永不过时的文化资源。盘古文化为本地奠定了深厚的文化底蕴，留下的中华文明古迹和民间故事十分丰富。

最近几年，我们根据狮岭镇皮革皮具资源，开发了"走进皮革皮具之都，探究个性和谐发展"的省级校本德育课题研究，取得了显著的成效，在 2008 年结题时被广东省教育厅思想政治教育处及广东省中小学德育研究与指导中心评为优秀成果，在广州市首届德育创新奖中获二等奖。以"皮革皮具创作实践活动"来促进学生的个性和谐发展的办学特色逐步形成，校园文化也得到了积淀与提升。

如何引领学校在原课题的基础上使学校的特色更明显？我们开发了具有家乡特色的盘古文化教育资源，拓宽了学生的视野，在"主体个性化"的"皮革皮具特色"的基础上进一步打造冠华小学，弘扬盘古文化，培育创新精神。开展以盘古文化为载体的创新精神的创作教育实践研究，就是对盘古精神的进一步弘扬。有了这种精神，盘古的后人将无愧于时代。

二、课题研究的相关概念和主要目标

（一）相关概念

1. 创作教育

本课题所说的创作教育，是一种在教育教学工作中鼓励学生自我学习、自我创作的学习方式。在创作教育的教学活动中，我们侧重于引导学生充分利用家乡丰富的地方课程资源，收集皮革皮具碎料发挥创意和设计，在教师的指导下自主地创作作品，如皮革皮具小制作、皮革皮具诗配画、皮革皮具美术作品等。

2. 盘古文化

盘古是中华各民族认同的创世始祖，盘古文化在中华大地流传了数千年。所谓盘古文化，实际上就是汉族文人记录整理南方少数民族相关神话，加以哲理化、谱系化，形成了开天辟地创世、化身创世和洪水兄妹结婚再造人类的神话。它是少数民族文化与汉族文化融合的典范，是中华民族文化多元一体构成的生动

学校品牌文库

教育当恒远——一位校长的教育思考

体现。盘古文化是在中华本土上滋生的远古文化，延续古今，传播中外，不仅是我们民族文化的根基，也是世界各民族文化之根。"盘古文化"的内核是讲求诚信、勤劳勇敢、百折不挠、艰苦创业、战天斗地、追求圆满，强调如何做人，追求人的精神境界。

"弘扬盘古文化"是对盘古文化的精髓——"创新、勤劳、奉献"精神的继承与发扬，对增强学生的伦理素养、人生智慧、精神价值、文化基础、道德信念，对学生的人格熏陶和良好习惯的养成，都起到了不可估量的积极作用。

（二）主要目标

（1）通过对盘古文化的发掘与研究，使学生初步感受狮岭的盘古文化是中华民族优秀文化的一部分，激发热爱家乡的情感。一方面，在家乡深厚的文化土壤中汲取大量的精神养料，成为狮岭盘古文化的继承者和传播者；另一方面，通过人文素质教育，提高学生识真伪、分善恶、辨美丑的能力，剔除各种不良文化的糟粕，弘扬中华优秀传统文化。

（2）充分发掘狮岭镇的盘古文化资源，在"走进皮革皮具之都"校本课程的基础上二次开发校本德育教材，寻求弘扬盘古文化的途径和策略，尤其突出宣扬狮岭镇盘古文化所蕴含的勤劳、勇敢的传统美德和积极、开拓皮革皮具之都的创业精神，结合新课程所积极倡导的自主、合作、探究的学习方式，科学设计相关的综合实践学习的活动方案，为学生创造丰富多彩的综合实践学习的机会。

（3）结合学科教学开展"创新研究"的创作教育，从中培养学生积极创新、开拓进取、坚忍不拔的精神。开展对"勤劳勇敢、敢拼敢闯的狮岭人"的创作学习和评析活动；开展"走近狮岭人，与精英为伴，弘扬盘古精神"的实践研究；开展"了解家乡传统节日"文化学习的实践研究，形成开展家乡传统节日的创作活动模式。在新课标理念指导下围绕"创作教育"开展创新有效课堂教学模式的研究。

三、开展丰富的实践活动，增强课题研究的实效

教育科研要以"三个发展"为根本宗旨，要起到促进教师发展、学生发展、学校发展的作用。结合本校实际，我们坚持走"自我思考促参与，自学理论促转变，实践反思促提高，专家指导促研究"之路。为了提升"弘扬盘古文化，培育创新精神的实践研究"的课题研究成果的独特性和综合性，体现课题的创新性，我们组织学生开展了一系列综合实践活动。

（一）"弘扬盘古文化"综合创新创作活动

我们紧紧围绕"润泽心灵，弘扬诗韵，传承盘古，追求创新"的指导思想，着力发掘中华民族文化的深层意蕴，通过"爱满童印""七色花开""诗苑漫步""历史长卷""小小设计师"五个主题，让孩子们在活动中接受诗意文化的熏陶，培养纯正高雅的审美情趣和锐意进取的创新精神。我们还将课题研究与狮岭镇鲜明的地域特色结合起来，传承狮岭皮革产业的地区特色，就地取材，废物利用，让学生收集身边随处可见的皮革碎料，采用线描、拼贴等方式创作出具有童真、童趣、令人惊喜的艺术作品，使冠华德育有了独特的皮革文化特色。这一皮革主题艺术创作活动在不同年级有不同的活动主题，体现出很强的开放性和灵活性。

1. 一年级主题：爱满童印

一年级的学生刚刚进入学校，老师让每个孩子在白纸的中间写上自己的名字，然后用手在水彩盘里面蘸上颜料，在白纸上印一个手掌，等纸上的颜料干了以后再把手印剪下来，班主任与同学们商量用一个图形代表班集体一起成长，比如一条鱼、一棵树、一艘船、一颗心、一个皮包，将所有的手印拼出这个图形，作为集体创作的作品保存，六年级毕业时再拓一次手掌印来感受成长。

2. 二、三年级主题：七色花开

二、三年级的学生在一张正方形的彩色卡纸中间，先想象一个自己最开心的表情，再将这个开心的表情演变成一朵花，然后用皮革碎料马赛克拼贴出来，每个人的图拼贴完成以后，最后将25个花朵与笑脸组合成一幅正方形的大图。

3. 四年级主题：诗苑漫步

四年级的学生每个人选一首古诗并将古诗的意境画出来，再用皮革碎料马赛克拼贴出来。孩子们在感受古诗意蕴中加入自己的理解和再创作，有的孩子说："我再也不会忘记这首诗了。"有的孩子说："开始的时候觉得很麻烦，但现在我还想再做一幅呢。太有趣了！"

4. 五年级主题：历史长卷（历史故事的绘本）

五年级的品德课的第一单元是寻根问祖，第一个远古故事就是"盘古开天辟地"，正好与冠华所处的盘古文化联系起来。孩子们分别完成一幅具有中华民族历史故事题材的绘画，包括盘古开天、女娲造人、炎黄和尧舜禅让、大禹治水、始皇一统、苏武牧羊、丝绸之路、岳飞刺字、虎门销烟、辛亥革命、狼牙山五壮士、改革开放、狮岭新貌等。他们查资料选取各个时代最有代表性的人物和事件，精心构思，创作了25幅历史故事的图画，然后将这些作品用皮革五金件连接在一起，形成了一幅融合品德、历史和皮革艺术制作的具有鲜明地方特色的

文学校品课库

教育当恒远——一位校长的教育思考

"历史长卷"。我们的学生还将继续创作，在接下来的时间里增加更多精彩的内容，我们期待着这一幅幅具有鲜明地方特色的"历史长卷"越攒越多、越来越长。

5. 六年级主题：小小设计师

六年级的学生更注重实用性，他们展开想象的翅膀，设计和制作出非常有创新风格的皮革产品图，成为一个又一个"平面设计师"，让人羡慕不已。

（二）"盘古公园创新创作"实践活动

让盘古文化寻根活动走进学校、走进家庭、走进社区，引领家乡人都来传承和发扬盘古勇于进取、开拓创新的精神和狮岭人敢闯敢拼、艰苦创业的精神，继承和传播盘古文化。2011 年 3 月 9 日，我们组织学生在狮岭镇盘古公园举办"盘古公园创新创作"实践活动，以拓宽学生的视野，激发学生传承盘古开天辟地、勇于进取、创新、坚韧、奉献的精神。

我们根据不同年级学生的特点设计活动，力图将盘古文化与现代文化、本土文化与国际文化相结合，利用家乡的文化底蕴和自然条件优势，带领学生走出学校，到大自然中去探索，在探索中散发出浓郁的生命气息，促进学生潜能的尽力开发和健康需要的满足，让学生在教育的田野上展现蓬勃碧绿的生机、喧腾生活的诗意、流淌青春年少的活力。

这些具有创新特色的主题实践活动由课题组设计、各年级组织实施，具体见表 2 - 2。

表 2 - 2

年级	主题活动	地点	活动内容
一	快乐爱满平安桥	平安桥	龟兔赛跑：学生分成四组，扮演兔子或乌龟，在平安桥边出发，每个小组要背诵一首古诗才能前进三米，看哪一组最先到达圣龟池
二	七色花开圣水泉	圣水泉	学生去采摘或准备各种春天的花朵，放到圣水泉边，取一小勺圣水浇灌花朵，并口头表达此时感受，学生围在圣水泉边，闭上眼睛，教师取圣水滴在孩子们的额头或手心，让他们去想象和感受大自然的滋养；进行有趣的集体绘画，画出一幅巨大的七色花拼图

年级	主题活动	地点	活动内容
三	诗情画意芳草地	大草坪	草地上有散落的诗句，每组成员牵着一条绳子一起想方设法去寻取，按小组找到完整的一首诗的时间先后排出名次；根据每个组找到的诗句，大家合作完成一幅作品的创作
四	名人有约养生湖	养生湖	学生事先准备一些彩纸、皱纹纸等材料，在养生湖旁边的广场分组装扮一些名人形象，教师根据名人的外形、风采神韵等评出优胜组
五	开天辟地盘古韵	青云路	学生在这里遇到了神奇魔法，只有全队成员同心协力、互相帮助抵达目的地，才能解除魔法，恢复正常。在经历艰难的"开天辟地"以后，分享、交流后，画出心中的盘古样貌
六	乾坤浩然盘古魂	乾坤石	学生在乾坤石旁感受盘古精神，认真阅读盘古公园文化长廊的相关资料，然后以创新、奉献、开拓、勤劳、进取等关键词为主题，雕塑、讲述盘古后人的形象和故事

在活动之前，我们发动高年级一些条件比较好的学生，组成课题实践记者团；在老师的组织下，举办"如何捕捉有价值的精彩瞬间"的摄影讲座，让小记者们了解如何在生活和工作中记录精彩瞬间的基本知识。活动之后，根据主题活动的情况，组织学生写出自己的感受，挑选优秀的文章组成主题绘本，将学生拍摄的"精彩瞬间"摄影作品放在画展之中展示。

（三）"了解家乡传统节日"创作活动

为了进一步发掘狮岭镇的盘古文化资源，开发校本德育教材，突出宣扬狮岭盘古文化所蕴含的传统美德以及勤劳勇敢、积极开拓皮革皮具之都的创业精神，我们结合新课程积极倡导自主、合作、探究的学习方式，设计相关的综合实践学习的活动方案，为学生创造综合实践学习的机会，从中寻求弘扬盘古文化的途径和策略。

例如，我们组织学生搜集材料，了解"狮岭盘古王民俗文化节"的起源、

学校课库

教育当恒远——一位校长的教育思考

发展和演变，在此基础上进行小创作，举办狮岭盘古王民俗文化艺术形象展；调查、了解和分析家乡盘古文化的现状，策划对家乡盘古文化的沿革以及成为皮革皮具之都的艰苦创业精神寻根之旅的创新实践研究，开展"走近狮岭人，与精英为伴，弘扬盘古精神"的实践研究。

我们还结合狮岭镇每年一度的"中国（狮岭）皮革皮具节"，开展一系列"冠华小学皮革皮具艺术节"大型综合实践活动。一方面，引导学生了解狮岭的特色产业，了解狮岭人的奋斗史、家乡经济发展史，知道皮革反具行业的特点，感受狮岭经济的腾飞，对家乡美好的未来充满希望，并结合自己的实际树立理想与目标；另一方面，从中学会理解父母工作的辛劳，学会珍惜前辈的劳动成果，表达做小帮手的愿望，通过合作性考察、体验，进一步感受创业、守业和创新的艰难。

我们强调全体学生参与，学生可以根据自己的特长参加一项或多项活动。很多学生都在参加完这些研究性学习和综合实践活动之后，写学习后记、活动感想。例如，有的学生在文章中写道："我现在知道了父母做生意原来是那么累的，我真的要好好孝顺他们！"有的学生这样写道："原来做一件手工艺品要花很长时间！"通过这些活动，学生体会到了父母劳动的艰辛，学会了尊敬父母、爱父母；同时，加强了学生对家乡的热爱，发挥了学生的主体性、主动性和创造性。

（四）"传承盘古，诗意冠华"皮革主题艺术创作活动

我们以皮革皮具为载体，鼓励学生进行绘画创作、文学创作，创作丰富多彩的作品，用一系列的活动践行创新思维。美术科鼓励学生用异想天开的思维展示皮革、文字作品，开展体现家乡创新精神的皮革皮具的绘画、设计、制作、创造活动；艺术科开展传承盘古文化的艺术形象的塑造与表演活动。2011年4月，我们在花都区文化馆举行了"线舞革韵"的绘画作品展，学生们充分利用狮岭皮革皮具之都的地方特色资源，以皮代纸，呈现丰富的线条变化，追求视觉上的层次感，探究疏密的线条和花纹的交错组合。

此次画展共展出了冠华小学学生创作的80余件皮革线描作品，一幅幅作品凝聚着老师与学生的心血。小画家们以饱满的热情、丰富的想象，在流光溢彩的线条中，表达对未来美好生活的向往和对知识的渴求，表现狮岭人奋发向上、不断进取的精神。这些作品得到了前来参观的领导和艺术家的一致好评，他们都认为这些作品很有创新意识和艺术欣赏价值。前来观看画展的家长和学生一样兴奋，有的家长说："没想到我们这些打工者的后代竟然小小年纪就可以登上艺术创作的高雅殿堂！"

四、倾心营造阅读氛围，建设书香诗意校园

"读史使人明理，读书使人明智。""腹有诗书气自华，最是书香能致远。"在现代社会，提高每个公民的素质和文化底蕴，无疑成了一种精神领域的时尚。著名学者、教育家朱永新说过："阅读对人成长的影响是巨大的，一本好书往往能改变人的一生。一个人的精神发育史，应该是一个人的阅读史；而一个民族的精神境界，在很大程度上取决于全民族的阅读水平。一个没有阅读的学校，永远不可能有真正的教育。"

2008 年以来，广东省教育厅立足教育特色、着眼学生发展，在全省各地中小学广泛组织开展"书香校园"创建工作和"书香校园"评比活动。在这样的大环境下，冠华小学致力于创设一种师生主动学习、自由发展的人文环境，加强校园阅读软硬件建设，结合"传承盘古，诗意冠华"皮革主题艺术系列活动的开展，充分挖掘校本资源，开展丰富多彩的校园读书活动，营造阅读氛围，创建书香诗意校园。

（一）注重软硬件建设，营造校园阅读文化氛围

从一定程度上说，什么样的学校就有什么样的校园文化，什么样的教师就能培养出什么样的学生。几年来，冠华小学积极倡导全体教职工和学生一起读书、读好书。买书、读书、品书已经成为学校师生的一种生活时尚。

1. 充分利用学校资源，营造良好的书香环境

在开展"创作教育：弘扬盘古文化，培育创新精神的实践研究"的课题研究的过程中，冠华小学浓墨重彩打造"传承盘古，诗意冠华"的校园读书文化景观。我们在教学楼的板墙上，增添了很多与读书相关的名人壁画，比如孔子、鲁迅、陶行知等教育家的画像；增添了许多与读书相关的名言名句，比如"唐宋八大家"之首韩愈的著名诗句"书山有路勤为径，学海无涯苦作舟"，古代佚名诗人的警世贤文"宝剑锋从磨砺出，梅花香自苦寒来"，唐代大书法家颜真卿的著名诗句"黑发不知勤学早，白首方悔读书迟"。

2. 注重图书馆建设，打造多元化的馆藏资源体系

通过读书，让师生与经典为友，与博览同行。这是冠华小学努力营造书香文化，打造"学习型"校园的最终目的。为此，学校投入了 40 多万元建设图书馆，更新馆藏图书。每年还会根据学校特色以及师生的阅读需求，由教师、学生和家长一起选购优质的图书报刊、电子资源库以及教育教学光盘，打造多元化的馆藏

学校品牌文库

教育当恒远——一位校长的教育思考

资源体系。

图书馆采用"藏、借、阅"一体化布局，工作时间面向全体学生开放。图书馆内建立各种阅读场所，本着为师生读者创造优美阅读环境的原则，又进行图书馆室内环境装饰设计，增添了植物装饰和中国图书馆分类法、图书索引牌、招贴画、温馨提示等标识标语，开辟了图书馆信息栏、图书馆公告栏等宣传橱窗。

3. 设立班级图书角，建设书香班级

以营造"书香校园"为出发点，倡导图书进教室，学校为每个班级设立了班级图书角，打造"班级微型图书馆"，建设书香班级，通过努力营造班级的读书氛围，激发学生的读书兴趣。为了方便和鼓励学生读书，学校图书馆给每个班级办理了班级读书卡，每个班级每月可以到图书馆借一批书，放到班级图书角，只要做好登记，到时归还即可。学校要求各个图书角的整体设计美观、实用，图书摆放、图书借阅井然有序，专人负责管理，有制度，有登记，彰显自己的班级特色。

图书角的书一部分来自学校图书馆，一部分来自教师和学生的捐赠；还可以通过师生共享交换好书、班级订购报刊、参与学校图书漂流等方式来扩大班级图书角的资源。班级图书角的设立克服了学校图书馆阅览室空间有限而学生众多、管理不便的缺点，为学生提供了更便利的借阅条件，更好地满足了学生借阅图书的要求。学生各借所需，尽情地徜徉在书的海洋里，不仅充实了课外时间、扩大了视野；而且增强了学习兴趣，进一步推动了书香文化班级和校园文化特色品牌的形成。

4. 借助学校宣传橱窗、广播电台、网站、微博等媒介，开展阅读推广活动

在"书香校园"的建设过程中，学校非常注重阅读推广与图书宣传。图书馆定期制作新书通报，并在图书馆设立新书推荐书架，进行图书推介。在图书馆文化节读书活动期间，还通过学校宣传橱窗进行阅读宣传，如"播撒阅读种子，营造书香校园；开展阅读疗法，建设和谐校园"。展板内容包括：学校"书香校园"建设情况介绍，阅读推广、阅读指导以及读书活动情况展示，阅读疗法的理论以及青少年常见心理困扰对症书目等。此外，为了营造浓郁的阅读氛围，学校还充分利用广播电台、网站、微博等新媒体进行好书推荐，坚持不懈地向师生推荐图书馆的图书以及读书活动的信息，并取得了很好的成效。

（二）开展形式多样、丰富多彩的校园阅读文化活动

1. 依据不同年级学生的特点，开展不同主题的读书活动

为了将营造"书香校园"与培养"文化人、文明人、现代人"联系起来，

冠华小学各个年级根据学生的年龄特点开展了不同主题的读书活动：一年级开展"我和童话交朋友"读书活动，二年级开展"寻找童话明星"活动，三年级开展"知书达礼品书香"活动，四年级开展"书香伴我成长"活动，五年级开展"最是书香能致远"活动，六年级开展"诵读经典名著"活动。这些活动的内容丰富多彩，有的活动穿插讲故事比赛、写字比赛，有的活动包含美文诵读比赛，有的活动还设计了课本剧表演，有的活动还开展"读书小状元评比"。

学校还发动师生积极订阅《现代中小学生报》，开展"读报、说报、写报、画报"系列活动。读书读报的热潮为冠华小学校园文化增添了一道亮丽的风景线。

各种读书活动提高了学生思想道德素质和文化素养，促进了学生知识的更新，活跃了学生的思维，提高了学生的综合实践能力。冠华小学会把读书活动持续不断地开展下去，让每个学生都成为有知识的时代新人。

2. 围绕社会热点或节假日开展主题征文活动

利用"学习雷锋活动"、妇女节、母亲节、父亲节、儿童节、全国科普日、国庆节等节假日及热点事件，集中开展多种形式的主题征文活动，如语文科开展了现场作文比赛、创新作文竞赛、新概念作文比赛，少先队大队部举办了国庆征文活动、环保征文活动、感恩征文活动、禁毒征文活动等。

一系列的主题征文活动引导学生继承和弘扬中华民族传统美德，自觉地把个人梦想与中国梦紧密联系起来，把个人成长进步与祖国未来发展紧密联系起来，讲道德、遵道德、守道德，做有道德的人，培养爱学习、爱劳动、爱祖国的美好情感，从小立志为实现中国梦而奋斗。

3. 开展丰富多彩的语文实践活动

结合语文课堂教学，语文科开展了演讲比赛、诗歌朗诵会、"校长杯"戏剧节、"古韵文声"经典诗文吟诵会、硬笔书法比赛等一系列语文实践活动。语文教学，从室内到室外、从讲台到舞台、从经典戏剧表演到"古韵文声"经典诗文吟诵会，超越了语文教学的时间和空间，为学生营造了一个开放、自主的学习空间和舞台。教师把语文课堂教学与中华优秀文化教育结合起来，创新和探索语文教学，打造语文学科特色。以吟诵会的形式来表达经典内容的教学方法，将竞赛与表演合二为一，让学生在课外下功夫熟记小学阶段的经典诗词、名篇名句，并且巧妙利用舞台，给学生留下美好的回忆。

4. 开展语文阅读课、演讲、辩论等活动

中华经典文学作品凝结了先贤对于人生、社会和大自然的观察与理解，是中华民族的自豪和象征，是华夏文明的精髓，其间不仅蕴含着崇高的人格美和深刻的智性美，更沉积着一个伟大民族不灭的精魂。它是民族精神的教科书，哺育了

学校品牌文库

一代又一代的中华儿女，这是对学生进行教育的绝佳教材，是学校人文教育最基础的、不可缺少的内容。同样，世界文化也是内涵丰富、博大精深的。作为基础教育的一部分的小学阶段，我们有责任为学生上好这一课，让学生在人生的黄金时期直面经典，吸取中外文化的精华，以文化养料滋润心灵，成长为具有广阔视野、博大胸怀、独立人格的一代新人。

将诵读中华传统文化经典与语文阅读课相结合，非毕业班每个学期都开展了语文阅读课，两周一节，充分利用图书馆的场地资源和图书资源，保证了学生的阅读时间，拓宽了学生的阅读视野，提高了学生的文学素养。语文课堂还开展课前三分钟演讲活动，开展"我向大家推荐一本好书"的演讲活动，收到了很好的效果。坚持以班级为单位进行晨读、午读。各班认真抓好早读、午读，上好读书课，学校处处都能听到琅琅的读书声。另外，还通过讲故事、演讲、座谈、讨论、辩论等活动，努力营造浓厚的班级读书氛围，扎实开展"书香班级"创建活动。

5. 开展经典诵读系列活动，打造诗化校园

努力打造诗化校园，通过盘古文化、创新精神，衍生出对传统经典文化的学习，用诗的语言和形式去打造书香校园、书香班级、书香少年。除了每节课前开展"课前一诗"活动外，每周三中午全校进行经典诵读活动，每学期末学校举行经典诵读比赛。

此外，我们还围绕着省、市、区开展的"书香校园"活动，进行经典古诗朗诵比赛、经典诗词书写比赛、手抄报制作、亲子诵读等活动，让学生围绕着"冠华小学皮革皮具艺术节"活动写自己的感想、制作与之相关的手抄报等。

6. 开展"活力四射"系列活动

为了丰富校园文化生活，塑造健康时尚的文明新风，学校连续几年开展"活力四射"系列活动，如环保皮革皮具设计大赛、辩论赛、主持人大赛、"我是小小未来星"学生才艺比赛、校园十大少儿歌手大赛等系列活动。这些活动是学校文化建设的重大举措之一，极大地丰富了校园文化生活，营造了浓厚的校园文娱气氛，培养了学生的高尚品德，不仅促进了校园的精神文明建设，也推动了冠华小学创建"书香校园"的进程，为创建"书香校园"增添了重要砝码。

（三）逐渐形成浓郁的阅读氛围，校园文化日益深厚

"书香校园"系列读书活动的开展在我校形成一道亮丽的风景线。全校师生参与的积极性非常高，创设了浓郁的读书环境与氛围，整体上达到了活动的目的，宣传了阅读的重要性。我们一再呼吁全校师生要"多读书、好读书、善读

书"，并且经常写读书札记。学生的阅读量逐渐增加，逐渐形成了浓厚的读书和学习氛围。图书馆的图书利用率逐年提高，图书的年流通量达到 8 万册以上。有的学生课余生活还以图书馆为中心，慢慢养成了来图书馆学习、自习、阅读的良好习惯。学生读书活动硕果累累，成效显著。

"开卷有益，读书好处多"，这是自古以来人们的共识。读书能增长知识，开阔眼界；读书能使人明白事理，增强能力；读书能陶冶性情，德润人心。沿着书籍垒砌而成的阶梯，学做人，学做事，攀上一个又一个科学的高峰，争取不断超越，走向卓越。

读书不仅可以开阔学生的视野，增长知识，培养良好的自学能力和阅读能力，还可以进一步巩固课内学到的各种知识，提高学生的认读水平和作文能力，对各科的学习都有极大的帮助。读书是搜集和汲取知识的一条重要途径，学生的知识体系是在教师的指导下，通过课内、课外的自主学习而逐渐建立起来的。

读书不仅对学生的学习有着重要作用，对学生的道德素质和思想意识也有着重大影响。"一本好书，可以影响人的一生。"这句话是有道理的。学生都有自己心目中的英雄或学习的榜样，如军人、科学家、教师等。这些令学生崇拜或学习和模仿的楷模，也可以通过阅读各类书籍来认识。学生在进行阅读时，会下意识地将自己的思想和行为与书中所描述的人物形象进行比较，无形中就提高了自身的思想意识和道德素质。

打造"书香校园"是学校的理想追求。让阅读和思考成为校园的一种风景，与经典同行，为生命阅读。我们紧紧抓住了"书香校园"创建活动的契机，营造书香校园，让学生在书的世界里徜徉，和教师一同去阅读经典、阅读思想、阅读文化、阅读精神。阅读可以让教师和学生与知识为友，与大师为友，与真理为友。让我们一起去充实自己那比天空还要广阔的心灵，享受阅读的乐趣！

五、课题研究取得丰硕成果

（一）学校方面

我们学校不断深化教育教学改革，积极推进素质教育，办学特色日渐凸显，办学质量明显提高，逐步形成"科科有课题，全员齐参加"的良好局面。

1. 编写、出版课题研究成果集

我们编写并出版了体现我校"主体个性化"教育办学特色的《让生命主体绽放亮丽的个性色彩》课题成果和教师论文集《让创新之花绽放独特的魅力》、学生作品集《让创新的梦想五彩斑斓》，学生的画册《传承盘古，创意冠华》也

学校品牌
教育当恒远——一位校长的教育思考

已经结集出版。

《让生命主体绽放亮丽的个性色彩》从"特色重校本积淀""科研重成果应用"和"管理重人本发展"三个大的方面介绍和总结了冠华小学以教育科研为引领,贯彻新课程的核心理念,从小学阶段教育的特殊性出发,利用学校所处的区域资源优势,开展富有成效的课题研究,探索学校"主体个性化"教育特色的历程、所取得的成就以及其中的经验体会。

《让创新之花绽放独特的魅力》是冠华小学"主体个性化"教育课题研究和教师论文的成果集,包括"盘古精神——学校活动文化的重新探究""课堂教学——学校创新精神的重新审视"和"春风化雨——学校班级文化的从容积淀"三个专题,主要介绍了冠华教师在课题研究和教学改革过程中所获得的实践经验与理论总结,以及对现代小学教育和教学的认识与思考。

每个人心灵的天空都飞翔着梦想的精灵。《让创新的梦想五彩斑斓》是冠华学子的习作集,包含"倾听我家的欢声笑语""冠华多彩的校园生活""探寻神奇的科学天地""皮革天地的未来主人""博览群书的五彩观匠"和"盘古脚下的诗意课堂"六个篇章。学生带着梦想走进校园,用自己稚嫩的笔触,描绘了一个个五彩斑斓的梦工场,表达了对家乡人创业创新精神的敬仰、爱戴和赞美,也表达了对自己美好生活的热爱、珍惜和向往。

润泽心灵、弘扬诗韵、传承盘古和追求创新是我们开展"传承盘古,诗意冠华"皮革主题艺术创作系列活动的宗旨。《传承盘古,创意冠华》是冠华学子的绘画、创意设计作品集,通过"爱满童印""七色花开""异想天开""诗苑漫步""历史长卷""小小设计师"等主题,体现了冠华学子在"传承盘古,诗意冠华"皮革主题艺术创作系列活动中所受到的诗意文化的熏陶和中华民族传统文化深层意蕴的洗礼,以及所培养起来的纯正高雅的审美情趣和积极进取的创新精神。

2. 建成具有浓厚校园文化特色的校本文化艺术长廊

让每一堵墙都会说话,让每一块绿地都会抒情,让每一个角落都有美的闪现,充分发挥校园文化的育人功能。本着这样的目标,我们在冠华小学每一层楼的楼梯间都用有机玻璃镶嵌了一些很有艺术品位的画框,用采展示学生设计的皮革皮具作品,让学生在体会成功的同时展示自己的个性。不仅如此,我们还在每一间课室内都设计一个让学生展示个人作品的专栏,在校园内开辟一个特色长廊专门用来展示学生设计的有特色的皮革皮具作品,让学生在动手、动脑中让自己的个性得到充分的张扬。皮革皮具作品成为我校活生生的校本教材,发挥了不可替代的教育功能。特色长廊还展示学生开展"盘古文化实践探究"活动的内容以及学生的活动体会,我们还充分利用了长廊顶部的空间展示中华历史名人,让

学生接受传承中华经典文化的熏陶，于无声处使学生的心灵得到滋润，成为一个个品德高尚的人。

3. 收获多个奖项和荣誉称号

学校坚持在教学中落实教育科研，科研之树结出了丰硕成果。2010年2月，"以个性和谐发展为目标的校本德育课程开发探究"在广东省中小学德育创新成果展示活动中荣获三等奖，而且冠华小学是花都区唯一获得该奖项的学校。学校先后被评为广东省一级学校、广东省"书香校园"、广东省巾帼文明岗、广州市绿色学校、广州市绿化先进单位、广州市电化教学先进单位、广州市体育达标单位、全国少先队特色小队、全国教育科学"十二五"规划课题"九年制义务教育一至六年级科学、社会课程开发与实验的研究"实验学校、花都区安全文明学校、花都区教育系统先进单位、花都区学校法制教育先进单位等，每年均获花都区教育教学质量一等奖，语、数、英三个科组均获得广州市优秀科组荣誉称号。

2010年，我校被评为2009年广州市教育装备管理工作先进单位；参加花都区第八届学校合唱节，获小学A组一等奖；参加花都区中小学生无线收音机拼装比赛，获团体二等奖；《冠华小学综合实践活动课程纲要》获广州市论文评比一等奖；获广州市第三届综合实践活动课程评比组织促进奖；成为广州市中小学综合实践活动科教学领域进一步深化素质教育试点学校。

（二）教师方面

全校教师沐浴在皮革皮具文化的大环境下，继承了狮岭人敢为人先、开拓进取、自强创新的精神，积极参与教育教学改革与实践。

1. 教师的教学观念发生了根本变化

教师逐步了解了新课程的整体要求，了解了学校新课程的理念以及课题实验的整体框架，建立了新课程的整体观念。人人参与学习、研究与策划活动，并善于用新课程的理念指导教育实验行为，效果良好。

2. 教师专业发展取得突出成就

现在我校有全国中小学优秀德育工作者1人、全国教育系统先进工作者1人、全国教育系统巾帼建功标兵1人，广东省特级教师1人、广东省南粤教坛新秀2人，广州市特约教研员3人、广州市综合实践活动科理事1人、广州市数学科理事1人，花都区学科带头人4人、特约教研员3人，区教研中心组成员8人，区骨干教师6人。

宋颖菊等两位教师的课例分别荣获广东省"十二五"课题"小学德育课程教学方式研究"评比二、三等奖；我、黄桂芳副校长、温丽梅副校长、罗天如、

学校品牌文库

教育当恒远——一位校长的教育思考

温秀欢、杨燕怡、毕艳薇等多名教师的论文均刊登在《广州师训》《广州教学研究》《中小学德育》等杂志上；2010 年 11 月，语文科组老师参加在广西南宁举行的全国小学语文发展与创新教育研究第九届研讨会，钟秋菊获微型讲座竞赛一等奖，罗凤平获现场研讨课竞赛一等奖，梁智华获说课（微格研练）竞赛二等奖；黄桂芳成为广州市唯一一个连续两届担任广州市中小学综合实践活动教学研究会理事的教师；毕艳薇连续两届成为广州市综合实践活动特约教研员。

（三）学生方面

我们特别注重通过各类活动促进学生综合素质的提高。学生的素质得到了全面提高，学生在学习兴趣、自主性与个性化发展方面有了明显提高，在认知、动作技能、审美、心理素质方面有了明显变化。

学校专门安排了责任心强的教师对小记者们进行定时培训，组织他们深入到生活实践中采访，将技巧应用于实践，精心撰写采访稿。每一次采访活动结束后，教师都会及时地组织小记者整理、汇编稿件，然后拿到学校"红领巾广播站"广播，或者投到校报《冠华报》编辑出版。每一学期，小记者站都能以学校活动为平台，积极采访，如实地报道校园快讯。他们还走进社区，了解民生，体察民情，关注与生活和学习息息相关的大大小小的事情。在指导教师的精心栽培下，小记者的综合素质有了很大提高，他们当中有不少人的稿件已经在刊物上发表或获奖。

开展与贫困地区学生手拉手活动，从小培育学生的爱心情怀。2009 年，二年级有些家长提议带学生到贫困山区去亲身体验艰苦生活，增进亲子感情。于是冠华小学二年级师生、家长再次与坡造镇中心小学携手开展"同一蓝天下的同龄人"的体验艰苦亲子活动。在三天的活动里，32 位学生和他们的家长到贫困生家中同住同吃，亲身体验艰苦的生活和学习条件，相互交流学习心得和亲子经验，一起参加"两广学生、家长亲子运动会""趣味游园会""感恩亲子联欢晚会"，一起走进大山探访山区的学生，一起踏入课堂与山区的学生同上一节课……这些活动让家长和学生的距离拉得很近。

活动结束后，我们邀请二年级全体家长回校参加"'同一蓝天下的同龄人'体验艰苦亲子活动"心得体会交流会，四班李利怡的家长受邀上台发言。她动情地说起广西之行的点点滴滴，当说到她住的那家人用家里仅有的母鸡款待她和女儿的时候，哽咽着说不下去了。交流会上，参加活动的家长们的所见所闻令在场的每一位家长都深受感动，相信留给他们的不仅是一次难得的亲子经历，更是毕生难忘的回忆。

我们还组织学生参加"红背心跳蚤市场"、英语形象设计大赛、"我是一颗未来星"、学生德育漫画比赛和学校德育案例征集等活动，使德育工作、德育课程的开展更富有特色，更有利于发挥学生的主体性、主动性和创造性。《现代中小学生报》对我校的这些活动作了专版报道。形式多样的德育活动让学生学会了感恩、奉献和珍惜，近年来我校被授予广州市、花都区"三好学生"光荣称号的学生有 8 人，市、区优秀学生干部 6 人。家长、社会各方面对我校学生称赞有加。

　　我们还借助地域资源优势，带领学生"走出去"——参观考察、访问外商、与国际友人对话；并通过网上搜集资料，引导学生放眼世界，培养"走上世界舞台，与世界对话"的抱负与志向。应台中市南阳国民小学之邀，狮岭镇冠华小学师生一行 44 人于 2011 年 5 月 26 日赴宝岛台湾，开展以竖笛为主要内容的教育交流活动。两校的互动，不仅是教育的沟通、学术的交流，更是海峡两岸文化的融合、感情的共鸣。2006 年起，学校每年都组织学生前往香港参加国际青少年合唱节，与香港真道书院、广州市名校开展"手拉手"的冬夏令营。我校还组织学生到广州日本人学校交流。这些交流活动，让学生认识了世界，开阔了视野，学会了建立良好的人际关系。

　　特别值得一提的是，2009 年 7 月 27 日，由中国文联、中国舞蹈家协会主办的第五届"小荷风采"全国少儿舞蹈展演在全国政协礼堂隆重举行，冠华小学作为花都区的唯一代表参加本次全国少儿舞蹈展演。我们的 14 名"小小舞蹈家"在本次展演中大放异彩，他们表演的少儿舞蹈《爱扭扭的牛牛》得到专家评委的一致好评，荣获金奖，在冠华小学发展的荣誉册上书写了浓墨重彩的一笔。获得大奖固然可喜可贺，但有一点更为重要，那就是这种全国性的高级别比赛大大开阔了学生的视野，锻炼了学生的意志，培养了学生的团队协作精神，让他们感受到了成功的自豪和幸福。

盘古文化精神与学校特色文化建设校本研究

特色办学，是学校主动地追求自身特色、发展自身特色、强化自身特色，以特色促进学校办学质量和竞争力的提高，以特色求得自身更大发展的一种办学思路和办学行为选择。特色是手段、是路径，提高办学质量才是最终目的。特色必须服务于办学质量的提高，不能提高办学质量的特色是没有意义的。因此，特色办学必须因校而异。

任何一所学校的精神风貌、办学传统以及所处的地域环境都不一样，其生存和发展都受历史和现实、客观和主观等各种因素的影响和制约。就办学特色而言，不同学校不仅办学特色的表征不一样，且各自形成的过程也不一样。办学特色是办学者们在追求提升办学质量的过程中逐渐凝练并传承下来的优秀办学理念和办学传统。所以，办学特色的形成既要大力提倡"敢为天下先"的创新精神，也要注重优秀办学传统的继承，要在继承传统的基础上凝练和强化特色，赋予办学特色新的时代内涵。

2004年以来，冠华小学依据学校实际，在传承的基础上不断创新，寻求学校办学的特色化，以创办真正让学生满意、家长满意、家乡满意的现代教育。最初，我们开展"主体个性化"教育研究，探索如何在充分发挥学生主体作用的基础上促使学生的主体性得到自我完善和自我发展；不久之后，我们又充分利用狮岭镇的皮革皮具资源，开展"走进皮革皮具之都，探究个性和谐发展"的实践研究，践行以"皮革皮具创作实践活动"为基础的"主体个性化"教育理念，形成"皮革皮具创作实践活动"品牌项目；进而，我们将学校所寻求的特色办学深入到精神文化内涵的层次，开展"创作教育：弘扬盘古文化，培育创新精神的实践研究"的课题研究，在原有基础上开展系列化的"传承盘古，诗意冠华"盘古文化传承与皮革主题艺术创作活动，形成成熟的整体特色，以"皮革皮具创作实践活动"品牌为载体，传承开天辟地、敢为人先的盘古精神，培养学生的创新能力和创新精神。近年来，冠华小学的办学特色日益凸显，在广州市乃至广东省产生了较大的影响。

2013 年以后，我们将盘古精神这一区域文化内核与冠华小学寻求办学的可持续发展深度结合，开展"盘古文化精神与学校特色文化建设校本研究"的课题研究，进而提炼出一种既能体现现代世界优秀文化内涵和价值观念，又能反映小学素质教育育人方向的成熟理念：传承开天辟地、敢为人先的盘古精神，培育持之以恒、勤学致远的恒远品格。简而言之，就是"盘古精神，恒远教育"。2014 年 9 月，"盘古文化精神与学校特色文化建设校本研究"课题成功获得广东省教育厅思想政治教育处和广东省中小学德育研究与指导中心的批准立项。两年来，我们围绕盘古文化精神教育、盘古文化精神与学校特色文化建设相融合的校本育人模式、传承盘古文化精神的学校特色课程体系和评价体系建设、恒远教育"实而活"课堂模式、恒远教育班级特色文化建设、以盘古文化精神和恒远教育为主题的校园文化建设等几个方面，开展研究并付诸实践，充分利用盘古文化节、盘古文化书画节、盘古文化生态园、皮革皮具艺术节、科技展览、乡村少年宫等实践活动，促进学生身心的和谐发展，引导学生自尊自信、自强不息，传承盘古精神，培育恒远品格，取得了不俗的成绩。

一、课题研究的人文背景和现实意义

（一）整合利用家乡优秀的传统文化资源，进行贴近生活的德育

盘古文化在花都地区已有 1 500 年的历史，在南朝时就有"南海中盘古国"的记载。而狮岭镇是花都地区盘古文化的核心区域，每年农历八月十二日在盘古王庙举行的"盘古王诞"民间庆典活动，已经流传了两百多年。近几年，狮岭镇每年都会举办"狮岭盘古王民俗文化节"，数以万计的父老乡亲从四面八方蜂拥而来，热闹非凡。2008 年，花都区狮岭镇被广东省文联和省民协授予"广东省盘古文化之乡"称号，这是珠江三角洲地区唯一以盘古文化命名的乡镇。如今，狮岭镇盘古文化的影响进一步扩大，已成为"全国盘古文化之乡"。盘古王民俗这一非物质文化遗产历数千年积累传承至今，凝聚着中华民族的智慧与情感，连接着花都狮岭镇一带民众的血脉情缘。盘古王民俗这一地域文化在花都区狮岭镇这一方水土有独特的精神创造和审美创造，不仅是人们乡土情感、亲和力和自豪感的凭借，也是永不过时的优秀传统文化资源和文化资本。盘古王为本地奠定了深厚的文化底蕴，留下的中华文明古迹和民间故事十分丰富，是对小学生进行思想品德和传统美德教育的贴近生活的德育资源。

教育当恒远——一位校长的教育思考

（二）树立学校精神，促进学校特色品牌发展的需要

坚持特色办学，走内涵发展之路，既注重传承又开拓创新，冠华人追寻教育理想的脚步从未停歇。不断挥洒的辛勤汗水浇灌出可喜的收获之花：皮革皮具特色品牌越擦越亮；校园文化逐渐得到沉淀和提升；2008 年，学校的省级校本德育课题——"走进皮革皮具之都，探究个性和谐发展"被广东省教育厅、广东省中小学德育研究与指导中心评为优秀成果；同年，学校被评为省级书香校园；2013 年，学校被评为广州市首批义务教育阶段特色学校。

当前，新一轮基础教育改革的大幕正徐徐拉开，如何根据全面深化教育改革的要求，引领学校在已有的基础上持续向前发展，更上一层楼，将学校的办学特色锻造成为特色品牌？我们进一步拓宽视野，瞄准了家乡的盘古文化：开发具有家乡特色的盘古文化精神教育资源，拓宽学生的视野，感受盘古王开天辟地的勇气精神，体验狮岭人勤劳勇敢、敢拼敢闯的精神和合作进取的集体主义精神，激发学生热爱家乡的情感，从而在皮革皮具的特色的基础上进一步打造冠华小学弘扬盘古文化、营造民族精神教育的书香特色品牌。我们需要创新、开拓、坚韧不拔，需要传承盘古开天辟地、勇于进取的精神，对全校师生进行社会公德教育，这就是对盘古精神的进一步弘扬。有了这种精神，盘古的后人将无愧于时代。当前，学校进一步提炼盘古文化精神，以"恒远教育"作为办学发展主题，培养学生坚毅、开朗、积极向上的品格和进取精神。

（三）传承优秀传统文化的需要

盘古文化精神是中华文化的重要组成部分，我们要从"十年树木，百年树人"的战略高度，深刻认识传承家乡盘古文化精神对培养小学生爱国、爱家乡和弘扬传统优秀文化教育以及树立民族精神的重大意义。胡锦涛同志曾在党的十八大报告中提出"文化是民族的血脉，是人民的精神家园"。这种精神家园首先就体现为一种民族精神。民族精神是中华文化的核心和灵魂，中华文化是培育和发展民族精神的载体，担负着传承民族精神的庄严使命。弘扬中华文化传统的精髓是新世纪培育和弘扬民族精神的有效举措和重要保证。

文化是一种软实力，但是作用并不"软"。一定的文化对于一个国家核心价值的形成和维持，对于一个国家的精神状态和凝聚力，都起着十分重要的作用。如果中华文化得不到发展而逐渐消解，民族精神就会逐渐衰颓。学校是学习、传承、创新和发展优秀传统文化的重要基地和载体，把弘扬和培育民族精神作为学

校文化建设的任务，以培养和树立学生从小立志为中华民族的伟大复兴而努力学习的远大理想，具有十分重要的意义。

因此，开展"盘古文化精神与学校特色文化建设校本研究"这一课题，有利于发挥家乡优秀传统文化的教育功能，促进学校特色品牌发展，提升学校办学水平，从而对促进学生思想品德的健康发展、个性的和谐发展和综合素质的提高，有着重要而长远的价值。

二、国内外相关研究评述

盘古是中国古代传说中开天辟地的神，他殚精竭虑，以自己的生命演化出生机勃勃的大千世界，为千秋万代的后人景仰。盘古是自然的化身，在开天辟地的传说中蕴含了极为丰富而深刻的文化、科学和哲学等内涵，是研究宇宙起源、创世说和人类起源的重要线索。而他"鞠躬尽瘁，死而后已"的献身精神，更是人类精神的至高境界，历来为仁人志士所效仿。千百年来，盘古文化在中华热土上不断繁衍，延续古今，传播中外，成为中华文化中一颗璀璨的明珠。盘古神话蕴含了历史、道德、哲学的魅力，这种魅力是中华民族的脊梁和精神支柱，是中华民族延续发展的思想基础和内在动力。

国外研究盘古王民俗和盘古文化的学者比较少，很少见到相关的研究成果。改革开放以来，国内对南方地区盘古王民俗和盘古文化的研究成果日益增多。例如，彭官章的《盘古即盘瓠说质疑》发表于《广西民族研究》1988年第2期，张光廷的《试论盘古和盘瓠与瑶族的关系》发表于《中央民族大学学报》（人文社会科学版）1989年第2期，叶春生的《从盘古神话的演变看岭南民族的融合》发表于《学术研究》2000年第2期，李燕、司徒尚纪等人的《浅论盘古文化与盘瓠文化关系及其在岭南融合》发表于《中国历史地理论丛》2002年第4期，覃乃昌、潘其旭等人的《广西来宾市盘古文化的考察与研究》发表于《广西民族研究》2004年第1期，覃彩銮的《盘古文化寻踪——盘古文化考察记之二》发表于《广西民族研究》2005年第2期，刘冰清、王文明等人的《盘古文化的研究方法问题》发表于《经济与社会发展》2006年第4期，覃彩銮的《盘古国文化遗迹的实证考察——盘古神话来源问题研究之四》发表于《广西民族研究》2007年第1期，刘屹的《盘古神话：史料新读》发表于《中国史研究》2007年第1期，谢崇安的《试论越族青铜器人面纹饰与农业祭礼的关系——兼析盘古化身神话的文化意蕴》发表于《广西民族研究》2007年第3期，高有鹏的《盘古神话考论简说》发表于《民间文化论坛》2008年第6期，朱钢、朱炳帆等人的《花都狮岭盘古文化资源开发利用刍议》发表于《文化遗产》2009年第1期，张

学校品牌·天库

教育当恒远——一位校长的教育思考

琼的《同样的神话不同的精彩——汉族与毛南族盘古神话比较研究》发表于《丝绸之路》2013 年第 18 期，陈敬胜、杨昌国等人的《文化人类学视野下的"盘古神话"研究》发表于《民族论坛》2014 年第 2 期，黄建华的《略论盘古神话与汉代画像》发表于《地方文化研究》2014 年第 5 期。

国内对盘古王民俗和盘古文化进行研究的学者比较多，成果非常丰富，以上只是列举了在刊物上发表的部分论文，这里不再赘述。依笔者浅见，国内对盘古文化的研究成果虽然很多，但是到目前为止，将盘古文化与学校特色建设真正结合在一起进行校本研究的尚属空白。因此，"盘古文化精神与学校特色文化建设校本研究"课题有一定的创新性，有着较大的理论意义和应用价值。

三、课题研究的方案框架

（一）研究目标

1. 总体目标

进行"盘古文化精神与学校特色文化建设校本研究"，传承开天辟地、敢为人先的盘古精神，树立积极向上、开拓进取、"怀恒常之心，立明远之志"的学校精神，培育小学生"持之以恒，勤学致远"、自信而又自强的品格，促进学校特色品牌建设。

2. 具体目标

（1）构建盘古文化精神与学校特色文化建设相整合的校本特色文化体系，包括课程文化、班级文化、校园文化、制度文化、行为文化等。

（2）以盘古文化精神教育和熏陶学生，进一步引导学生养成良好的行为习惯，形成高尚的道德品质、健全学生的人格，促进学生综合素质的全面提高。

（3）通过打造体现盘古文化精神的学校"恒远教育"特色办学模式，让家乡的文化精神内涵内化为学校发展的特色品牌，弘扬正能量，保护地方的优秀传统文化资源，传播中华民族的传统美德。

（4）建立科学有序的、体现盘古文化精神的学校特色课程体系和评价体系，包括学校融合课程、校本特色课程、活动文化课程，形成教材、读本、活动方案以及评价方案。

（二）研究内容

1. 盘古文化精神教育探讨

通过对家乡盘古文化的发掘与研究，使学生初步感受狮岭的盘古文化是中华

民族优秀文化的一部分，激发学生热爱家乡的情感，使学生在家乡深厚的文化土壤中汲取大量的精神养料，成为狮岭盘古文化的继承者和传播者。

2. 盘古文化精神与学校"恒远教育"特色建设融合校本育人模式探讨

构建能保证"盘古文化精神与学校特色文化建设校本研究"的管理机制，创设科学的制度，使全校师生和家长逐步将"盘古文化精神与学校特色文化建设校本研究"内化为自觉的教育行为。

3. 以盘古文化精神为内核的"恒远教育"特色课程体系和评价体系建设

编写"恒远"励志读本，采取长短课结合、大小课结合；设置鉴赏性课程，使学生学会欣赏；设置融合型课程，使学生学会融合；设置技能型课程，提高学生的动手能力。

4. 建构"S·H"（实而活）课堂模式

（1）挖掘教材因素，通过艺术的手段重组教材结构。

（2）实行"S·H"（实而活）课堂的策略，通过丰富的艺术手段、别开生面的开课、意味深长的结尾，增加教学过程与教学行为的艺术含量，同时用艺术的语言突出教学过程中的精彩环节，从而引导、促进、激发学生快乐、主动、勤学、致远、自信、自强地学习。

（3）实施"S·H"（实而活）课堂的评价指标，包括学生思维、学生行为、学生气质、师生情绪、师生关系、课堂气氛和教学效果等几个方面。

5. 以盘古文化精神和"恒远教育"为主题的校园文化建设

以"盘古文化精神与学校特色文化建设校本研究"课题的开展为契机，凝练"传承盘古精神，培育恒远品格"的"恒远教育"办学理念，科学地布置校园景观、建设校园文化，以主题深刻、底蕴深厚的校园文化拓宽学生的视野，促进学生传承开天辟地、敢为人先的盘古精神，培育持之以恒、勤学致远的优秀品格，树立"扬长成冠，振兴中华"的远大志向。

6. 开展系列实践活动，培育恒远品格

继续举办盘古文化书画节，建立盘古文化生态园，以皮革皮具制作活动、皮革皮具艺术节、科技展览、乡村少年宫等实践活动为载体，促进学生多维度、多途径展示自己，使学生的身心得到和谐的发展；开展适合学生自信而自强发展的活动，传承盘古精神，培育恒远品格。

（三）课题拟解决的问题

（1）狮岭是"中国皮革皮具之都"，学生的生活条件比较优越，他们的进取精神、耐挫能力、开拓精神比较欠缺。本课题研究特别针对这种现象，致力于培

学校品牌文库

教育当恒远——一位校长的教育思考

养学生的阳光品格、健康人格、坚韧不拔的毅力和奋发向上的进取精神。

（2）通过盘古文化精神与学校特色发展融合研究，树立学校"恒远"精神，增强学校凝聚力，发展学校正能量。

（3）将家乡的盘古文化精神与学校"恒远教育"特色深度结合，完善学校的特色课程文化、班级文化和活动文化体系建设，实现全方位育人的办学目标。

（四）课题拟采取的研究方法

1. 校本行动研究法

在自然、真实的教育环境中，按照一定的操作程序，综合运用多种研究方法与技术，以解决课题研究中的实际问题为首要目标。

教师在教学实践中发现问题、明确问题，并记录好，以教学问题充实本课题的研究，想方设法解决研究中的关键问题，从而达到教学相长、提高课题研究力度的成效。

2. 问卷调查法

通过与研究目的有关的问卷获取教师、家长、学生对课题研究的反馈，并通过对问题答案的回收、整理、分析，获取有关信息，为课题研究提供参考。

3. 文献资料法

查阅与本课题有关的国内外理论，应用有关理论资料，及时分析、整理摘抄，充实本课题的理论基础，提升教师的理论素养，推动研究的深入开展。

（五）课题研究的进度安排

本课题以全体师生为研究对象，将历时两年（2014年2月至2016年2月），主要实施步骤分为三个阶段：

1. 第一阶段：课题启动阶段（2014年2月至5月）

搭建课题班子，明确人员分工。拟定课题名称及内容，并进行反复论证，撰写方案，申报课题，开题立项。

2. 第二阶段：课题实施阶段（2014年6月至2015年9月）

2014年6月至9月，反复论证课题研究的范围与具体内容，确立本年度的研究重点，即建构"实而活"的课堂；初步形成"实而活"的师生队伍，进行阶段性总结，为下一阶段的研究做好各方面的准备。

2014年10月至2015年9月，丰富学校文化内涵，凸显学校办学特色；构建"恒远教育"评价体系；做好相关研究资料的收集、整理、分析工作；召开课题研讨会，通过讲座、访谈、问卷调查等多种交流研讨方式，进一步对研究成果进行梳理、提升，形成比较成熟的研究成果。

3. 第三阶段：课题总结推广阶段（2015年10月至2016年2月）

收集资料，进行全面分析、总结、提升，汇集成果，积极准备接受课题专家组的鉴定和验收工作，推广应用研究成果。

（六）课题组成员及分工

表2-3

姓名	性别	专业	职称	课题研究分工
钟丽香	女	汉语言文学	思想品德小学高级（副高级）	课题负责人、课题组组长，全面负责课题管理
林伟华	男	教育管理	数学小学高级	课题组副组长，负责课题设计与实施
温丽梅	女	汉语言文学	数学小学高级	负责课题设计与实施
温秀欢	女	汉语言文学	数学小学高级	负责课题设计与实施
钟顺霞	女	汉语言文学	体育小学高级	负责课题设计与实施
毕艳薇	女	汉语言文学	数学小学高级	负责课题设计与实施
郭永洪	男	汉语言文学	语文小学高级	具体实施
钟秋菊	女	汉语言文学	语文小学高级	具体实施
张凤英	女	汉语言文学	语文小学高级	具体实施
卢秋婵	女	汉语言文学	英语小学高级	具体实施
郑玮	女	美术学	美术小学一级	具体实施
周威利	女	汉语言文学	未定级	具体实施

四、构筑"恒远教育"特色课程体系

办学特色的构建必须结合学校的实际及发展状况，基于学校的地域资源，遵循教育规律，进行科学规划和合理定位。积极推进校本课程的开发与研究实验，构建以校为本的课程体系，这是新课程改革给予我们的机遇。我们认为，校本课程的特征必须体现出课程的个性化、校本化和开放性，同时课程资源又必须体现出继承性、发展性和选择性。

学校品牌 文库

冠华小学寻求特色办学和内涵发展的探索已经走过了整整 11 个年头。我们在总结"主体个性化"教育、"走进皮革皮具之都，探究个性和谐发展"、"创作教育：弘扬盘古文化，培育创新精神的实践研究"的课题研究的一系列成功经验的基础上，对"皮革皮具创作实践活动"品牌和盘古精神所孕育的特色区域文化作了沉淀式的思考与反思，将盘古精神文化和学校特色办学与内涵发展深度融合，充分营造学校特色办学的整体思路，推出"恒远教育"学校特色文化建设的整体规划，发展和完善学校的办学理念，构筑"恒远教育"特色课程体系，建设"恒远教育"特色课堂，打造"恒远教育"教师团队，培养"恒德立品，远志立人，扬长成冠，振兴中华"的冠华学子，促进学校教育和教学水平再上新台阶，进一步扩大冠华小学的社会美誉度，力求早日将冠华小学建设成为高品质的个性化省级名校。

我们在严格执行国家课程计划，按规定开齐、开足国家规定的必修课程之外，在必修课程充分渗透特色教育的基础上，积极构建学科性课程校本化、活动性课程社团化、拓展性课程创新化、环境性课程特色化"四化"结合的特色课程体系（见图 2 – 1）。

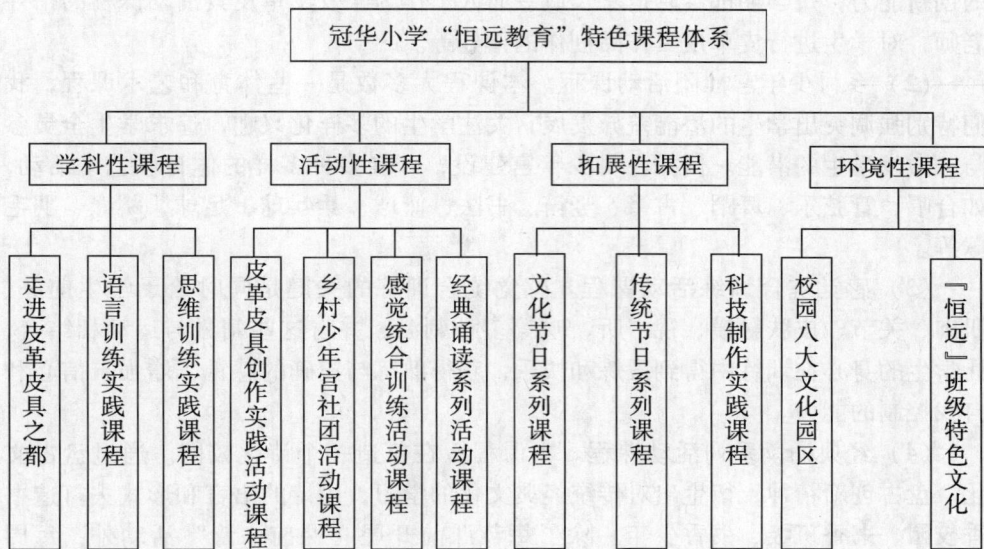

图 2 – 1　冠华小学"恒远教育"特色课程体系示意图

1. 学科性课程

（1）"走进皮革皮具之都"是学校依托地方资源开发的特色校本德育课程，这些课程随时能为不同的学生增补发展爱好特长的学习内容。学习形式常常以课

题小组的探究形式出现，并整合学校、家庭和社会资源。不同的课题小组可以根据自身的需要，选择不同的上课地点，校内或校外皆可。这些课题有"走进家乡的成功人士""崛起的皮革城""多姿多彩的皮具节""我们设计的皮具工艺品"等。精彩纷呈的课题探究保证每个学生都有机会自主选择和决定学习内容，给学生个性的充分发展留有时间和空间，实现了许多在过去的课程中所无法实现的教育理想。

（2）语言训练实践课程。通过开展各种各样的语言训练活动，为学生创造更多表达和交流的机会，提高学生的口头表达能力，如利用每节语文课前的三分钟让学生自主选题进行演说、举行英语课本剧大赛等。

（3）思维训练实践课程。开展各种各样的思维训练活动，提高学生的逻辑思维能力和推理分析能力，如每学期开展的"脑力开发"课程、数学"24点"比赛活动、魔方比赛、数学乐园、英语单词速记法、单词自然拼读法等。

2. 活动性课程

（1）皮革皮具创作实践活动课程。围绕着家乡的皮革皮具文化，开发皮革皮具拓展课程。如我们每年都会举行"冠华小学皮革皮具艺术节"来培养学生的创新能力，每学期都会聘请家长或专业人士作为学校皮革皮具活动课程的指导老师，对学生进行皮革皮具作品创作的指导等。

（2）乡村少年宫社团活动课程。本课程大多数是一些体育和艺术课程，我们特别强调突出学生的潜能差异发展，关注学生的多样化兴趣，追求学生全员参与，激发学生的潜能。依托乡村少年宫建设，开展多种多样的体育和艺术活动，如合唱、管弦乐、舞蹈、古筝、竖笛、书法、篮球、乒乓球、足球、跳绳、羽毛球等。

（3）感觉统合训练活动课程。感觉统合训练的关键是同时给予学生前庭、肌肉、关节、皮肤触摸、视、听、嗅等多种刺激，并将这些刺激与运动相结合，让学生的身心在训练中得到锻炼和快乐，获得熟练与正确的感觉，增强自信心和自我控制的能力。

（4）经典诵读系列活动课程。本课程旨在打造一个诗化校园。通过盘古文化、盘古创新精神，衍生出对传统经典文化的学习，用诗的语言和形式去打造书香校园、书香班级、书香少年。除了每节课前开展"课前一诗"活动外，每周三午读课全校进行经典诵读活动，每学期末学校举行经典诵读比赛。此外，我们还围绕省、市、区开展的"书香校园"活动，进行古诗朗诵比赛、经典诗词书写比赛、手抄报制作、亲子诵读等；又围绕"冠华小学皮革皮具艺术节"写活动的感想和制作有皮革特色的手抄报。

这些特色活动的开展转变了学生的学习方式，学生的动手能力、逻辑思维能

学校品牌文库

力得到提高，创新意识得到增强。家长大力支持和配合学校特色活动课程的开展，主动申请担任活动的指导老师和义工，在社会上引起了良好的反响。

我们还努力寻求学科课程和活动课程的有效融合，要求每一个学科全面渗透和整合活动课程的理念。语文科结合"书香校园"活动和"冠华小学皮革皮具艺术节"活动进行作文教学和写作，学生有了鲜活的生活经验，作文自然写得入情入境、富有生气。美术科结合皮革皮具拓展课程，让学生利用皮革皮具碎料进行皮革皮具小艺术品的设计和制作。这些特色活动课程的实施，增强了学生的动手、动口、动脑能力，突出了个性化的教育。用皮革皮具文化引领学生道德发展，充分展现"多彩冠华娃"的风采。一件件皮革皮具作品成为学校一张张亮丽的名片，用皮革皮具打造的文化充分体现了"恒远教育"这一富有时代精神的办学理念。

3. 拓展性课程

（1）文化节日系列课程。皮革节、书香节、体育节、科技节、艺术节、竞技节是拓展类课程的主要课程，也是全体学生都参与的课程。这类课程一是培养学生获得现代人所具有的表现能力、协调能力、组织能力和沟通能力；二是尊重学生的发展差异、个性差异和能力差异，激发学生的学习兴趣；三是最大限度地让每一个学生展示自我、张扬个性，让各类学生尽显风采；四是营造浓郁的学校文化氛围，使整个校园充满青春的活力，成为学生快乐成长的精神家园。多年的实践证明，拓展类课程在拓展学生的知识视野、提升学生的能力、增强学生的情感态度和价值观、提高学生的境界等方面所起到的作用是课堂无法替代的。例如，我校每年都会举办的"竞技节"就非常有利于培养学生的动手、动脑和生活实践能力，树立学生"自己的事情自己做"的自主意识，激发学生热爱劳动的情感，提高劳动本领，感受劳动所带来的乐趣，体验劳动的价值。

为了丰富学生的课余生活，提高学生的学习积极性，让学生在劳逸结合中健康、全面地发展，我们每年还会举行"我劳动，我快乐"学生劳动技能大赛。不同年级的比赛内容不同：一年级，佩戴红领巾；二年级，穿、脱、折衣服；三年级，拼果盘；四年级，削苹果；五年级，穿针、钉纽扣；六年级，包饺子。

（2）传统节日系列课程。民族节日是最富有文化意味的，对提高人们的文化素质、维护社会公德、增强民间凝聚力、进行爱国主义教育等有着不可低估的作用。根据每年的各类传统节日，将每个月中传统节日的特点，提炼出一个中心活动主题，围绕这一主题，组织学生开展丰富多彩的活动，形成"传统节日"校本课程体系。学生通过上网、调查访问等实践活动，不仅可以了解节日的由来，更深层地领略传统文化的博大精深，还极大地丰富了学习生活，拓宽了知识面，增强了民族自豪感。传统节日系列课程为学生打开一个更开放、广阔的学习

途径，强调学生在亲历实践中掌握新的学习方式，促进学生主动学习、综合学习、探究学习、实践学习。

（3）科技制作实践课程。融合人文与科技的内容进行课程的开发，使学生在社团活动中取长补短、发展兴趣特长，如车模制作、航模制作、科技小创新等。

4. 环境性课程

我们在校园环境设施建设中坚持"育人为本"，紧扣"恒远教育"理念，净化、绿化、美化校园，强化教育性、知识性、艺术性、个性化相结合，给师生创造出一个诗意和谐、富有特色的学习、生活和办公环境。

近年，我校着力打造校园八大文化园区：设置主厅"风华厅"，展示学校的办学理念、校训、校风、教风、学风和教育教学所取得的累累硕果；设置"馨华园"，展示盘古传说、狮岭皮革皮具产业等内容；设置"趣华园"，安排数学、科学等启智功能区；设置"彰华廊"，作为学校特色教育实验展示长廊；设置"砺华园"，以篆刻着"持之以恒，勤学致远"校训的巨石为主景来激励学生；设置"芳华园"，作为学校植物园，曲径通幽、绿影叠翠；设置"砚华阁"，展示书法名家及其作品，供学生现场临摹；设置"皮革园"，让学生从小便深入了解家乡的皮革皮具产业，传承开天辟地、敢为人先的盘古精神。

"校史文化""楼道文化"和"校园景观文化"成为学校一道道亮丽的风景线，不仅为秀美的校园增添传统与时尚文化的品位，还树立、展现和张扬了"怀恒常之心，立明远之志"的学校精神。优美的校园环境和深厚的校园文化以无声的语言、流动的乐章，把"传承盘古精神，培育恒远品格"的"恒远教育"办学理念渗透到每一位师生的心田，为冠华学子的健康成长提供了和谐优美、积极向上的校园环境和活动条件，为发展和丰富学校特色创设了良好的文化氛围。

五、建设"恒远教育""实而活"特色课堂

所谓"特色"是指事物表现出来的独特色彩、风格，而"特色课堂"则指彰显并优化教学个性的课堂。谈到特色课堂必然涉及两个层面：一个是"教师个体特色课堂"，依靠教师个体在教学上的个性特长，如教师具有幽默、煽情等教学特长，通过有意识的培养进而形成的教师个体教学特色，它有着教师个人的独特色彩，具有外在的、显性的特点；另一个是"教师群体特色课堂"，这是在某种新的教育理念下所形成的学校层面的、体现学校办学特色的个性化教学模式，与前者相比，具有内在的、深层的特点。我们所打造的"恒远教育""实而活"特色课堂是就学校层面而言的，所追求的是冠华小学的教师群体特色课堂。

学校品牌文库

教育当恒远——一位校长的教育思考

（一）构建"实而活"特色课堂教学模式

我们打造特色课堂，是在遵循教育的本质规律和一般共性的基础上，从冠华小学的实际出发，打造具有冠华特色的、体现冠华个性的特色课堂。

提高课堂教学的实效性是学校教育的一个永恒主题。有效教学的评价标准是学生的有效学习，其核心是学生的进步和发展。教学的实效如何，关键要看学生的学习效果，看有多少学生在多大程度上实现了有效学习，取得了怎样的进步和发展，以及是否激发了学生继续学习的愿望等。

"条条道路通罗马""教学有法但无定法"。学生是千差万别的，学生的学习方法也是灵活多变的。因此，我们必须根据不同的教材、不同学生的身心特点和认知规律等现实因素，从实际情况出发，采用相应的灵活多变的教学方法，来达到促进学生全面发展、提高学生综合素质、提升教育教学质量的目的。

"实而活"特色课堂中的"实"，其含义是扎实、朴实、真实、实效；"实而活"特色课堂中的"活"，其含义是灵活、活泼、自主、有趣、创新。"实而活"的课堂教学模式，即教师的教学方式灵活多样，学生的学习方式灵活多样，学生学得兴趣盎然、自主投入，取得实效，实现了真正的发展和进步。

我们借鉴但不照搬"先学后教，当堂训练"的理念。先学后教，以教导学，以学促教。先学，教师简明扼要地展示学习目标，提出自学要求，依据不同班别、不同学生的实际状况，进行有效的学前指导。后教，教师在学生自主学习的基础上，调动全班学生的积极性，开展教师与学生、学生与学生之间的互动式学习，适时而又灵活地解决学生在自主学习时遇到的难题，可以是教师通俗易懂地解答学生的疑问，也可以由学生分组讨论，由一组学生解答另外一组学生的疑问，不必拘泥于形式，以学生弄懂疑问、解决问题为目的。当堂训练，在先学后教之后，通过一定时间和一定量的练习，加深对课堂上学到的知识的理解，训练学生运用学过的内容解决实际问题，培养学生的思维能力。

（二）实施"实而活"特色课堂的策略

1. 创设有利于激发学生学习热情的问题情境

创设情境可以调动情绪、激活思维、激起兴趣、催生感情。问题意识会激发学生的学习欲望，没有强烈的问题意识就不可能激发学生思维的活跃性。因此，教师要善于创设有利于激发学生学习热情的问题情境。这里所说的问题情境包含多种状况，比如新课开始时的"引入情境"、课堂探究问题环节学生的思维相互

碰撞时的"质疑情境"、课堂问题解决环节中的"设计情境"等。教师创设的问题情境越新颖、对比度越强烈，学生的注意力就越集中，探索的愿望也就越强烈。

教师在备课时要千方百计寻找学生学习的兴趣点，在教学中要给学生打开一扇扇窗户，向他们展示一个个具有吸引力的求知世界，同时注重培养学生自我探究的能力，让学生充分发表自己的意见。对不同见解要充分尊重，对有创意的解答要及时给予肯定和赞赏，鼓励学生质疑求新，培养学生的创造思维，激发学生的学习动力，培养他们的学习兴趣，从而达到学生自己想要学习的效果。

2. 营造民主和谐、师生平等的课堂教学氛围

民主和谐的学习环境、平等愉悦的学习氛围有利于激发学生的学习兴趣，使学生敢想、敢说、敢问、敢做，勇于并乐于展现自我，从而保证学习活动顺利、高效地进行。

新课程的教学观和学生观决定了师生之间的关系是新型的民主平等的关系，整个课堂教学活动是以师生交流互动、生生合作活动为主要形式。置身其中，教师在课堂上要扮演的是一个组织者和指导者的角色。教师应从"神圣"的讲台上走下来，参与学生的学习过程，尽可能地拉近与学生的距离，与学生平等对话，如经常用商量的口吻与学生交流"你觉得这种方法怎么样"，"谁愿意把自己的想法和我们分享一下"等。同时教师不要用审视的眼光去看待学生，要信任学生、赏识学生、激励学生、引导学生，给学生多一分理解和尊重，给学生一个宽松的环境，鼓励学生参与到课堂教学中来。这样学生才会获得心理上的安全感，建立起自信，才会敢于说真话并表达内心的真实想法；也只有这样，才会唤起学生学习的强烈欲望，才能真正提高课堂教学的有效性。

3. 培养学生自主、合作、探究学习的能力

传统的课堂教学，知识是由教师精心设计直接传授给学生的，教师是主体，学生处于被动地位；而新理念下的课程改革，强调教师是学生学习活动的组织者和引导者，课堂上应该积极引导学生进行自主、探究和合作的学习，应该有意识地将教学内容分成不同板块，提出不同要求供学生分组探究，要求每组学生互帮互助、相互配合、明确分工，共同归纳出结论，把学习的主动权还给学生，为学生有个性的学习提供空间。

4. 恰当地运用多媒体教学手段

随着新技术在教学中的发展和运用，在新课改的理念下，我们的课堂教学要尽可能运用多媒体技术。众所周知，多媒体技术集图文、声像于一身，为课堂教学提供了更为直观、形象的教学手段：借助课件的屏幕展示，创设情境、渲染课堂教学气氛，能迅速地引起学生的兴趣，激发学生的学习积极性。即便是单调的

学校品牌文库

教育当恒远——一位校长的教育思考

训练内容，如小学科学中的《风化》，小学数学中的《圆锥的体积》《平移与旋转》，在教学时都可以做成多媒体课件；同时，多媒体技术还能使课堂教学变得有趣、生动，扩大课堂容量，增加知识密度，突破课堂的时空限制，节省板书时间，使学生可以享受到文字、图像、声音、视频等多种情境的参与式情趣，提高了学生学习的兴趣和教学的效率。

然而，多媒体技术也只是教学的辅助手段，教师切不可本末倒置，而应本着高效、有用的原则，根据学生学情、教学内容，从实际出发，将多媒体技术与教学有机结合，充分发挥其效能，提高课堂教学的有效性。通过丰富的艺术手段、别开生面的开课、意味深长的结尾，增加教学过程与教学行为的艺术含量；同时，用艺术的语言突出教学过程中的精彩环节，使学生充满想象，从而引导、促进、激发学生快乐、主动、勤学、致远、自信、自强地学习。

5. 构筑动态的开放性课堂，收放自如

一堂好课一定是思维活跃、发言踊跃、氛围热烈、关系融洽的。死气沉沉、闷声不语的课堂让人压抑；慷慨激昂、滔滔不绝的课堂让人紧张。只有让学生真正参与活动，实现互动的课堂才会让人兴奋，才会充满激情。新课程要求教师善于发现学生身上的闪光点，学会欣赏每一个学生，教师应该是一个学习者、发现者、欣赏者。在课堂教学中教师要放下架子，走下讲台，来到学生中间，乐于和学生交往，及时掌握和了解学生的动态，学会平等地对待学生并懂得尊重学生。

"实而活"的课堂是开放的课堂，在学生自主学习的过程中会形成一些新的观点或学习难点，而为了破解难点，往往需要借助一些课外资料，如语文的课外阅读资料、历史与社会的图片、思想与品德的影视与小故事、科学和演示实验等。教师要善于运用多种手段，在学生自主学习的基础上，发挥好教师的主导作用，充分利用课堂上这些新的学习资源，引导学生破解难点，学会运用已有的知识和能力解决问题。

6. 建立"实而活"的课堂教学评价体系[①]

课堂教学中实行及时、适度、多样的评价能激发学生的学习热情，促进教学活动的有效开展。课堂教学中教师对学生的评价不能只注重结果，更要重视学生学习的过程，关注学生的参与度、合作交流的意识和情感、态度的发展。教学中教师要为不同的学生提供不同的展示自己的机会，及时地、有针对性地做出恰当的评价，使之迅速体验成功并建立自信。教师要善于运用个性化的评价或用微笑、点头等肢体动作予以肯定。对学生的错误回答，不忽视、不轻视，要积极鼓励，激发学习的热情；也要真诚地指出存在的错误，使教师的评价成为学生努力

---

① 冠华小学"实而活"课堂教学评价体系详见本章附录。

学习的动力，这样课堂教学会更有效。

以"实""活""精"为核心指标，从学生课堂思维、师生情绪、师生合作、课堂气氛、教学效果等方面进行多元化的有效评价。改变传统的课堂教学评价体系，"以学定教"，用科学的量化表记录课堂、分析课堂、评价课堂。量化表必须是多元化的、发展性的、过程性的，力求表现每一个学生完整的学习过程，寻找学生的闪光点，通过学生的闪光点来激励学生不断前进，走向成功。

六、"恒远教育"理念下的"共进"德育模式

道德属于上层建筑的范畴，是一种特殊的社会意识形态，它通过社会舆论、传统习俗和人们的内心信念来维系，是对人们的行为进行善恶评价的心理意识、原则规范和行为活动的总和。道德品质，也称"德行"，简称"品德"，它是个人在道德行为中所表现出来的比较稳定的、一贯的特点和倾向，是一定社会的道德原则与规范在个人思想和行为中的体现。

教书与育人是不可分割的，除了要使学生掌握一定的知识和技能外，还必须使其具有良好的思想品德。小学阶段，由于学生年龄小、知识和经验少、辨别是非的能力差，导致他们会不知不觉地模仿不良行为，受到一些消极思想的影响，甚至会做出一些违背道德的事来。但是，"上天不会把一个一无是处的孩子送到我们面前，不犯错误的孩子不是好孩子，人的成长是一辈子的事，每个人都有受到尊重的权利"。正是本着这样的认识，基于"恒远教育"持之以恒、勤学致远的励志教育核心理念，我们积极构建以"传承盘古精神，培育恒远品格"为目标取向的、"励志恒远，合力共进"的"共进"德育模式。

"共进"德育以团结、合作、协同、和谐、共赢为核心内涵，是一种师生、亲子和家校互动成长、共同进步的群体德育理念，是一种体现雁群精神的团队合作发展模式。

（一）形成合力，全员配合，构筑"共进"德育模式

1. 德育和心育携手共进

健康比成绩更重要，方法比知识更重要，习惯比能力更重要，教养比分数更重要，过程比结果更重要。学校倡导"德育目标序列化、德育例会主题化、德育活动实效化"的德育管理理念，要求学校行政做班主任最坚强的后盾、做班主任最知心的朋友、做班主任最亲密的伙伴，最大努力减轻班主任的工作负担，推动班主任和教师通过有序高效的常规管理、特色鲜明的班级德育、丰富多样的学生

学校文库60讲

教育当恒远——一位校长的教育思考

社团，开展形式多样的"伴我成长"主题活动，实现"面朝大海，春暖花开"的德育目标。

德育与心理教育从不同的角度促进学生品德的发展和人格的完善，具有促进个体素质全面发展的共同目的。学校倡导在新形势下，全体班主任、教师、员工与心理辅导老师互相配合，在充分认识影响学生心理健康的主要因素的基础上，加强德育与心理健康教育的配合，给学生营造一个有利于身心发展的文化氛围，采取科学有效的手段，优化学生的人际关系，正确引导学生健康成长，切实提高德育工作的实效性。

具体来说：在管理体制上我们将心理健康教育划归德育部门统筹协调，使"两育"一盘棋，两者有机融合、相得益彰，共同做好育人工作；德育与心育工作情况要经常沟通、调研，对一些较难的德育问题在统筹协调的基础上，从两个角度去寻找解决问题的方法，相互配合，提高效果；在班主任工作中融入心理健康教育，并作为对班主任考核的一个内容，使他们能从心理健康教育中提高德育效果。

2. 重新定位师生关系，创设良好的"共进"德育氛围

学校德育过程中教育者与受教育者的关系，实际上是一种人与人之间的沟通关系。在学校德育工作中，教师为学生做的每一件事、对学生说的每一句话，都是在与学生进行沟通，教师通过沟通来向学生表达学校的德育理念和德育要求。德育工作的效果如何，说到底取决于教师与学生沟通的效能。换言之，德育效能的发生是在活生生的师生关系中进行的，师生关系的生命力是通过教师与学生的交往和沟通体现的。在教师与学生的关系中，教师的一言一行，教师的观念、思想、态度甚至是教师的表情，都会对学生产生比较深刻的影响。

鉴于上述考虑，我们在当前提高德育工作实效性的探索中，注重建立一种民主、平等、和谐的师生关系，引导班主任及全体教师学习师生沟通的艺术，努力克服过去在管理教育学生过程中习以为常的命令、控制、指挥、警告、威胁、训诫、说教、讽刺、挖苦、指责、不愿意积极聆听等有伤师生之间和谐关系的错误做法，而代之以心理健康教育中所倡导的真诚、接纳、倾听、尊重、同感等理念、方法与技巧，努力创设一种有利于学生身心健康发展的教育环境与教育氛围。

3. 高度尊重，适度要求，适时引导

德育一定要讲究方法，我们要增进与学生之间的感情、增强德育的实效性，就必须以高度尊重、适度要求、适时引导为前提。其中，又必须以高度尊重为基础，因为只有高度尊重学生，才可能获得学生的信任；获得了学生的信任之后，对学生提出的适度要求、进行的适时引导才可能奏效。

"高度尊重"，就是从教师的语言、体态和实际行动中，表现出对学生的关注、接纳和理解；无条件地尊重学生的人格尊严；以平和的心态接受学生的现状，不偏激、不侮辱、不训斥、不埋怨、不拒绝、不放弃任何一个学生；以真诚信任的目光和语气鼓励学生克服困难，在现有基础上获得更好的发展。

"适度要求"，是指克服传统德育指导思想上的"泛政治化"倾向。我们不能对学生提出过高、过严的要求，否则容易导致学生产生焦虑、失望和受挫感，并在自我意识方面出现混乱，从而引发一系列认知偏差和行为问题。因此，对学生的要求一定要适度，一定要符合个体的实际情况，且应该是学生自己能够把握、调控得了的。

"适时引导"，是从认知和行为两个方面对学生加以及时引导。学生犯错误，其实很少是道德本性恶劣、顽固不化，而主要是由于自己认知上的混乱和行为上的错误习惯造成的。解决这些问题的关键是调整认知方式，并从行为上加以必要的引导。纪律处分当然是一种必要的教育手段，但如果滥用纪律处分反而会使一些学生彻底丧失勇气和信心。

（二）依托班集体，促进学生形成良好的品德

良好的班集体是学生形成正确的人生观、价值观和集体主义思想的直接源泉，是推动学生努力发扬优点、克服缺点的客观力量，也是促使学生在集体的健康舆论影响下和先进积极分子的带动下，不断进行道德实践、逐步形成良好品德的有利环境。学生在集体中的各种良好品质并不都是自发地发展起来的。只有我们充分利用了学生在集体中的心理特点，采取相应的有效措施，才有可能使学生的集体主义意识和各种优秀品德迅速形成。

1. 通过集体活动培养学生的良好品德

儿童和青少年绝大多数都有上进心、好奇心、好说好动、积极好学等心理特点。对集体开展的以学习为中心使德、智、体都得到发展的活动，学生总是乐意参加的。集体活动由于具有内容的社会性和丰富性、形式的生动性和多样性的特点，对学生有着极大的吸引力。集体活动可以使学生亲眼看到集体力量比个人力量大，亲身体验到参加集体活动的乐趣，这就可能促使学生产生建立良好集体的迫切要求。在集体活动中，学生比较容易意识到个人的努力对集体成败的影响，而集体的成败也会给每个集体成员带来影响，从而促使学生产生尊重和服从集体的意向，逐步形成集体主义意识。

有经验的教师十分重视集体活动的组织工作，他们不仅善于通过集体活动来组织健全的班集体，而且善于在集体活动中对学生进行生动的集体主义教育。学

生的基本任务与基本活动是学习，因此班集体的组织与教育的中心内容及主要途径应该是为提高全班学习成绩而努力。为了提高效率，在工作时应该注意：第一，通过多种生动而富有说服力的形式使学生了解到学习的目的性，知道学习是为祖国社会主义建设及全人类的进步事业贡献更多的力量；第二，提出班集体近期的奋斗口号与学习上的具体要求，让每个学生把取得优良的学习成绩看成是班集体的任务，使之鞭策自己努力学习并且关心集体的进步；第三，组织学习经验交流，不仅可以使学生取长补短，而且可以体验到集体的智慧与力量，使他们更加热爱自己所生活的集体；第四，有计划地组织讨论与及时进行小结，肯定集体的进步，表扬小组或个人在完成集体学习任务中的正确态度与成绩，指出存在的问题，使全班同学体验到集体不断向上的气氛以及集体对个别成员要求的力量，产生信心和服从集体意志的意向。

2. 通过先进榜样的力量培养学生的良好品德

学生在集体中，由于与教师和同学共同活动、直接交往，其言行常常会直接引起学生的思考、对照，产生模仿的心理活动。学生在集体中的模仿行为，对于学生品德的形成，可能成为有利因素，也可能成为不利因素。因此，在学生集体中，教师既要注意自己的模范作用，也要引导学生向先进榜样学习，而不去模仿反面的东西。

在班集体生活中，榜样可以是集体的，也可以是个人的。为了使先进榜样发挥更大的教育作用，提高学习榜样的效果，班主任和教师要注意解决以下几个问题：①建立榜样的威信，通过各种有效方式，如实地讲明榜样的先进事迹，并在集体中营造谈论和学习榜样的热烈气氛，使学生充分认识榜样的先进性，从而对榜样产生敬仰的心情；②增强学习榜样的自觉性，激发学生学习榜样的动机，并引导学生分析自己学习榜样的有利条件，消除认为因条件不足而学不会、做不到等心理障碍，提高学生学习榜样的信心；③正确理解榜样的思想品德，注意调查学生的想法，先分析学生对榜样人物看法中存在的主要问题，然后确定讲解榜样事迹的方式，再选择几个事迹分析概括，引导学生探索榜样人物所作所为的本质，使他们明确向英雄榜样学什么、怎样学；④效法榜样必须过渡到行动，班主任和教师应该注意在了解榜样的基础上，使学生熟悉榜样的思想、名言、日记等，以便在行动和动机的斗争中，使榜样形象能起导向作用，还要及时地肯定和赞扬学生学榜样、自觉做好事的效果，使学生得到满意的体会，提高道德评价能力，增强坚持做好事的力量。

3. 引导学生尊重集体舆论，增强集体荣誉感

学生在集体中生活，会逐步意识到个人在集体中的地位以及自己所处的小集体在大集体中的地位，产生光荣与羞愧、自豪与内疚等情绪，这就是荣誉感。荣

誉感实质上是个人与集体、小集体与大集体之间的关系在学生头脑中的一种反映形式，它是学生上进心的表现。集体舆论，即在集体中占优势的言论与意见，常常是个人与集体的关系的直接表现。它以议论、褒贬、奖惩等形式肯定或否定这些关系，引起集体成员情绪上的体验和思想上的考虑，促使他们调整自己的行为。健康的集体舆论体现了集体的意志，是使集体成员根据集体利益调节个人行为、改变关系的因素，是学生产生荣誉感的一种重要来源。

一般说来，受到集体舆论支持并引起自豪与荣誉感的行动，可以使学生继续坚持与发扬；受到集体舆论指责并引起羞愧与内疚的行动，会使学生努力去改正、克服。因此，健康的集体舆论便成为学生发展良好行动和制止不良行动的一种强大的力量。为了培养健康的集体舆论，班主任和教师应该时刻注意集体舆论的倾向与性质，以自己的言论与举动把集体舆论引向正确的方向，通过讨论或谈话肯定正确的集体舆论，否定不正确的集体舆论，培养积极分子分析与评论的能力，以带动其他同学形成一种正确的集体舆论力量。此外，还可以利用刊物、墙报、学习园地、漫画、广播等形式，大力表扬好人好事，适当评论不正确的言行倾向，表达集体的正确愿望与要求，使其成为集体舆论的中心。

4. 增强学生的前途观念

青少年学生富有幻想。幻想是创造性活动的前奏，是意志行动的一种表现形式。当学生的幻想指向于集体活动及集体发展的前景时，它不仅可以使整个集体生气勃勃、奋发有为，而且可以使学生在奔向集体共同目标的活动中更加关心与热爱集体。培养集体成员的前途观念，应该注意学生心理发展的水平和规律。

为了使学生热爱生活，在建立近景时先从满足个人需要的活动着手是可行的。但是，只顾惬意而去建立近景会养成学生享乐主义的倾向，所以必须提高学生的自觉性、自尊心、上进心，把他们的兴趣引向比较有意义的方向，使学生不仅能够享受到生活和学习的快乐，而且开始把个人前途与集体前途统一起来。学生的年龄越大，近景的境界就应该推得越远，应该向他们提出需要克服的困难和实现的前景。而且，必须给这些活动准备多种内容，动员大家来关心这件事，向往这个日子的到来。高年级的小学生思想上相对比较成熟，远景的作用要相对明显一些。要让学生知道，现在的学习和劳动就是在为未来的祖国建设作准备，从而树立起建设社会主义和共产主义的远景。

（三）参与社会实践活动，促进学生形成良好品德

1. 社会实践活动对学生思想品德的培养有重要影响

社会实践活动是指在教师的指导下，利用学校、家庭和社会的各种有利条

件，开展丰富多样的活动，使学生通过参加各种社会实践活动，广泛接触社会、融入社会，培养学生独立观察事物、正确认识社会、分析社会现象、解决实际问题的能力。社会实践活动是学生自我发展、自我完善的需要，学生人格的健全和价值观的形成，最终只有在社会实践活动中才能得以实现。因此，只有让学生在实践中亲身体验，良好的品德才会不断地内化为自身的素质。而学校德育要达到育人的目的，让各种美德在学生的心灵中扎下根，就必须根据周围活生生的现实生活和学生特殊的生活世界，对学生开展一些必要的德育综合实践活动。

为了适应经济社会发展对人才的需要，我们必须按照"面向现代化、面向世界、面向未来"的要求，全面贯彻党的教育方针，以德育为核心，以创新精神和实践能力为重点，深化教育改革，为社会主义现代化建设培养一批德、智、体、美全面发展的创新型人才。事实证明，社会实践活动开展得如何，会对学生思想品德的培养产生重要的影响，而小学生良好道德品质的培养更离不开社会实践活动的开展。

2. 面向学生，切实有效地开展社会实践活动

（1）社会实践活动的内容要面向学生的生活。学校德育改革取向应生活化，即让学校德育从政治化、抽象化、空洞化的说教王国里走出来，回归生活，关注、指导和引导学生的现实生活，从衣、食、住、行、玩与学开始，使学生的道德生命在生活的广阔空间中自由生长。虽然学生在学校要听老师的话，在家里要听家长的话，但是他们也有自己的日常生活，有自己交往的小伙伴，有自己的喜、怒、哀、乐，有自己的生活方式。学生特殊的生活世界正是我们培养学生美好品德的最肥沃的土壤。我们可以组织学生开展许多极具生活情趣的实践活动，通过这些活动使关心他人、热爱劳动、讲究卫生等美德像种子一样悄悄地在学生的心灵中扎根发芽。

例如，为了让学生学会关心父母、体贴他人，近几年，在母亲节到来前夕，我们在全校学生中开展"我为妈妈做件事"和"感恩父母"等系列活动，要求学生要尽自己所能，积极主动地为父母做一件事，可以是为父母洗袜子，也可以是吃完饭主动为妈妈倒杯水，还可以是为妈妈唱一首歌、画一幅画，或给妈妈擦皮鞋。大多数的低年级学生在家里一直生活在父母的关爱之中却浑然不觉，在活动中还可以要求学生注意观察父母每天都为自己做了什么，这样学生就会自然而然地开始留心生活中的一些小事。他们在记录这些生活小事的过程中，感受到了父母为自己所作出的无私奉献，也在为父母做事的过程中学会了关心和体贴父母。

（2）社会实践活动的形式要具有趣味性。指导小学生开展德育实践活动，要根据小学生的心理特点和认识规律，采用易被小学生接受的教学方法，这样他

们才能积极参与实践活动，美德才能在他们的心灵中扎下根。例如，为加强对小学生学校教育、家庭教育、社会教育的三结合，培养小学生的公民道德意识，可以开展"小学生走进社区，参加社会实践"活动。通过参加社会实践活动，使学生认识社区、了解社区、热爱社区，同时也增长各方面的知识，以适应社会发展的需要。还可开展以"我为社区做贡献、美化社区环境"为主题的实践活动，通过表演小品、唱歌、跳舞等喜闻乐见的方式，培养学生不怕脏、不怕累，人人为社区环境做贡献等优秀品质。积极参加社区实践活动，既增长了学生的劳动观念，又培养了学生的坚强意志，使他们接触社会、了解社会的能力也得到了锻炼；同时，他们在人际交往、说话、语言表达等方面的能力也得到了不同程度的锻炼。

（3）社会实践活动的开展要具有持久性。实践证明，人的行为习惯需要反复训练，经历实践、认识、再实践、再认识的复杂过程之后，才能逐渐形成良好的思想品德，拥有美好的心灵。所以，引导学生进行德育实践活动必须注意持久性。这就需要在开展实践活动时持之以恒，一抓到底，直到每一个学生都能养成终身受益的良好习惯。

近几年，冠华小学在开学之初都会组织学生开展"文明礼仪小天使"活动，其中一项重要的内容是要求学生养成在楼道里右行礼让的习惯，并特别强化对一年级新生的训练。一年级的学生规则意识比较淡薄，但是学校的学习环境又需要学生尽快养成右行礼让的习惯，以保证教学楼内的秩序，消除安全隐患。我们坚持了大约一个月的时间，全校学生都成了讲文明、懂礼貌的小天使，甚至走到校外的公共场合，也会自觉树立新时期文明小公民的崭新形象。

学校文库

附录

表 2-4　冠华小学 "S·H" （实而活）课堂教学评价表

班级			执教者		评课人			
课题			课型		日期			
一级指标	二级指标	三级指标					权重分数	项目得分
实而活	教学目标	1. 目标符合课标要求，明确、具体、可测，可操作性强					20	
		2. 目标设计切合学生心理和认知特征与发展水平						
	教学过程	1. 教学过程思路清晰，课堂结构严谨，各环节时间分配合理					60	
		2. 教师为主导，充分发挥学生的主体作用，循序渐进，突出重难点，解决难点						
		3. 教学方法灵活多样，注重培养学生动口、动手、动脑能力						
		4. 科学合理运用教学资源和课堂资源						
		5. 运用多样的教学手段组织教学，课堂秩序得到有效管理，能有效组织和开展学生自主学习、合作交流活动						
		6. 通过有效的小组合作学习，培养学生自主、合作、探究的学习态度和习惯						
		7. 课堂练习容量恰当，设计具有层次性、针对性、开放性的拓展练习						
		8. 采用多元化的评价方式，反馈、矫正及时到位						
	教学效果	1. 教学面向全体学生，注重个性发展，不同层次的学生均得到应有的发展					20	
		2. 学生在学习中有积极主动的情感体现和良好的学习状态，敢于表达和质疑，有主动探索的学习欲望，课堂气氛活跃						
		3. 学生在掌握知识的基础上，读、写基本能力及学科素养得到提升						
		4. 学生能按学习目标完成学习任务，教学目标达成度高，教学效果好						
加分项目	教学个性	教师综合素质高，教学有特色，板书设计有新意，形成风格和特点					5	
评分	优秀	良好		及格		不及格	等级	得分
	90 分以上	80~89 分		60~79 分		59 分以下		
综合评价及教学建议								

表 2-5　冠华小学体育学科"S·H"（实而活）课堂教学评价表

班级				执教者		评课人		
课题				课型		日期		
一级指标	二级指标	三级指标					权重分数	项目得分
实而活	教学目标	1. 目标符合课标要求，明确、具体、可测，可操作性强					20	
		2. 目标符合学生实际的生理、心理、身体状况和体育水平						
	教学过程	1. 科学选择教学方式和方法，注意个体差异，因材施教					60	
		2. 合理选择和运用指导学生学习、练习方法						
		3. 教学流程清晰，教、学、练有机结合，组织有序						
		4. 合理设计运动负荷（强度、密度），灵活掌控学生的运动负荷						
		5. 教态自然，口令清晰，技术扎实，示范正确，保护和帮助措施得力						
		6. 能驾驭教学全过程，及时处理偶发事件，适时进行思想品德教育						
		7. 根据教材内容、学生情况激发学生学习兴趣，合理运用语言、动作、教学方法调节学生情绪，提高学习效果						
		8. 观察变化并及时对学生的学习给予恰当的评价和反馈，引导学生积极参与评价						
	教学效果	1. 教学面向全体学生，注重个性发展，不同层次的学生均得到应有的发展					20	
		2. 掌握运动技能和方法，灵活运用所学的技能进行运动						
		3. 学生积极主动参与体育教学，达成教师安排的运动负荷，运动能力提高，身体得到锻炼						
		4. 体验运动乐趣与成功，学生体育兴趣得到培养，终身运动观念增强						
加分项目	教学个性	模式新颖，教学方法方式有创新；充分发挥学生主体性，培养创新精神和实践能力；对原有教材进行再加工、创新，体现特色					5	
评分	优秀		良好		及格		不及格	等级	得分
	90 分以上		80~89 分		60~79 分		59 分以下		
综合评价及教学建议								

教育当恒远——一位校长的教育思考

表 2-6 冠华小学艺术学科 "S·H"（实而活）课堂教学评价表

班级			执教者		评课人		
课题			课型		日期		
一级指标	二级指标	三级指标				权重分数	项目得分
实而活	教学目标	1. 目标符合课标要求，明确、具体、可测，可操作性强				20	
		2. 目标设计切合学生心理和认知特征与发展水平					
	教学过程	1. 抓住重点，突破难点，体现视、听觉艺术特点				60	
		2. 教学设计规范，教学结构设计合理，体现课型特点，把握住知识点					
		3. 抓住艺术学科的内在特点，发挥美育功能，有机地、合当地渗透德育					
		4. 重视过程，强调参与，善于运用启发式方法激发兴趣，力求愉悦					
		5. 面向全体学生，因材施教，注重培养能力					
		6. 恰当运用各种教具与学具，教学手段先进，有利于提高学生音乐、美术素养					
	教学效果	1. 课堂气氛活跃，学生兴趣浓厚，激发求知欲				20	
		2. 情感态度积极，知识技能扎实，体现学科内在特点，整体富有美感					
		3. 完成预定教学目标，教学效果好					
加分项目	教学个性	教学有特色、有新意，在教材处理、教学设计、教学结构、教学方法、教学语言、教学手段运用、调动学生积极性等方面有自己的特色				5	
评分	优秀	良好	及格	不及格		等级	得分
	90分以上	80~89分	60~79分	59分以下			
综合评价及教学建议							

121

第三章
完善机制，优化管理——
内涵发展品位高

学校品牌文库

　　我们处在一个教育变革的时代，学校管理工作也要与时俱进，在抓好常规管理的同时，要树立现代管理意识，创新管理体制，走特色化、科学化、有内涵、有品位的人本化管理之路。追求教育理想，探索办学特色，是素质教育时代校长工作的永恒主题。以质量求生存，以特色谋发展。现代校长要走特色办学之路，应该从学校的实际出发，坚持体现自身特色的办学理念，走内涵发展之路。校长要负责制订学校的中长期发展规划，并在组织实施过程中不断修改完善、整合教育资源，自主解决发展中遇到的困难和问题，在改革和发展中树立品牌、创建特色、凝练内涵，以实现教育教学质量和办学效益的最优化。

　　一个热爱教育的校长要有质量意识，因为教育质量是"立校之本""发展之基"。但是，一个真正热爱教育的校长应该以制度建设和民主管理为基础，实施精细化管理；一个真正热爱教育的校长应该对教师进行人文化关怀，想办法去调动教师的工作热情，让教师人尽其职、人尽其力、人尽其用。最近十年，我在冠华小学，除了加强对学校行政干部队伍的管理之外，还创新管理机制，秉承"恒远教育"理念，完善队伍建设机制，创新"盘古精神，恒远教育"理念下的年级管理模式，引导各个学科加强教学反思、促进教师专业成长，遵循"恒德立品，远志立人，扬长成冠，振兴中华"的育人理念，有针对性地增强学生的心理素质，开发学生的创新思维，较好地实现了学校、教师和学生和谐有序发展。

第一节

秉承"恒远教育"理念，完善队伍建设机制

　　教育是一个民族最根本的事业，教育要发展，教师是关键。教师是传播人类文明、开发人类智慧、塑造人类灵魂、影响人类未来的工程师，是社会主义事业建设者和接班人的培育者，是青少年学生成长的引路人，其师德状况、知识水平、理论修养和实践能力关系到人才培养的质量，影响到社会主义现代化建设的历程。高质量的人才，离不开高质量的教育；高质量的教育，需要高质量的教师。

　　纵观教育自身发展的历史和规律，要想实现教育的可持续发展，必须在内涵发展上下功夫，而内涵发展首要的问题就是必须建立一支高素质的教师队伍。没有高素质的教师，就谈不上教育向深层次发展，也谈不上培养高素质的祖国建设者和接班人，更谈不上全民素质和综合国力的提高。因此，冠华小学把教师队伍建设摆在进一步促进教育可持续发展的重要位置，下大力气抓好、抓实、抓出实效，力求打造一支高素质的优秀教师队伍。

一、行政团队带头改革，更新教育教学观念

　　冠华小学的教师队伍能不断地得到发展和完善，与行政团队的科学管理和模范带头作用密切相关。冠华小学的行政团队坚持理论学习，不断更新教育教学观念，切实提高教育教学理论水平和管理水平。冠华小学的行政团队成员勇于尝试、锐意改革、开拓进取，在学校的教育教学工作中做到了"八个带头"：带头更新观念、带头从事教育科研、带头承担课题研究任务、带头开设专题讲座、带头发表论文、带头改革创新、带头依法治校和带头端正作风。作为学校发展的带头人和掌舵者，我明确要求冠华小学的行政团队成员必须做到"三个坚持"，以更好地发挥行政团队的榜样示范和模范带头作用。

　　第一，坚持政治思想和教育理论学习，更新教育教学观念。行政团队成员把政治思想和教育理论学习作为终身教育的一项重要内容，为了达到提高行政能力的目的，我们健全了行政团队成员每周定期学习的制度，学习了科学发展观、社

会主义核心价值观、国家中长期教育发展纲要、新课程标准等一些处于时代前沿的重要思想、教育政策法规、教育指导性文件和纲要等。通过学习党和国家的教育方针、政策法规和现代教育理论，交流思想，更新观念，树立新的人才观和质量观，追求更合理、更科学的现代教育理念，以增强班子的管理力、凝聚力和战斗力，并以新的教育教学理念去指导学校各项工作的开展。

第二，坚持参与教育科研。担任冠华小学校长以来，我一直要求行政团队成员凡事必须率先垂范、以身作则。"科研兴校"的发展战略确立后，行政团队成员带头参加教育科研，申报专项课题或子课题，撰写论文，开设专题讲座，指导教师开展教育科研。坚持参与教育科研，对于学校教育教学水平的提升起了巨大的推动作用：一方面，行政团队的理论水平、业务水平和管理水平不断提高；另一方面，由于行政团队成员的身体力行，学校形成了浓厚的教育科研氛围，许多教师积极申报区级以上的教育科学规划专项课题，通过教育科研努力提高教育教学理论水平和实践能力，使得学校的各项工作都上了一个新台阶。

第三，坚持深入教学第一线。我始终认为，一个真正成功的好校长不能脱离教学第一线，只有深入教学第一线，才能深入了解教学实际，才能制定并实施科学的教育教学策略。因此，包括我在内的冠华小学行政团队的所有成员，都必须根据个人的业务专长担任学科教学工作，定期检查教师的备课、上课、作业评改等常规工作。行政团队成员还坚持走进教师的课堂听课，以指导课堂教学。课后与教师交换意见，或组织级、科组教师进行集体评议，通过听课、评课，引导教师提高教学业务水平，优化课堂教学。

二、构建校本培训模式，促进教师专业发展

教师的发展是学生发展的基础，我们尽可能地为教师提供学习的平台，促使教师向事业型、育人型、综合型、科研型的目标发展。我们以教育改革为主题，以提高教师教育教学能力、满足教师自身发展需要为目的，通过时事政治及理论学习、教育技能训练和教育科研等实践活动对全体教师进行继续教育。

（一）完善校本培训架构，明确教师培养目标

我校的教师培训分校内和校外两种，以校内培训为主、校外培训为辅。造就一支结构合理、师德高尚、教育观念新、有敬业精神、专业知识牢固、富有开拓创新精神的教师队伍，是我校学科建设的主要任务。经过几年的努力，我们形成了比较完善的校本培训架构。

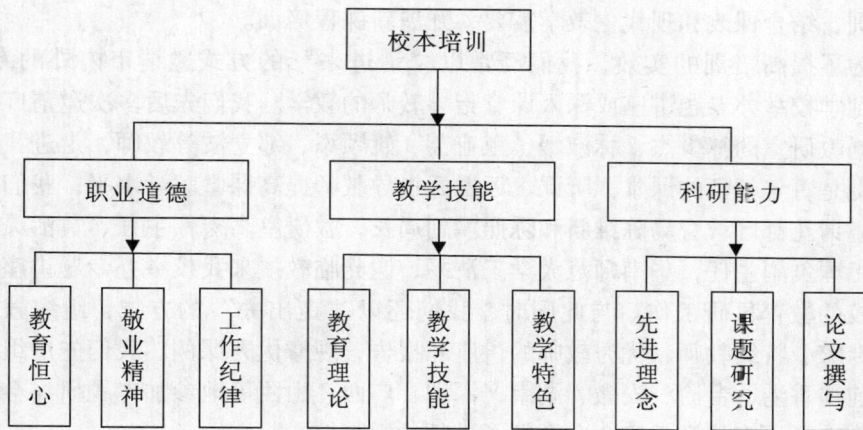

```
                        校本培训
         ┌─────────────┼─────────────┐
      职业道德        教学技能        科研能力
    ┌───┼───┐     ┌───┼───┐      ┌───┼───┐
  教育 敬业 工作  教育 教学 教学   先进 课题 论文
  恒心 精神 纪律  理论 技能 特色   理念 研究 撰写
```

图 3 - 1

（二）完善科组管理机制，建立科学的评价制度

我们实行教师工作的激励评价机制，一是减少简单而又不科学的量化评价，以"发展性教师评价"的方法，制定"教育教学质量评价表"，落实《冠华小学教学奖惩制度》，实施"对教师多一点赏识"的激励评价制度；二是拓展教师发展的自主空间，改革备课制度，提出分层要求，提倡教师写教学反思，并在科组内展示交流，从而促进教师群体的快速成长。

各科组为了加强和完善科组的内部管理，实施"人人有职、有权、有责"的岗位管理制度，调动了全体教师参与科组建设的主动性和积极性，发挥了集体建设科组的智慧和力量。各科组还进一步完善了奖励条例，设立了贡献奖，对热心为科组服务、积极参与科组建设工作、对科组的发展做出贡献的老师给予奖励，以此鼓励全体教师积极参与科组的建设工作。同时，进一步完善科组的档案管理，利用计算机网络管理科组资料及教师个人资料档案，使科组的档案管理规范化和系统化。

（三）实行全员培训，注重培训实效

学校要求各个学科根据本学科的特点拟定培训计划，实行培训的全员化和制度化，并讲求实效，做到培训与课堂教学相结合、与教育科研活动相结合。学校层面着重开展继续教育培训、新课程标准培训和信息教育技术音训。我们将教师进修制度、进修任务写入学校规章制度，鼓励全体教师积极参加各种学历和非学

历培训，结合课改和现代化教学需要，开展新课程培训。

为了提高培训的实效，我们经常以"请进来"的方式邀请市内外的专家、学者到学校举办专题讲座或深入课堂指导教师的教学。我们先后多次邀请广州市教育局教研室的林少杰、林淑媛、王亚芸、姚顺添、邹立波等教师，走进我校教师特别是青年教师的课堂，听课、评课并指导教师提高课堂教学水平；我们先后多次邀请花都区教育局陈维新和陈照麟副局长，教研室高宏伟主任、黄活灵副主任、王国剑副主任，华南师范大学王清平、谢光临教授来我校举办专题讲座，指导我校的教育科研工作。与此同时，我们还以"走出去"的方式，组织教师听教育专家、特级教师、优秀教师的讲座和报告，观摩优秀课例。我们先后组织老师们前往香港、台湾、安徽、湖南、深圳、广西、山西等地参加专题研讨会，为教师创造了更多的学习机会，开阔了教师的视野。

为了适应现代化的教学需求，使全校教师能熟练地使用计算机和多媒体进行教学，学校对全校教师进行分层次的轮训，大大提高了全校教师的信息技术教育教学能力，提高了学校现代化教育水平。现在，全体教师都能熟练运用多媒体技术进行教学，已经临近退休年龄的杜桂华、冯金莲老师也经常用自制的课件上课，课堂教学效率得到了有效的提高。最近两年，冠华小学在各级教育部门举办的多媒体课件制作大赛中获得区级以上奖励的，仅语文和数学两个科组的教师就有 19 人次，其中国家级奖励 5 人次、市级 1 人次、区级 13 人次。

几年来，冠华小学教师的理论水平迅速提高。黄桂芳副校长的德育论文《运用发展性教师评价，让教师的教学焕发生命力》、杨燕怡老师的论文《浅谈教师发展性评价》都荣获了广州市小学品德学科发展性教学评价教学论文三等奖。数学科组黄俊彬老师撰写的论文《巧用评语启迪学生的心灵》在《班主任工作理论与实践》杂志上发表。英语科组先后组织教师向"第六届全国新概念教育教学论文大赛"及《教育论坛》《教育家》《中国教育创新探索与实践》等期刊投稿，共投寄论文和教学设计 30 多篇，其中，宋燕媚老师的论文《对于英语学习策略的探究》获第二届"学英语报杯"广州市小学英语教师论文二等奖，论文《谈新理念下以人为本的英语创新教学》入选《中国教育创新探索与实践》，论文《敢说、爱说、多说、会说》获第六届全国新概念教育教学论文大赛三等奖；毕欢容老师的论文《谈英语课堂教学中学生思维能力的培养》《如何培养学生学习英语的兴趣》获第八届"英才杯"论文大赛二等奖，论文《新理念下的英语教学》获第六届全国新概念教育教学论文大赛三等奖；袁爱萍老师的论文《小学英语教学初探》《浅谈英语起步阶段的教学》获第八届"英才杯"论文大赛一等奖。此外，还有十多篇论文、教学反思获区级及以上奖励。数学科组的黄桂芳、温秀欢、毕丽梅、钟顺霞等教师的论文、课件分别在全国、省、市、区获奖

学校品牌文库

教育当恒远——一位校长的教育思考

或发表。温秀欢、毕艳薇、钟顺霞老师还是区的学科带头人，钟秋菊老师被确定为广州市农村骨干教师的培养对象，黄俊彬被选派到广西百色支教一年。

（四）实施名师工程，为青年教师铺垫成功路

学校不仅是培养学生的场所，而且是教师专业成长的基地。关爱教师的事业发展，培养教师的敬业精神，铺垫教师的成功之路，是学校发展过程中的极其重要的工作。我校各科组十分关注青年教师的成长，以新的理念、标准和举措为他们编织名师的摇篮。

一是"定目标"。要求青年教师做到一年入门、三年业精、五年挑重担，并形成自己的教学风格，成为教学骨干。

二是"严要求"。要求青年教师具备严格的师德规范，通过树立榜样、学习先进等方式，对青年教师进行教师社会地位、工作前景、价值取向等方面的教育，帮助青年教师提高专业素质、树立奉献精神。

三是"阔视野"。有计划地组织青年教师到广州市东风东路小学、沙面小学、朝天路小学、东山培正小学等学校学习，汲取他们的先进经验。

四是"结对子"。开展新老教师手拉手互教互学活动。如语文科组的汤允婷老师，刚刚转教二年级语文时，只有一年教龄的她（第一年执教数学）在语文教学方面经验不足，针对这种情况，科组安排年级教研组组长杨永茹老师帮助她，辅导她备课、上课，教导主任罗天如老师和科组长邱秋玲老师跟踪了解。由于实行"单兵教练"、面对面辅导，汤允婷老师的业务素质和业务能力提高得很快，第四周她上的公开课"日月潭"就受到了科组老师的一致好评。罗凤平、钟艳丽、朱新好等几位年轻教师的学习热情十分高涨，经常虚心地向其他老师学习，教学水平提高得很快。

五是"强技能"。开展"五个一"活动，举行各类教学技能竞赛（如课件制作、教学基本功的比赛等），提高青年教师的教学技能。

六是"压担子"。加强岗位练兵，让青年教师上研讨课、展示课，到区、市参加学科教学技能评比，让他们承担学校的科研课题研究等，使青年教师迅速成长。由于重视教师队伍的建设，语文、英语、品德等科组已拥有一支敬业乐教、朝气蓬勃、素质优良的教师队伍。他们爱校如家、爱生如子、团结奋进、乐于奉献，形成了精心、精简的良好教风。教师的业务素质和教育科研能力迅速提高。在全校被评为市、区级先进教师、模范教师、先进班主任的教师中，语文科有25人次、品德科有13人次、数学科有12人次。

三、落实教学常规，优化课堂教学

为了切实提高教师的专业水平和课堂教学能力，我们在固定的时间、固定的地点开展备课、听课、评课等教学常规活动，日常教学做到了全员化、常规化、细致化。

（一）备课——周密筹划，提高课堂实效

准确把握好重难点、创新点、发展点，充分利用、活用教材，注意考虑学生的实际情况，精心设计教学环节。采用单元备课与课时相结合、科组备课与个人备课相结合的方法，备课时详细分析学生在学习中可能出现的错误。在实现既定教育教学目标的情况下，尽可能少占用学生的时间和精力，摒弃题海战术，实现低耗高效。

教导处定期检查教案。每学年，各科组都有针对性地进行大型的集体备课活动，依靠集体的智慧和力量，强调团队合作，备课质量普遍有了明显提高。

对于教学是否有效，我们不再以"教师有没有教完内容，教得认真不认真"为指标，而是更注重学生学到了什么、学生的思维是否得到了扩展。我们要求教师必须明确每一节课上，学生知识与能力的获得要经过哪些步骤、程序和阶段；懂得在学习的前、中、后三个阶段选取何种具体做法，怎样在整个学习过程中实现最优化；注重对学习方法的培养，要考虑某一方法什么时候才能有效发挥作用，不同类型的学生应采取哪些不同的方法，怎样才能使个体与整体的学习效果最好。我们还要求教师在备课时考虑教学过程中怎样指导学生、怎样与学生互动、怎样评价学生等问题，考虑课堂上会出现的这样或那样意想不到的问题。因为这些问题的解决需要教师运用教育智慧随机应变，需要教师在教学反思之后再进行补充备课，写出体会和反思，记下学生学习活动中的闪光点或困惑。这样的备课对改善课堂教学质量、提高教学效率是有极大帮助的。

（二）听课——交流、总结、提高

平时，科组内经常交叉听课，课后进行及时评课。评课时，所有听课教师各抒己见、畅所欲言，建议真挚中肯，收到了显著的效果。在听课和评课的基础上，学校还要求教师适当地写听课评析、案例分析、教学反思，开展"评教评学"活动。学校要求教师在评课时关注以下几个方面：①教师在课堂教学行为和

文库
学校品牌
教育当恒远——一位校长的教育思考

情感倾向所透露和反映出来的教育理念；②从教师对教材的把握、教学目标的确定、问题的讨论、教学过程的安排等环节，看教师的教学设计是否突破常规，有所创新；③通过学生在课堂上的反应来评价教师的课堂教学；④教师能否体现出自己所拥有的一些独特的教学风格；⑤教师的教学方法和手段是否切合学生和教材的实际；⑥教师的语言、态度、板书等教学基本功是否达到要求。

听课和评课活动的不断开展，大大提高了教师自身的理论水平和业务水平，一些青年教师迅速地成长起来。毕艳薇、温秀欢、周威利、钟顺霞、罗凤平、李慧贤、王丝贤、钟秋菊等老师上的区公开课，受到了听课者的高度评价和广泛赞扬。

（三）上课——平等、自主、合作、探究

课堂教学是课程改革实验的基本途径，只有切实改革课堂教学方法，用新课程理念指导新的教学行为，课程改革才能取得实效性发展。我校各科组继续积极探索与新课程相适应的教学方法，让师生关系由主客体关系转向相互交往关系、由以教师讲课为主转向以师生合作探究为主、由学生接受学习转向发现学习、由黑板粉笔的单一手段转向多媒体教学应用的多种手段等新的教学观念，把新的教学评价观（关注并利用学生的生活经验、三维度的有机结合，开拓学生学习的时间和空间等）贯穿于课堂教学评价中。课堂上，要求教师从不可挑战的权威"圣坛"走下来，随时掌握课堂中的各种情况，采用适当的方式，给学生心理抚慰和精神鼓舞，注意培养学生的自律能力、合作精神和创新意识；尝试用新的教育理念授课，用爱心启迪，不能强行灌输，让学生亲自实践，不能越俎代庖；重视学习过程，鼓励质疑，不能包办代替。此外，要求教师敢于打破时间和空间的壁垒，促进课堂教学向社会延伸。从每学年的公开课交流活动中可以看出，我校各科组经过认真、艰苦的摸索，课堂教学呈现出一派崭新的面貌。成功的例子有很多，以下仅举几例：钟艳丽老师的"威尼斯的小艇"一课，通过表演的形式，充分发挥了学生学习的积极性和合作性，体现了在语文学科开展研究性学习的特色；邱秋玲老师执教的"可爱的草塘"公开课，充分发挥了学生小组活动的优势，使语文课与口语交际应用训练有机结合，赋予了语文课新的意义；李丽连老师执教的"识字四"一课，注意发挥学生自主识字的能力，使识字课堂趣味横生，教学效果相当好，该课的教学案例、评析还被发表在越秀区教研网上。

四、重视职业道德建设，努力提高教师修养

当前我们深化教育改革，全面推进素质教育，大力提高教育教学质量，不仅

需要教师转变教育思想和观念、更新知识结构、提高教育教学水平；还需要教师拥有良好的思想素质和高尚的师德，并在与时俱进的实践中不断提高师德水平。冠华小学非常重视教师的职业道德建设，志在努力提高教师的职业道德修养。

（一）增强师德建设思想认识，形成教师的道德情操

教师的职业特点决定了教师必须具备高素质，而师德是教师最重要的素质，是教师之灵魂。师德决定了教师对学生的热爱和对事业的忠诚程度，决定了教师执着的追求和人格的高尚。教师的理想信念、道德情操、人格魅力直接影响着学生的思想素质、道德品质和道德行为习惯的养成。高尚的师德是一部活的教科书，是一股强大的精神力量，对学生的影响是耳濡目染、潜移默化的。

教育是育人的事业，不是简简单单的一个职业。教师除了要具备较高的思想政治素质外，还必须具备较好的职业道德素质。教育界的前辈叶圣陶先生曾说过："教师的全部工作就是为人师表。"作为人类灵魂的工程师，教师要真正做到"学高为师，身正为范"，需要很高的道德修养。高尚的师德是对学生最生动、最具体、最深远的教育。广大教师必须带头实践社会主义荣辱观，把个人理想、本职工作与祖国发展紧密地联系在一起，树立高尚的道德情操和精神追求，做到"静下心来教书，潜下心来育人"。教师要在政治思想、精神境界、道德品质、学识学风上，时时处处做学生的楷模；要热爱教育事业，牢固树立职业道德观念，增强育人意识，任劳任怨、兢兢业业，学为人师、行为世范，默默耕耘、无私奉献。

学校不断加强师德教育，常抓不懈，非常重视塑造良好的师表形象，强化教师的主人翁意识。我们先后把《爱的教育》《教师的修养》《师德文选》《中小学教师职业道德规范》《公民道德规范》《新世纪教师素养》等相关书籍作为必学教材发给教师；组织教师学习《教师法》《义务教育法》《未成年人保护法》《中国教育改革发展纲要》《小学管理规程》《中共中央国务院关于深化教育改革全面推进素质教育的决定》及中央领导关于教育问题和师德建设的讲话；组织教师学习《关于新形势下进一步加强中小学生教育工作的意见》《伟大的纲领，行动的指南》《中国教育宏伟蓝图》等重要文章。通过学习，增强教师的道德责任感，形成良好的职业道德素养。

（二）开展师德建设系列活动，陶冶教师的道德情操

学校将开展师德建设系列活动作为陶冶教师道德情操的载体。为了更系统、

有序地开展师德建设活动，取得更大的实效，学校专门成立了师德建设工作领导小组，制订了活动方案，进行了工作分工，明确了工作职责。

每个学期之初，学校都会采取措施，营造加强师德师风建设的浓厚氛围：全体教师在国旗下庄严宣誓，遵守教师职业道德规范；组织教师学习师德师风建设知识读本，明确师德要求，提出冠华小学教师十寄语、十禁语等；向学生家长发放调查问卷，征集家长对师德师风建设的意见；在教职工代表大会上下发《遵守教师职业道德倡议书》，并放大张贴在校务公开栏；在教师办公室张贴《中小学教师职业道德规范》；在校园走廊上张贴师德标语、师德警示语等。

开展公开承诺活动。全体教师根据自身实际拟定了公开承诺书，向学生、家长、社会各界人士庄严承诺："依法执教，爱岗敬业，热爱学生，廉洁从教，为人师表。"并将承诺内容公开，以便接受监督，切实开展"倡师德、练师能、树形象"，"社会尊师重教、教师回报社会"活动。

开展师德演讲活动。每学年的上学期中段，我们会组织全校教师学习当年全国模范教师的先进事迹，开展"廉洁从教，从我做起"大讨论，举办"德为人先、行为世范"师德演讲活动。通过师德演讲活动，让全校教师在一个个感人至深的师德故事中，心灵获得洗礼，师德修养获得进一步提升：牢固树立"热爱学生，教书育人；爱岗敬业，刻苦钻研；务实创新，甘于奉献；廉洁从教，为人师表；遵纪守法，诚实守信"的职业精神，以良好的道德素质和言行去影响和培养学生。

开展爱生家访活动。学校号召全体教师积极参与"爱生工程"，争做爱生模范。各级教师根据实际情况，合理利用时间，从学生的家庭状况和思想动态出发，有针对性地进行家访。组织教师进行重点家访，耐心细致地给学生做思想工作，认真填写记录卡，撰写家访小结和反思，拉近师生间的心理距离，让学生感受到如阳光般温暖的浓浓师爱。

"盘古精神，恒远教育"理念下的年级管理

天下学库品牌

教育当恒远——一位校长的教育思考

"传承盘古精神，培育恒远品格"的"恒远教育"是我校的办学特色。办学特色化是一项系统工程，涉及学校教育教学工作的方方面面，学校管理是其中的一个重要组成部分。在学校管理的各个部门、各个环节中，年级管理是一个非常重要的方面，它是学校部门管理与班级管理间的一个横向综合管理层，上传学校各行政部门，下达各个班级。年级管理和学校各行政部门的管理、班级管理构成了学校的整体管理。

学校行政部门的管理是单向管理，年级管理和班级管理是多向的综合性管理。年级管理是以制度管理为基础、人本管理为辅助、目标管理为主线的创新性系统管理，它的实施对于年级发展，实现年级目标，最终全面提高学校的教育教学质量都具有重要意义。

一、年级管理遵循的四个基本原则

年级管理原则，应该体现年级管理工作的特点，必须既有科学性，又有可行性和可操作性。冠华小学的年级管理之所以有声有色，主要是因为遵行了以下四个原则：

（一）全员激励

全员激励原则，就是激励年级每位教师，充分发挥他们的聪明才智，从而实现教师个体的发展目标和年级建设的总体目标。

首先，我们要求年级管理者公正无私，用同样的情感和标准对待每位教师，给每位教师创造均等的专业发展机会。在学校的统筹安排下，各个年级都会对本年级的教师提出统一的要求：三年业精、五年挑重担，并形成自己的教学风格、成为教学骨干。各个年级平时还会通过树立榜样、学习先进等手段，对年级教师

进行教师社会地位、工作前景、价值取向等方面的教育，帮助他们树立远大的事业理想和回馈社会的奉献精神。对于年级内每一个教师的专业发展，年级的管理者都一视同仁，并大力支持。不论是年级内的哪位教师有了外出学习、考察、培训的机会，年级主任都会做好协调工作，解决他们的后顾之忧。

其次，善于用年级目标激励年级的所有教师，让年级教师积极主动地制定各自的远、中、近期发展目标。同时，还要采取各种有效措施使目标具体化，并切实转变为行动。冠华小学各个年级的管理者都注重："强技能"，通过举行各类教学技能竞赛，如课件制作、教学基本功比赛等，提高教师的教学技能；"压担子"，加强岗位练兵，如让教师上研讨课、展示课，到区、市参加学科教学技能竞赛，让他们承担学校的课题研究等，使之迅速成长。

最后，经常运用各种激励教育方法。如"强化激励"，它包括以表扬激励为主的正强化和以批评、处罚为辅的负强化。前者利用人的积极向上心理、荣誉感使人奋发努力，使其潜在能力得到最大限度的发挥，工作效率达到最高水平；后者则对不符合客观要求的心理或行为起抑制作用，但往往只能保持一种很低的工作效率。各种激励教育方法应以正强化为主、负强化为辅。

（二）自主参与

自主参与原则，是指全年级成员积极参与年级的管理，发挥其主体作用。一个年级如果只靠管理者的积极性，只靠管理者单枪匹马地管理，没有教师的积极配合，就难以前进，管理者也不可能有很高的工作效率。

贯彻这一原则时，我校要求做到以下几点：①管理者增强民主意识，切实保障教师主人翁的地位和权利。无论是计划的制订、贯彻执行，还是检查监督、总结评比，都要让全体教师参与年级工作的决策，让他们了解年级工作的各个环节，明确自己应该承担的责任和义务。②及时采纳教师的正确意见，接受教师的监督，不搞一言堂，切忌家长作风。③发展和完善各种群体性组织，逐步扩大年级内设组织的权限。年级内设组织的干部都应由民主选举产生，并被授予管理的权力，其他人不可随便进行干预，努力在年级创造民主氛围。

（三）管教结合

管理和教育相结合的原则，是指将对教师的教育工作和对年级的管理工作辩证地统一起来。具体来说，就是年级管理者对教师既要坚持正面引导、耐心教育；又要凭借必要的规章制度要求教师，约束其行为，对其进行严格的教育管理。只有这样，才能获得教育的实际效果。

贯彻管教结合原则，我校首先要求管理者应当用科学的道理和正面的事例启发教师，调动其接受教育的内部动力，使他们沿着正确的方向发展；其次要求管理者组织教师一起制定规章制度，并监督其认真执行，经常检查，及时总结。

（四）以人为本

现代管理是以人为本的管理，对教师的管理既要进行感情的激发，又要讲道理、摆事实，帮助他们提高思想认识。

贯彻以人为本的原则，我们先要"动之以情"，"以情感人"；然后"晓之以理"，"以理服人"。管理者善于利用科学的道理和有说服力的典型事例，针对具体问题，由事入理，向年级成员讲清道理，提高他们的思想认识。最后，科学地处理"情"与"理"的辩证关系，既不"有理无情"，也不"以情代理"，而是将情与理有机地"化合"，做到情中有理、理中含情、情理交融。也就是说，在管理制度上严明、公正、一丝不苟，体现出一种"刚性"；而在情感上则宽和、善解人意，体现出一种"柔性"。

年级长是年级管理工作的主要承担者，因此，我校年级长会时时加强自身的道德修养和专业能力，严于律己、以身作则，用自己的人格魅力和敬业精神来影响教师。在对年级管理的实践活动中，年级长自觉并灵活运用上述四个原则，实现对年级的高效管理。工作协调、团结一心是冠华小学各年级的特点。年级教师之间有问题总是共同商讨，资历深的教师从不摆架子，肯定年轻教师的工作热情、干劲；年轻教师知识较扎实、谦虚好学，常向老教师请教管理经验。在教育问题上，年级善于集思广益、求同存异，以取得全员共识，做到了上下齐心、步调一致。校会、晨会等班主任亲力亲为参与管理，学校领导经常深入年级了解情况，解决一些实际问题。为了不让学生掉队，课余时间班主任、任课老师经常找学生谈心、补习知识。特别是班主任，为了加强学校与家长的合作，常使用电话、手机、"校讯通"等通信工具随时与家长联系，利用家访、请家长到校面谈和开家长会等形式互通信息，共同商讨教育良策。由此可见，一个年级能健康成长与学校领导的关心、全年级教师的积极配合和辛勤工作是分不开的。

二、年级管理要着重处理好三对关系

年级管理是对规模较大的学校进行科学化、系统化分层管理的一种形式，是学校综合管理的前沿阵地，它在学校宏观管理的规章制度下相对独立自主地管理

学校品牌文库

教育当恒远——一位校长的教育思考

本年级的班级、教师、学生。因此，年级主任不仅是学校规章制度的具体实施者，还是学校年级横向管理的重要决策者、管理者。作为一名年级管理者，要使年级管理成功、有效，就应处理好以下三对关系。

（一）处理好年级与本年级各岗位教师的关系

在处理年级与本年级各岗位教师的关系上，对待任课老师除了布置安排工作、监督管理、严格要求外，还需要维护他们的根本利益，需要对他们更多地尊重和爱护，也需要对他们多理解、多宽容。特别是在处理本年级教师的意见和要求上，年级主任要善于站在学校利益的高度识大体、顾大局，要善于坚持原则、敢于承担责任，既不能随意受教师意见的左右而盲从，又不能不顾多数教师的正确建议、意见和要求。对于有不同想法、有情绪的教师要站在大局的高度多和他们交流、沟通，使他们对学校工作、决策予以理解和支持。

（二）处理好年级与学校各行政部门的关系

在处理年级与学校各行政部门的关系上，年级主任要善于以学校各行政部门为靠山，在求同存异中取得各行政部门的大力支持，在学校各种规章制度下独立自主并有创造性地开展工作，既遵守、执行学校的规章制度，又根据本年级的实际和特点制定出学校规章中空白和不足的措施、制度，做到行政各部门与年级形成合力，齐抓共管，这样管理就会具有事半功倍的效果。当然，协调二者的关系，不能单靠年级主任，也需要各行政部门的配合与支持。各行政部门要在不违背原则的前提下多给年级自主权和空间，各行政部门要善于将年级管理的全局性、普遍性的优秀管理经验上升为学校的制度。

（三）处理好年级与班级管理的关系

班级是学校最基本的基层单位，是学校组织教学、开展活动、实施决策的实体，因此，学校的一切管理效果最终要通过班级来体现。所以，在处理年级与班级管理的关系上，要善于以班级管理为依托，以班主任为管理的核心力量，以任课老师和班干部为重要力量，形成班主任和任课老师监督、管理班干部和学生，班主任和学生监督任课老师，任课老师和学生监督班主任的平等、民主的管理监督机制。对待班主任要做到求同存异、支持关心，要给班主任相对独立的自主权，要善于为班主任排忧解难，努力使班主任成为年级主任的得力助手和好参谋。

　　年级管理不仅要面对学生，也要面对教师，管理的目的是提高学校教学质量、提高教师的教学水平、促进学生学习成绩的提高，而管理的效果是多重因素合力作用的结果。所以，年级管理不仅要借助班主任、各行政主管部门、教师、学生干部的力量，还要借助社会和学生家长的力量，让各种力量汇集成合力推进年级的管理，实现年级管理的目标。

　　年级管理不仅是制度的管理、过程的管理，也是目标的管理。所以，年级管理要善于根据学校和年级的实际制定出总目标、分段目标，再根据总目标、分段目标和主题制订具体的方案和措施，让全年级的教师和学生明确目标，围绕目标逐步推进、不断奋斗。

学校品牌天库

教育当恒远——一位校长的教育思考

"盘古精神，恒远教育"理念下的班级建设

班级像一座长长的桥，通过它，学生抵达理想的彼岸；班级像一艘宽阔的船，乘着它，学生越过江河湖海，奔向可以施展才能的高山、平原、乡村、城镇；班级像一个大家庭，学生如兄弟姐妹般互相关心、帮助着，互相鼓舞、照顾着，一起长大、成熟。小学作为学生走进的第一个真正意义上的集体、第一个接受集体教育的地方，对他们一生的成长都会起到重要作用。因此，小学教师在承担教学任务的同时，更应该做好育人工作。

班主任是班集体的组织者、教育者和领导者，是学校领导实施教学及各种教育活动的得力助手，在学校教育工作中具有非常重要的地位。"恒远教育"办学理念引领下的冠华小学非常重视班级管理工作，不仅要求每一位班主任加强班级的常规管理工作；而且提倡并要求每一位班主任重视班级的文化建设，用有特色的班级文化标识凝聚"班魂"，树立优良的班风，开展富有班级特色的活动，点燃班级前进的火焰。

一、加强班级常规管理，促进班级健康发展

（一）组建班委会，培养班干部

班主任是班级的带头人，也是班级的灵魂。一个班级管理得好不好、有没有良好的学习气氛，在很大程度上取决于班主任和班干部的协作。班级管理工作的开展离不开班干部的配合，一个班的集体面貌如何，很大程度上是由班干部决定的。班干部对班集体管理有着最直接、最全面的作用，他们是班主任的左右手，可以有效地减轻班主任的工作负担。

班主任要充分调动班干部的积极主动性，分工授权、管大放小、管主放次、分层管理，让班干部带好班集体，让他们真正成为班主任的得力助手，逐步锻炼

和培养他们的自我教育和自我管理能力。将班级事务较多地交给学生自己管理，既有利于班级的建设与发展，也有利于促进班干部自身管理能力、综合素质的提高和个性发展。

（二）制定合理的班级目标，激励学生不断进步

有目标才有动力。有了目标，才能避免盲目、低效的学习和生活，从而增强班集体的凝聚力和学习动力。我们知道，目标的制定不是目的，如何提高学生的素质才是目的。目标不能太低，太低的目标很容易达成，起不到激励学生奋进的作用；也不能好高骛远，太高的目标很难达成，容易使学生的信心受到打击。因此，每学期之初，在召开第一次班主任工作例会时，我们要求每一位班主任必须从本班的实际情况出发，充分了解本班学生的个性和心理特点，注意学生的知识积累与能力发展，将近期目标与学期目标很好地结合起来，制定合理的班级发展目标。

（三）树立榜样，增强学生的竞争意识

每个班内总有一部分做事认真、成绩优异的学生。班主任在班级管理中，应充分利用这些做事认真、成绩优异的学生，将他们树立成其他学生的榜样，要求其他学生在做事和学习中向他们看齐。有了这些身边的"参照物"，学生在平时的生活和学习中就有了一种有形的行动准则和学习动力，使班级形成一种凝聚力和向上力。竞争是一股巨大的、潜在的、其他任何外力都不可能达到或代替的动力。在班内，无论是优秀生、中等生，还是在学习上暂时有困难的学生，班主任都要想尽办法激起他们的竞争意识，在班内营造一种激烈、持久、友好、互助的竞争氛围，争取使所有学生共同取得更大的进步。班主任应该利用班会和课堂时间，经常向学生介绍古今中外一些成功者励志勤学、自强不息的人生经历，鼓励学生认真学习，争取后来居上。

（四）调动积极性，唤起自信心

素质教育中，学习仍然是学生的主要任务之一。因此，学习质量的好坏是评价一个班集体的重要依据。如何使一个班级的学习成绩出类拔萃或有所进步呢？我们认为提高学生的学习兴趣是至关重要的。在班级管理中，班主任必须注重调动全班学生的学习主动性和积极性，使他们的学习态度变被迫、被动为自觉、主

教育当恒远——一位校长的教育思考

动。在与学生的接触中，班主任要经常有意识地告诉学生："你有这方面的能力，相信你能成功"，从而增强学生的自信心。班主任也要接纳曾经做过错事的学生，包容学生的过错，并告诉学生，"老师相信你能改变"，用自己的诚心去取得学生的信任。当然，班主任还必须及时地鼓励、表扬学生的点滴进步，主动与学生谈心，使学生对学习充满信心，从而加倍努力学习。

（五）知荣辱，明礼仪，促德育

荣辱与礼仪是德育的最基本要求，对小学生来说尤为重要。我国现行思想品德课课程标准明确要求：要通过思想品德课教学，引导学生从小养成知荣辱、明礼仪、树新风的习惯。在班级管理中，我们要求班主任始终关注学生的思想动向，通过品德课和班会课来引导学生牢固树立社会主义荣辱观和中华文明礼仪观，促进他们思想品德的正确发展。

荣辱观的树立不是一朝一夕的事，而是长久之事，需要从小就培养学生的荣辱观意识。学生荣辱观的培养，单凭思想品德课是不够的，还需要结合班会课和少先队活动课来完成。比如，我校的一些班主任经常利用少先队活动课进行诸如"知荣辱、树新风、促成长"的演讲比赛。在演讲中，学生以生动的语言和感人的事例，表达了践行社会主义荣辱观的愿望和行动，充分展现了他们知荣明耻、奋发进取的精神面貌。

礼仪教育不是一般的礼貌教育，它是培养人如何待人接物，教人如何尊重人、如何与他人相处的一种道德修养教育和健全人格的教育。现在的学生大多都是独生子女，从小就受到过多的呵护甚至溺爱，不少学生在社会交往中，往往习惯以自我为中心，缺乏一种谦让、合作的思想，不太懂得尊重、关心、体谅别人，有时显得智力有余而教养不足，缺乏必要的礼仪修养；而现代生活最需要的恰恰就是人与人之间互相尊重、互相包容、团结协作的团队精神。因此，在班级管理中，班主任非常注重对学生礼仪的培养。

通过组织实践活动对学生进行礼仪教育，是一个非常有效的方法。如2014学年，我校有的班级开展"文明礼仪教育月"活动，提出了"从点点滴滴做起，争当文明小天使"的口号，每周制定一个主题：第一周，"文明用语大家说"；第二周，"文明行为大家做"；第三周，"室内环境大家美"；第四周，"文明天使大家争"。有的班级制定了礼仪规范，主要包括升降国旗礼仪、进校离校礼仪、上课礼仪、课间师生交往礼仪、集会礼仪、孝敬长辈礼仪、兄弟姐妹相处礼仪、交通礼仪、公共场合礼仪、待人接客礼仪、仪态礼仪、言语礼仪等。还有的班级制定了学生在校一日文明行为常规。通过一段时间的活动开展，文明礼仪教育活

动已经逐步深入人心，校园里随处都能听到礼貌用语，学生的行为习惯有了较大的改善。

冠华小学在礼仪教育中十分重视校园环境建设，校园环境建设力求布局有科学性、布置有教育性、整体有陶冶性。在教学楼大厅悬挂"整容镜"，在楼道张贴"请使用礼貌用语"宣传牌，在醒目的地方悬挂名人、伟人画像及警句，并狠抓教室环境布置。每个教室的正前方悬挂国旗，教室内有名人名言录、图书角、黑板报、阅报栏、学习园地、卫生角。整个校园显得整洁、清新、优美，校园的每个角落都在"说话"，都在发挥育人的功能。我们还要求班主任紧紧抓住舆论宣传，利用每周一的升旗、周三的小雏鹰广播等大力弘扬文明礼仪精神风貌，利用校园文明的环境、积极的舆论宣传促进礼仪规范的养成。

（六）将爱心融入班级管理

爱心对于班主任来说是非常重要的，爱心包括对工作的热爱和对学生的热爱。班主任工作需要花费大量的时间和精力，在班级中既是学生的"大家长"又是学生的知心朋友。有了爱才能付出，而对全班学生的热爱是凌驾于对工作的热爱之上的，爱学生体现在以真诚、平等、信任的态度对待学生，全心全意地为学生服务，真心实意地热爱、尊重和关心每一位学生，设身处地地为学生着想，把爱洒向每一位学生的心田。用爱去感化学生、教育学生，从而赢得学生的信任和尊重，学生也会在愉悦中健康成长。

只有对学生充满爱、充满信任，才能做好班主任工作。一个好班主任首先要热爱孩子，要感到跟孩子交往是一种乐趣，相信每个孩子都能成为一名好学生，善于跟他们交朋友，关心学生的快乐和悲伤，了解学生的心灵，时刻不忘自己也曾是个学生。一个爱的微笑、一句爱的话语，都可能激起学生潜在的能量，可能改变学生的一生。因此，我们特别要求班主任平等地对待每一位学生，绝不偏心。在与学生亲密的交往中，每个学生都有他们独特可爱的闪光点，班主任应该抓住每一次机会，向他们奉献自己的爱心。

当今社会，由于家庭和社会的原因，独生子女的性格表现、行为习惯令人担忧，同学之间为小事而争吵，吃了亏决不罢休，非占到便宜不可。班主任要利用班会课等多种形式，向他们灌输宽厚待人、热情助人的思想。在思想品德与社会课上，向他们讲述中外伟人、名人的故事，帮助他们树立"我为人人，人人为我"的思想；班会活动课上，让他们把平时发生的互不相让的事用小品的形式表演出来，让大家评论是非，在活动中自我教育。

班主任要充满关爱地看待每一位学生，用自己的一言一行影响学生，用健康

学校品牌文库

教育当恒远——一位校长的教育思考

的心态对待学生。班主任不能过分自尊，要适时放下架子，以平等心对待学生；要走近学生的心灵，与学生交朋友；要将心比心，站在学生的角度看问题。班主任要与学生建立一种良好的师生关系，让学生敢说，敢于表达自己的真实感受。爱心，如一缕春风，吹进学生们的心灵，如丝丝春雨，滋润学生们的心田。在爱的教育管理下，一个个学习标兵才能如雨后春笋般破土而出，一张张纯真笑脸才能如雨后山花般烂漫开放。

二、加强班级文化建设，点燃班级前进的火焰

所谓班级文化，是指班级成员共有的信念、价值观、人生态度及行为方式等的复合体，是班级的灵魂所在，是班级发展的动力，是班级成长的关键，对学生的教育和学习、发展和成才有着不可估量的作用。需要注意的是，我们的特色并不是抓住一点，放弃或排斥其他，而是将这种特色当作"龙头"，通过它带动和发掘出丰富多彩的内容。"特色"既是内容，也是载体；既是目的，也是手段。

在班集体的建设过程中，与众不同的班级文化特色对班级成员认同感和归属感的形成有着非常重要的作用。一个在文化上具有特色的班级，其独特之处，常常让本班学生津津乐道，并成为他们与其他班级相比时骄傲的资本。班级文化建设的内容应包括班魂、班风、班级活动等几个方面。作为班主任，理应关注校园文化中的班级文化建设。

一位乡村教师问他的学生："世上有没有不开花的草？"孩子们找遍了每个角落，惊奇地发现，所有的草都会开花，或早或迟，或大或小，或艳或素……"世上没有不开花的草！"班主任应当怀着这样一种信念去开展班级特色文化建设活动，以班级文化建设为平台，用"文化的创造和创造的文化"滋润每一棵"小草"，让班级文化建设点燃班级前进的火焰。

（一）"班魂"凝聚信念

班级精神是一个班级的灵魂，一旦形成，其巨大的教育力和影响力就会显现出来。班级初建伊始，班主任就应凝聚人心，使全班形成一个共同的信念和价值取向。于是，就需要提炼班级文化的精髓，使之成为"班魂"，而"班魂"还需要用学生认可的言简意赅的语言表述，这就是我们通常所说的班级标语。具有激励作用的班级标语，是班级文化的重要内容，对于优良班风、学风的形成以及教室环境的美化都起着不可低估的作用。好的做法应该是师生共同提炼、共同设计，达到"字字句句总关情"的效果，这样才能起到潜移默化的育人作用。

2014学年第一学期伊始，四年级三班的学生用了两周的时间来讨论、提炼"班魂"。功夫不负有心人，在一次主题班会课上，班主任罗凤平老师让班上的学生声情并茂地伴随手语唱出《感恩的心》，然后告诉学生这首歌的由来。故事中，小女孩对妈妈的爱感动着每一个学生，"感恩的心，感谢有你，伴我一生，让我有勇气做我自己……感恩的心，感谢命运，花开花落，我一样会珍惜……"全班同学立刻达成共识，"学会感恩"就是班级的信念、班级的追求、班级的灵魂。人可以没有深刻的思想，但不能缺乏感动的心灵。所以，四年级三班决定从生活的点滴中开始学会感恩，"感恩尽在细节中"自然就成了班训。

此后，"学会感恩"和"感恩尽在细节中"一直鼓舞着四年级三班的学生。该班的朱焕明同学在家里是"小霸王"，一有不如意就向妈妈发火。自从班里确定了"班魂"、班训以后，家人惊喜地发现，他学会了关心父母，虽然只是简单的一句"爸爸、妈妈，工作辛苦吗"的问候。但这就是感恩的细节啊！细节决定成败，"学会感恩"和"感恩尽在细节中"已经成为四年级三班的学生奉献爱心的源泉、坚定信念的摇篮、获取力量的加油站、改正错误的警示牌。无论是现在、将来乃至终身，这样的班训都会成为学生受用不尽的人生财富。

（二）班风支撑行为

规范学生言行，形成优良班风是班级文化建设的又一重要内容。古希腊著名哲学家亚里士多德这样说过："优秀是一种习惯，当你习惯性地去认真做事情，习惯性地不随地吐痰，习惯性地对别人友好礼貌，习惯性地用欣赏的眼光看别人……当所有的优秀行为都成为习惯的时候，你的整个生命自然就是优秀的了。"所谓班风，就是一个班级群体较为稳定的行为习惯。学生有了良好的行为习惯，自然就会形成优良的班风。所以，培养学生良好的行为习惯必须成为冠华小学班主任长期抓、反复抓的一项工作。

为了充分激发学生的道德潜能，让学生成为道德活动的主体，在学习生活中体验道德活动的乐趣，使学生在幸福中成长为一个有道德的人，在平时的班务工作中，班主任要认真落实学校"恒德立品，远志立人，扬长成冠，振兴中华"的育人理念，用这种理念作为自己的行动指导，引导班内的学生用优秀的言行塑造优秀的班级，塑造一个人的整个生命。

（三）班级活动张扬个性

"特色就是卓越。"创建特色班级也应该是班级文化建设的一项内容。班主任应该根据每学年、每学期及每阶段德育工作安排，结合班级实际情况，确定每周班会课的主题。比如，父亲节一直以来都被人们所忽略，五年级一班的班主任张凤英老师，组织"我为爸爸倒杯水""我给爸爸捶捶背""我向爸爸献个吻""我和爸爸说句话"等一系列的活动，让学生们在活动中体会到父亲工作的辛苦、工作的压力，表达对父亲的感恩与关爱，收到了非常好的效果。学生们与父亲的沟通前进了一大步，许多父亲碰到我都会欣慰地说："老师，孩子们懂事多了，谢谢您，谢谢冠华！"

时代在发展，教育在进步。班主任要想让德育工作有成效，就不要总是把自己的权威性放在首位，而应尊重学生，充分发扬民主，为他们个性的张扬提供空间，为他们的发展搭建平台。"不经一番寒彻骨，怎得梅花扑鼻香。"辛勤的付出才能换来丰硕的成果。

一个具有特色的班集体是一本立体的、多彩的、富有魅力的、无声的教科书，它能潜移默化地对学生进行审美的熏陶、塑造，具有极大的美育功能，使人在愉悦中获得感悟，产生蓬勃向上的力量。希望冠华小学的"班级文化特色"建设活动能深深地扎进肥沃的土壤，长出茂密的枝叶，开出绚丽多姿的花朵，成为一道亮丽的风景；更希望通过班级文化建设而点燃的绚烂火焰，燃烧得越来越旺！

加强教学反思，促进教师专业成长和职业发展

反思是思想的反刍，是一个酝酿、发现和创新的过程。通过反思，教师能够实现教学理论与实践之间的良性循环，促进教师教育素养的提高。随着社会变革的加快和教育的不断发展，学校、家长和社会对教师综合素质的要求越来越高。但是，一些调查结果表明，大多数教师，包括一些优秀教师，平时对教育价值问题、教师的学生观、师生关系以及自己的教学能力等思考得较少，认为对教育价值问题的思考不是自己的事情，教育价值的确立表现出盲从和情境性特征；同时，大多数教师在行为层面也机械地照搬模仿，对现实的教育教学问题缺乏敏感性和创造性，对学生缺乏友善和支持等。教育改革的新理念要想真正得到贯彻，仅靠外部环境的压力和权威的影响是不够的，还需通过教师自身的科学实践和不断反思。

成功和有效率的教师倾向于主动、创造性地反思自己的工作，包括自己的教育目的、职业能力等。反思越来越被看作是教师职业发展的重要因素，是否具备强烈的反思意识对教师的专业成长以及自我价值的实现至关重要。如果教师在自己的学科领域更专业化，并学会对教学目的、教学过程和教学方法等进行较为深刻的反思，那么，教师的专业水平将不断提高。

我们创建"恒远教育"特色，贯彻"传承盘古精神，培育恒远品格"的"恒远教育"理念和"恒德立品，远志立人，扬长成冠，振兴中华"的育人理念，其根本目的是尊重学生的个人发展，促进学生综合素质的全面提升和个性的和谐发展；而促进学生综合素质提升和个性和谐发展的重要条件之一，便是教师的专业发展。在追求特色办学、走内涵发展之路的过程中，我们尽可能地为教师提供广阔的学习平台，实施"对教师多一点赏识"的激励评价制度，开展校本化、全员化的校本培训，采取有效措施促使青年教师迅速成长，促进教师向专业型、科研型、个性化的方向发展，形成了特色教师梯队。这些促进冠华小学形成特色教师梯队的举措，对加强教师的教学反思、促进教师专业成长和职业发展起到了直接的推动作用。

一、加强教学反思，提高教学经验的含金量

美国心理学家波斯纳指出：教师的成长＝经验＋反思。受到美国总统布什接见的 2006 年美国年度教师凯慕柏莉·奥立佛说："我意识到，好教师不必是那些上出成功的课或教出得分最高班级的教师。好教师是那些有能力去反思一堂课、理解什么对了或什么错了、寻找策略让下次更好的教师。"她的话给人以深刻的启迪，在她看来，所谓好教师应该具有专业反思能力，形成自身的教学智慧。教学实践也证明，教师自身的经验和反思是教学专业知识和能力的最重要来源。教师只有通过反思，使原始的、狭隘的经验不断地处于被修正、被否定的思维加工中，做到去粗取精、去伪存真、由此及彼、由表及里，才能升华经验，才能实现从"教书匠"到"学者型教师"的飞跃。

因此，冠华小学要求每一位教师，在日常教学活动中以科组、教学班或年级为单位，几个同学科、同年级或者是相近年级的教师一起学习、交流自己对教学的研究与反思。交流的内容不限：可以是对学生学、教师教的反思，也可以是课堂教学中所采取的临时应变得当的措施；可以是对某些教学思想、教学方法的渗透与应用的过程，也可以是对教育学、心理学中一些基本原理应用之后的感触；可以是教学方法上的改革与创新，也可以是对上课时的失误之处或疏漏之处进行回顾、梳理，并对其作深刻的反思、探究和剖析，使之成为以后教学时应吸取的教训等。在研讨和反思中形成的这些见解，恰恰是对课堂教学的补充与完善，不仅可以拓宽教师的教学思路，还可以为以后的教学提供丰富的养分，非常有利于教师教学水平的提高。

二、加强教学反思，提升教育教学实践的合理性

教师的教育教学实践是否合乎教育理论、教育规律，是否科学有效，既需要别人的评价，也需要不断的自我反思。通过对各种教育现象和教育行为进行反思，通过实践与理论的契合，通过与教育目标的对比，努力探索教育实践的合理性，教师可以从冲动的或例行的行为中解放出来，以审慎的方式行动，不断解决教育教学问题，更好地完成教育教学任务。因此，我们努力引导教师将反思看作这样一种工具：教师在其职权范围内改进自己的教育教学实践，从而使教育教学工作变得更好、更有效率、更富有创见。冠华小学还特别要求教师在进行教学反思时注意把握好以下三个方面：

（一）注意教学目标的达成度

反思教学目标的达成度，可帮助教师不断调整预期目标的设置，提高课堂教育教学的可行性。每节具体的课都有其特定的教学目标，课前我们总是力求将教学目标设计得尽乎完美，但这是一厢情愿的，往往会脱离学生的实际和认知水平。因此，教师在课后应经常反思教学目标的达成情况，如知识目标的重点是否得到突破，难点是否已被化解；情感目标的情境设置有没有达到使学生进入角色的目的；能力目标的设定是否通过知识目标的完成体现出来，等等。交流教学目标达成的情况并及时地进行反思，有利于教师不断调整教学目标和完成教学目标的手段，使之更贴近教学实际，从而进一步提高教学目标的达成度。

（二）把握教学过程的实施情况

反思课堂教学过程的实施情况，是要教师认真审视教学内容和教学方法，提高课堂教学的合理性。课堂教学应注重教学理念的前瞻性，用新观念指导教学活动，将新的课程标准落实在课堂上，对教学内容的深度和广度应有正确把握，保证不同层次的学生都能"吃饱""吃好"；更应根据自己的反思结果和学生的具体情况确定恰当的教学方法。一堂气氛活跃的课，往往会出现一些精彩难忘的片断及能引起教学双方共振效应的做法，如形象贴切的比喻、对突如其来问题的处理、瞬间产生的灵感等，这些都是促成教学成功的因素。课后将这些课堂上的宏观思想和点滴花絮记录下来，就会形成对成功课堂教学的初步感性认识。

（三）架构教学过程中学生活动情况的反馈通道

反思课堂教学过程中学生活动的反馈情况，有助于教师合理地评估师生双方思维的质量，提高课堂教学的创造性。学生是教学活动的主体，在他们的学习过程中，总会产生一些和教师教学思路不和谐的"音符"，总会有自己"智慧的火花"闪现。教师对学生就某一问题发表的独特见解应予以鼓励，尽量给学生提供发表不同见解的机会，在考查学生思维的偏差或思维的创造性的同时，纠正自己思维的偏差，展现自己思维的创造性，拓宽教学思路，改进教学设计。

三、加强教学反思，提高教师的问题意识和科研能力

在教师专业发展中，专业自主是其重要组成部分。教师不仅是学校生活的主

学校品牌文库

教育当恒远——一位校长的教育思考

要参与者，影响着学校的发展方向和学校日常生活的重要决定；还在课堂教学情境中具有课程与教学的相对自主权，在课程设计、教学过程、学生管理、学生评价等方面享有"法理"权威，无论是同事还是行政人员都不能妨碍这种权威。反思可以帮助教师提高问题意识和教育科研能力，独立地解决教学实践中遇到的各种问题，进而提高自己的专业水平。

教育科研能力是一种高级的、来源于教育实践而又有所超越和升华的创新能力，具体指教师应当具有扎实的教育学、心理学的理论知识和方法论知识，具有收集利用文献资料、开发和处理信息的能力，具有较好的文字表达能力，具有开拓的精神和勇气、严谨的治学作风以及执着的奉献精神等。教育科研过程就是一个发现问题、提出问题、分析问题和解决问题的过程。教学反思不同于自发的、无意识的回顾和总结，它产生于问题，需要教师针对教学实践中出现的问题，多方面分析、多角度寻求解决问题的策略。因此，对于一名教师来说，是否具备问题和问题意识就成为做好教育科研工作的核心、重点和关键所在。只有通过教学反思，才能唤起教师的问题意识。具有问题意识的教师，通过对自己教学行为的回顾和检讨，反思发现的问题，比如"为什么会这样""应该做哪些调整和改进"等，而后围绕这些问题进行教育科研，可以更快地提高自己的专业水平。所以说，教学反思是提高教师问题意识和教育科研能力的一种较为有效的手段。

四、加强教学反思，推动教师专业成长和职业发展

杜威认为："反思不是一种能够被简单地包扎起来供教师运用的技术，而是一种面对问题和反映问题的主人翁方式。反思涉及直觉、情绪和激情，在反思性行为中，理性和情绪交织其中，三种态度——虚心、责任感和全心全意是反思性行为的有机组成部分。"

不管我们承认与否，每一位教师都会在教育教学的过程中或多或少地留下一些遗憾，有的可能还曾经因为无心的话语对学生造成过伤害。对于这些遗憾，有的教师并不在意，有的教师已经淡忘，然而它在学生的成长过程中，在学生脆弱、敏感的心灵中，或许已经刻下了深深的印记，留下了难以磨灭的阴影。因为教师的一句话或一个暗示而影响学生终生的事例并不少见。然而，在平时的忙忙碌碌中，我们总是抱着"都是为了学生好"的心态，总是在顾及所谓的"师道尊严"，对自己在教育教学中留下的遗憾，很少能静下心来认真地反思和总结一番。我们总是主观地认为这没有什么大不了的，学生也不会计较，其实不然。如果教师不能很好地从遗憾中总结得失，吸取经验教训，就是在重复昨天

的"故事"。

通过寻找教育的遗憾，对自己的教育过程作一次全面的回顾和反思，无疑有助于教师从幼稚走向成熟、从感性走向理性、从"教书匠"走向教育家。可以说，寻找遗憾的过程，实际上就是重新审视自己、发现自己、升华自己的过程，就是走向教学民主、提升教育理念、完善人格塑造的过程。可能会存在这样一种现象，有的教师教了几十年的书，仍没有多大长进，这在很大程度上是因为缺少了一个"寻找遗憾—反思提升"的过程。不去寻找自己的遗憾，就看不到差距，看不到前进的方向，当然就不会有前进的动力。因此，不断使教师处于"寻找遗憾—反思提升"的过程，不但能及时校正教师的教育教学方向，做到对所有的学生负责；还能不断地更新教师的思想，提高教师的专业素养。教师形成反思意识，养成反思习惯，本身就是对事业、对学生、对自己有较强责任感的表现，它有助于教师形成爱岗敬业、虚心好学、自我鞭策、追求完美等优良的职业品质。

冠华小学还重视学术交流，经常以"请进来，走出去"的方式为教师创造更多的学习和反思的机会，促进教师的职业成长。从 2006 年开始，学校每年送行政领导和学科教师到广州名校东风东路小学、沙面小学挂职学习一学期，这一做法是全区学校的先例。我们还不断组织教师前往香港、台湾、成都、福建、北京等地参加全国性课题研讨会，教师外出听教育专家讲座、观摩优秀课例，开阔了教师的视野，促进了教学特色的形成。我们也鼓励教师在共性的基础上形成独特的教学风格。如数学科温秀欢老师讲课深入浅出、条理清楚、论证严密、结构严谨，形成"理智型"的教学风格；体艺科钟顺霞老师机智诙谐、妙语连珠、动人心弦，形成"幽默型"的教学风格；综合实践科毕艳薇老师上课时娓娓道来，如春风化雨般"润物细无声"，偶尔的幽默，常令学生恍然大悟，形成了"自然型"的教学风格；语文科侯浓香老师讲课情绪饱满，将对生活的热爱和追求融于对学生的关心、教导和期望之中，形成"情感型"的教学风格。

冠华小学已拥有一支能力强、素质高、有特色的教师队伍。我被评为广州市名校长、广东省特级教师，荣获全国中小学优秀德育工作者、全国教育系统先进工作者、全国教育系统巾帼建功标兵等称号。语文科组、数学科组、英语科组、品德科组、综合实践科组、科学科组先后被评为市、区优秀科组。骨干教师队伍阵容强大，其中广州市特约教研员 3 人、广州市综合实践活动科理事 1 人、广州市数学科理事 1 人、区学科带头人、区骨干教师、区特约教研员、区教研中心组成员共 21 人。2012—2014 年，冠华小学教师在各级教育部门举办的教学竞赛中获得的奖励有 302 人次，其中国家级 32 人次、省级 13 人次、市级 86 人次。共发表论文 25 篇，其中温丽梅、温秀欢、钟顺霞、毕艳薇等多名教师的论文先后刊登在《中小学德育》《广州师训》《广州教学研究》《南方教师教育》等杂志

学校品牌文库

上。一批教学新秀在良好的科研氛围中迅速成长，并获得了优异的成绩。2012年，罗天如副校长荣获了全国教育科学规划课题发展与创新教育研究"教育科研"先进个人称号；三名语文教师参加了全国小学语文发展与创新教育研讨会，分别荣获现场评课一等奖、微型讲座一等奖和说课二等奖。

第四章
春风化雨，润物无声——
"恒远教育"无止境

创建学校办学特色是推进素质教育的需要，也是学校不断发展的需要，还是在新时期培养社会所需的多元化人才的需要，更是深化教育改革、全面推进素质教育的必然举措。办学特色的形成，是一个逐步积累、逐步完善、长期追求的过程，也是一个不断优化选择的过程。学校办学特色的形成，是办学者面对社会发展和人自身发展需要，遵循教育规律，充分发挥主观能动性，对如何办学进行定向选择和创造的结果。特色来自于创优，创优来自于选择：不断选择好的，淘汰差的。择优和创优的结果便形成了特色。

冠华小学"恒远教育"办学特色的创建，是根据教育改革的发展趋势和学校的自身优势逐步积累、逐步完善、不断选择、不断创优的结果。最初，我们开展"主体个性化"教育和"走进皮革皮具之都，探究个性和谐发展"的研究，探索以皮革皮具创作实践活动为基础的"主体个性化"教育理念，打造"皮革皮具创作实践活动"品牌项目；进而，我们开展"创作教育：弘扬盘古文化，培育创新精神的实践研究"的课题研究，在原有基础上举办了系列化的"传承盘古，诗意冠华"盘古文化传承与皮革主题艺术创作活动，形成了比较成熟的整体特色；当前，我们将盘古文化与学校特色建设深度结合，提炼出"传承盘古精神，培育恒远品格"的"恒远教育"办学理念和"恒德立品，远志立人，扬长成冠，振兴中华"的育人理念。

通过十年探索，我们利用学校所处的区域资源优势，寻求学校的办学特色，走内涵发展之路，教育教学质量不断提高，社会美誉度日益扩大，实现了跨越式的发展：冠华小学由一所普通的农村小学发展成为广东省一级学校、花都区首批特色学校；进而，"皮革皮具创作实践活动"品牌和盘古精神传承成为冠华小学两张耀眼夺目的名片，学校在广州市内外产生了较大的辐射效应。现今，冠华小学已成为广州市首批义务教育阶段特色学校、花都区特色示范学校，在广东省内产生了一定的影响力，"冠华品牌"在一流学校中占有了一席之地。

我们的探索取得了不俗的成绩，但正如冠华小学校训"持之以恒，勤学致远"所蕴含的深刻内涵一样，我们对学校办学特色化和内涵发展之路的探索不会停止，我们会不断地择优和创优，"恒远教育"特色将不断地发展和完善。恒远教育无止境！

天下学校品牌

潜心研究，"恒远教育"理念下的学科探索

学科特色建设是发展学校特色的核心工程之一，如果一所学校大多数学科都形成了自己的特色，学校教育就会形成特色各异、争奇斗艳的大好局面。

关于特色学科，我们首先强调的就是，它要有一般学科所共有的一些表征和优点，要在全面贯彻教育方针、全面提高教育质量、面向全体学生等方面，有一个良好的学科环境和优良的教风，有较高的教育教学质量等。同时，特色学科还必须在"特"字上下功夫，形成不同于一般学科的特征，即独特性。学科的独特性是指学科在具有一般学科共性的基础上，又有着与众不同的个性，它从本学科的实际出发，在教育上形成独特的个性风貌，即人无我有、人有我优、人优我精的独特性，这是特色学科的主要特征。

一、语文科开展多元化评价研究，促进教学转型

（一）运用现代教育理论开展教学研究

近几年，冠华深入研究小学语文学科的课程标准，运用多元智能理论和发展性评价理论指导研究和实践，开展学生学习方式和评价研究。通过开展这样的研究，力图引导学生利用自主、合作、探究的方式学习，构建新的课程评价体系，运用发展性评价促进学生综合素质的全面发展和个性的和谐发展，比较成功地实现了教学转型。

1. 语文课程标准

学生是学习和发展的主体。语文学科的课程必须根据学生身心发展和语文学习的特点，关注学生的个体差异和不同的学习需求，保护学生的好奇心、求知欲，调动学生的积极性和主动性，充分激发学生的主动意识和进取精神，倡导自主、合作、探究的学习方式；同时，注重利用学生的生活经验和学习兴趣，让学

生成为学习的主人，使学生的主体意识、能动性和创造性不断得到发展，从而培养学生的创新意识和实践能力。

2. 多元智能理论

多元智能理论是美国哈佛大学心理学家加德纳提出的一种智能理论。他认为，人的才能是多元的，有言语/语言智能、数学逻辑智能，还有视觉/空间智能、音乐/节奏智能、身体运动智能、人际关系智能、自我内省智能、自然观察智能和存在智能。他认为每个学生在不同程度上拥有上述九种智力，智力之间的不同组合表现出了个体的智能差异；教育的起点不在于儿童原先有多聪明，而在于怎样使儿童变得聪明，在哪些方面变得聪明。多元智能理论对我们实施新课程改革，尤其是新课程中的学生评价改革指明了方向，并为建立"促进学生全面发展的评价体系"提供了有力的理论依据与支持。

3. 发展性评价理论

改变课程评价过于强调甄别与选拔功能的情况，真正发挥评价促进学生发展、教师提高和改进教学实践的功能。对于学生的评价，新课程指出应建立促进学生全面发展的评价体系，不仅要关注评价的结果，更要关注评价的过程；要合理解释和利用考试的结果，减轻学生的压力，促进学生综合素质的全面发展。

（二）创建实验班，积极稳妥地推进研究和实践

我们按照研究的目标和内容，以实验班和实验教师为重点，认真探索课堂教学模式。毋庸讳言，刚开始进行课题研究时，我们确实走了一段弯路。如在认识层面上，一些教师对于什么样的学习方式适应什么样的学习内容及学习个性、怎样评价学生的学习效果等认识不深，在课堂上有时甚至出现无效学习（讨论）、评价泛滥（"棒、棒、棒""你真棒"等不绝于耳）等现象。在操作层面上，有的教师机械模仿、生搬硬套，违背课程主旨；个别教师缺乏参与的积极性、主动性，研究活动有落空的现象。针对以上问题，我们及时调整研究方案，通过形式多样的课题研究活动进行攻关。具体做法有以下六个方面：

1. 加强学习，更新观念

每周五为教学研究活动日。语文科每学期下发研究计划，落实每周教学研究活动的责任人和研究主题。语文科向学校推荐购买了《基础教育课程改革纲要（试行）》《语文课程标准》等大量的书籍供教师学习、参考。以学科组或备课组为单位，每周组织教师集体学习一节课的时间。通过学习，让全体语文教师正确认识新的学习方式、评价方式，真正掌握新的教学理念，形成发展性教学评价观念。

学校品牌

教育当恒远——一位校长的教育思考

2. 建章立制，强化教研

用理想的好课标准评价教师的课堂教学，容易使教师产生一种挫败感，降低他们参与课堂教学研讨的积极性。于是，语文科组大胆改革课堂教学评价标准，制定了新的课堂教学评价表，并且提出了"1＋1"课堂教学评价策略。具体做法就是，教师在评课时不用面面俱到，只需指出上课教师的一个优点，给上课教师提出一个改进的建议即可。很快，教师参与课题研究的积极性提高了，出现了人人争着抢着上研讨课的可喜现象。通过一系列的公开课、研讨课、汇报课的说课、听课、评课等活动的开展，学校很好地贯彻落实了新的教育教学理念。评课时，首先是上课老师对自己的课进行分析与反思，然后是听课教师对这堂课的评价。在活动中，有你来我往的对话、有面红耳赤的争论，自由研讨的氛围十分浓厚。

3. 积极倡导自主、合作、探究的学习方式

课堂上，教师充分尊重学生，努力创造民主、平等、愉悦的课堂气氛，增强师生之间的沟通与交往，充分发挥学生的主体作用。语文课堂上，教师引导学生改变传统的以被动接受为主的学习方式，把学习的主动权交给学生，让学生自主进入教材、发现问题，以小组合作交流探讨的形式解决问题，逐步培养自主、合作、探究的学习方式，使得学生乐学、会学、爱学，课堂充满活力。现在冠华小学的语文课堂，再也没有教师拿着设计得很精细的教案对教材进行像外科手术般细致的剖析了，这是一个很大的进步。

例如，我校罗天如老师在教《索溪峪的"野"》这一篇课文时，尝试采取小组讨论、合作学习的方式，把全班学生分成十个小组。在小组讨论中，教师提出了各小组要解决的四个问题：①"野"在课文中指什么意思？②课文是从几个方面来写这种"野"的？③是怎样具体写出这种"野"的？④把你觉得写得好的内容多读一读，并体会这样写的好处。

学生明确了学习目标，踊跃加入小组的合作学习中，积极讨论、各抒己见、合作解决问题。罗老师也加入到学生的讨论当中，并适当地点拨，引导他们正确解决问题。当学生讨论结束后，罗老师让各小组派代表向全班汇报自学的情况，鼓励他们大胆发表自己的意见和看法，并给予及时的肯定和表扬，适时进行指点、帮助。在讨论汇报中，甚至还出现了由于对问题持有不同看法而产生激烈争论的情况。在这样的合作学习过程中，学生加深了对课文的理解，学会了发现问题和解决问题，学会了团队协作。学生不再是沉闷、被动的学习，而是乐于去学，主动、积极地参与学习。"在合作中学会学习，在学习中学会合作。"

4. 对学生的学习实行多元评价策略

我们在对新课程学生的评价体系进行研究过程中，更加关注学生获得知识的

信息量、途径、方法以及获得知识的情感体验；更加关注学生现实生活中的特长、优势或强项；更加张扬学生特有的兴趣和闪光点；更加尊重学生个性化的差异；进一步促使学生人人发展、全面发展，使得"天生我材必有用"。可以说，我们正在走别人已经走过的路。当然，我们有基础，有正反两方面的经验可以借鉴，肯定会少走弯路，避免不必要的麻烦。

（1）根据多元智能理论，开放学生学习评价的内容。学生学习评价的内容应当是多元的，不仅包括"学科成绩"的课业评价，还应该有"学习品质"的操行评价，这二者之间的关系是十分密切的。根据"以人为本，促进学生的全面发展"这一新课程的理念，尤其在九年制义务教育阶段，我们认为学生的学习品质比学业成绩更为重要，应该列为首要评价的内容。因此，我们所做的就是调动学生的多元智力，全方位地关心、评价学生学习的变化与成长，不仅重视学生的学习情境的优化和学习能力的提升，重视学习中问题的解决和创意环境的创设，而且重视学生学习过程中意志、情趣、品质的培养。因为一个人的学习品质，包括阅读习惯、写字习惯等，直接影响他的学业成绩，甚至影响他的一生。

（2）丰富学生学习的评价方式。根据课程设置的特殊要求和学生发展的不同需要，实现评价方式与手段的多样化迫在眉睫。传统评价只重视笔试形式，弊端很多，如果不改变将会影响评价的质量和效果。根据语文学科的特点，我们积极探索多种评价方式，如听力、口头表达测试、实际操作测试、笔试等。课堂上，评价的形式多种多样，如自评、师评、学生互评等。在评价活动中，教师尊重每个学生的智力特点，让学生用自己擅长的方式来表达，如让学生用表演和唱歌的方式来表达自己的感受、用语言表述自己的观念。我们还采用了成长记录袋的方式，收集能够反映学生语文学习过程和结果的资料，如关于学生平时表现和兴趣潜能的记录、学生的自我反思和小结、教师和同学的评价、来自家长的信息等。丰富的学生学习评价方式，充分调动了学生参与评价的主动性、积极性，让学生真正成为学习的主人，使学生在评价中得到和谐的发展。

（3）设计和使用评价工具，多元地评价学生，促进学生全面发展。基于以上观点，我们系统观察并仔细分析了小学生在语文课堂上的种种学习表现和精神状态，并把它分为六个方面，制定了相应的学习状态评价表和教学评价表，以此来评价学生的学习状况。这在发挥语文课堂教学评价的导向激励功能方面收到了较大的实效。

对学生课堂学习状态的观察评价，只是我们评价一堂语文课的一个视角。平时，我们在开展语文教研活动评价语文课时还辅以"小学语文课堂教学评价表"，结合表综合评价后，再反馈给任课老师参考。我们制定的"小学语文课堂教学评价表"用于评价课堂教学主体——学生的语文学习状态，旨在改善学生的

学校品牌
教育当恒远——一位校长的教育思考

课堂学习状况，促进学生语文学习成绩的提高，帮助学生从自身的学习状态上找原因。另外，借此也可以让任课老师找找自己在教学设计、课堂调控等方面的不足。如果学生的每堂语文课的课堂学习状态不甚理想，那么我们就要从语文教师的教学行为上查找根源。

此外，我们还充分利用教室里专门为学生设置的展示台定期展示学生的作品，目的是鼓励学生自主学习，在生活中学习语文，给学生提供表现自己、与同学交流学习成果的机会，不断获得成就感。展示台主要展示学生作品，每周一换。教师利用每周五的班会总结展示台的情况，利用"展示"这个直接而新鲜的评价手段激励学生，使他们产生、上进心、竞争意识，争取展示自我、不断进步；同时，引导学生根据自己这一周的展示情况，确定下周的奋斗目标，目标由学生自己制定，符合学生自身实际，学生就有兴趣去努力、去实现。

（三）"科研兴教"氛围浓厚，科研成效显著

经过几年的研究与探索，冠华小学语文科积累了宝贵的科研实验的组织管理经验，"小学语文新课程中学生的学习方式及评价体系"的课题与学校的其他课题共同构建了"科研兴教"的良好学术氛围，取得了显著的成效。

1. 教师方面

（1）转变观念，新课程理念落到了实处。最初的几年，新课程标准的颁布曾经使得不少教师感到困惑、彷徨，无所适从。如何在继承我国传统语文教学精华的基础上发展和创新？《语文课程标准》积极倡导自主、合作、探究的学习方式，重视语文课程评价，这与本课题的理念是相一致的。课题像一盏明灯，指引了我们前进的方向。教师在课题研究期间，不断地实践、反思、总结，更新了观念，实现了教师角色的转变，形成了新型的师生关系，教师成了学生学习活动的参与者、组织者、引导者。教师与学生积极互动、共同发展。

（2）课题研究锻炼了教师队伍，培养和造就了一支有一定教学技能和科研水平的教师队伍。课题研究是一项枯燥而艰巨的工作，教师们克服了急功近利的想法，甘于寂寞，愿意投入大量的时间和精力到课题研究中。在工作之余，他们大量阅读相关书籍、积极做读书笔记、撰写教育教学论文等，以丰富自己的文化底蕴，努力提高自己的教研水平。每次的研讨活动教师都非常投入，事先做好充分准备。课前教师悉心钻研教材，选择适合学生的学习方式，指导学生学习；课后教师及时反思自己的课堂教学，总结成功与失败的经验教训。我校的教师论文集《教海探航》成了教师交流的平台，甚至有不少教师的心得体会在区、市、国家级杂志发表或获奖。

最近三年，我校语文教师围绕课题开展研讨课 63 节，参加教学研讨 258 人次，教师的理论水平和教学能力都有了跨越式的提高。罗天如和邱秋玲两位老师曾经代表狮岭镇参加花都区举办的小学语文青年教师教学技能竞赛，分别获得一等奖和二等奖，受到了市教研室王亚芸老师、区教研室江美芳老师的高度赞扬；杨燕怡老师参加了广州市青年教师作文教学录像课的评比，获得二等奖，她制作的课件"海底世界"还荣获过全国一等奖；杨永茹、杨艳玲等老师制作的课件也都获得过区级奖励；语文科组还有数十篇论文获得了区、市、国家级奖励。

2. 学生方面

由于转变了学生的学习方式及评价方式，学生的个性得到了充分的张扬，其学习语文的兴趣和信心得到了有效的激发。尤其值得欣喜的是，大多数学生养成了读思结合、读写结合的习惯，每当布置预习新课的作业时，他们总能奋笔疾书，写下自己对文本的感受；课堂上组织学生小组讨论时，小组成员之间互相交流，学生踊跃发言；小组汇报时学生发表的意见有时甚至超乎教师的想象；在学习活动中，学生学会了倾听他人发言，学会了怎样评价自己和他人。三年来，学生语文科的成绩普遍得到了提高，学习能力大大增强。许多学生的文章发表在区级以上的刊物上，一些学生还获得了区、市、省甚至国家级奖项。

二、数学科立足过程促进发展，构建新型评价体系

随着教育改革的深入，我国现行的教学评价所暴露出来的问题日趋明显，其严重性也逐渐得到重视。教学过程与学生发展的教学评价之间存在的主要问题是：评价的功能单一，甚至被异化，对学生的评价主要体现在水平性和选拔性两方面，对教师的评价形式主要体现在鉴定性和功能性两方面；评价形式单调，对学生的评价形式主要采用笔试，以学业成绩作为依据，而对教师的评价主要依据学生的考试成绩；教学评价是单向的，学生处于被动的地位。所以，现行的教学评价普遍存在着"重结果、轻过程，重共性、轻个性，重量化、轻质化"的情况，严重制约了教育改革，特别是素质教育的实施。现行的教学评价不能与小学培养目标、教学对象、教学方法、教学手段的特点相适应。

广州市教育局在第一阶段"教学设计研究"和第二阶段"优化课堂教学研究"取得较大成果的基础上，将"发展性教学评价研究"作为第三阶段教学设计与实施活动的主题，这是针对现行教学评价的种种弊端提出来的。发展性教学评价依据和借鉴多种现代教育理论，坚持以人的发展为本，强调对评价对象的尊重和信任，提倡民主、平等、合作、协商、公正的精神，运用现代教学评价的思想和方法，有利于发挥教学评价在促进学生素质发展、推动教师专业水平提高和

学校品牌文库

教育当恒远——一位校长的教育思考

改进教学方面的积极作用。

在上述背景下，为了切实改变现行教学评价制度的弊端，真正发挥教学评价在促进学生素质发展中的合理作用，我校数学科开展了小学数学课堂教学"立足过程，促进发展"的评价研究。

（一）以研究性学习实验为载体，构筑新型评价体系

开展小学数学课堂教学"立足过程，促进发展"的评价研究，是为了构建以"过程评价"为立足点的教学体系，真正发挥教学评价在促进学生素质发展方面的积极作用，促进学生的数学思维能力和综合素质得到有效的提升；是为了构建促进学生素质发展的评价体系，改进考试方式和学生学业成绩评定方法，使其具有明显的时代性、针对性和社会性。

除了上述目的外，我们开展这项评价研究也是为了构建促进教师专业素质提高的评价体系，使评价能帮助教师全面、客观地认识自己，不断反思和改进教学实践。通过发展性教学评价的研究与实践，可以帮助教师掌握先进的评价理论与方法，改变行政领导及教师的认识观、教学观、学生观和质量观，并将这些观念转化为教育教学行为，优化学校教育教学工作。通过研究活动，促进我校教育科研的发展，培养一支骨干教师队伍，取得一些卓有成效的研究成果。

显然，我校数学科所要构建的体系包括两个方面：一是以促进学生发展为目标的评价体系；二是促进教师职业道德和专业水平提高的评价体系。我校数学科的研究重点将放在第一个评价体系上，即建立以促进学生发展为目标的评价体系，具体内容包括以下五个方面：

（1）以多元智能理论为依据，以培养学生创新精神和实践能力为核心，构建学生素质全面发展的评价指标体系框架和义务教育阶段学生评价标准；继续进行素质结构的理论探讨，将道德品质、公民素养、学习能力、交流与合作能力、运动与健康、审美与表现作为主要评价内容，将评价的标准定位于能否大面积地培养面向新世纪的创新人才。

（2）配合新课程改革，以"研究性学习"实验为载体，分别组织在综合实践活动和常规课堂教学中进行的"研究性学习"评价实验；遵循建构主义的评价观，以重视过程、态度、合作和主体的价值取向，发现和发展学生多方面的潜能，在促进学生学习方式变革的过程中，重点探索对学生创新素质进行评价的模式和方法。

（3）通过新的实验，继续完善本课题已有的"发展性评价"研究成果，着力构建一种促进每个学生在已有水平上发展的评价机制。

（4）研究"评价效益"的实现模式，即研究如何让被评价者最大限度地接受评价结果。探讨如何建立一种让学生、教师和管理者民主参与、共同协商、平等交往、相互理解、尊重差异的评价机制和评价环境。

（5）在上述实验的基础上，努力开发多种评价方案、手段和工具，如学生成长记录袋、发展记录卡，以及适合研究性学习的情境评价、态度评价和作业评价等。

（二）构筑新型评价体系要注重"五性"

1. 基础性

一是教学目标要符合基础教育的培养目标，要定位于促进全体学生的全面发展和个性发展；二是教学要从学生的认知基础出发，从学生已有的学习和生活经验出发，要沟通学生的书本世界、生活世界和精神世界。

2. 开放性

开放性包括教学空间的开放，如课内课外结合、课桌椅的摆设等；教学内容的开放，如教师的指导语、提问、教学内容的多方面沟通和教学方法等；教学行为的开放，如不把学生当作实现教案的工具、及时地把握教学的动态生成资源、尽量减少对学生的约束等。

3. 主体性

主体性包括朋友般的师生关系，教师主导作用和学生主体作用的充分发挥，平等对话、合作交流的活动方式，多种方式鼓励学生质疑，正确、合理地评价学生的提问、应答和练习等。

4. 差异性

要求教学目标、内容、行为方式要有层次性；要关注每一个学生及每个学生的差异，注意给学习信心不足的学生提供成功的机会；尽最大的努力满足学生多方面的需求，特别是情感方面的需求。

5. 目标的达成性

认知能力、情感态度全方位目标达成率高，课堂充满激情，课堂气氛活跃、和谐热烈等。

（三）运用多种手段推进研究，构筑新型评价体系

1. 分年级开展研究，校本教学研究网络化

小学数学课堂教学"立足过程，促进发展"的评价研究是数学科总的研究

学校品牌

课题，是实施新课标的切入点。为了更好地、全方位地让教师参与研究活动，数学科组根据教材和学生年龄的特点，分三个年级开展子课题研究：一、二年级是形象学习和认知学习的起点，研究的子课题是"培养兴趣，学好数学"；三、四年级是想象思维和运算思维，研究的子课题是"计算能力的培养"；五、六年级是创造性思维和开拓性思维，研究的子课题是"应用题的发展性教学"。

子课题的宗旨是为总课题服务，正确处理知识与技能、过程与方法、情感态度与价值观的关系，既培养学生的各种兴趣和能力（口算、口语交际、语言表达、交流学习、创新能力等），又关注学生的学习过程，特别是他们在数学课堂活动中所表现出来的情感与态度。无论是哪个年级的子课题，都要求数学教师集体备课、互相交流，实现校本教研的网络化。

2. 倡导课例反思，加强校本课题研究

在全校开展课题教学研究的基础上，数学科组开展多种多样的听课、评课活动，做好课例反思，鼓励教师都参与教学研究，以更好地促进教师队伍的成长。

（1）集体备课：由执教教师说出教材处理方案和课堂教学设计思路，科组教师共同研究，提出建议，最后达成合理的教学设计，使该设计体现新课标精神并符合数学教学思维。

（2）听课：根据各教师的教学特色、特点，各年级、各知识点的情况，把听课分成指导性听课、调查性听课及研究性听课三种类型。

（3）评课：科组重视对教师的教学评价，并充分发挥校本资源的优势，让教师有更多的时间和机会参与听课、评课。我们把评课分成学习性评课、及时性评课和延时性评课三种类型。

（4）反思：实践反思就是根据实践效果反思自己的设计操作是否符合实际。科组内采取互帮互助的方式，对上过的课进行分析，及时小结。

经过不断的实验、尝试，制定了相应的课堂评价表（见第二章附录）。

3. 合作交流，开展教学科研

（1）实践总结。在几年的实践中，数学科全体教师在课题理论、目标构思和实际操作设计方面，进行了一些探索并加以总结，撰写了多篇论文，为课题研究积累了一定的经验。

（2）模式构建。广州市第三阶段的教学评价与实施活动全面展开以来，数学课题组在我的带领下，群策群力，共同进入课题实施阶段，并根据校本教研特点构建教学模式。

首先，创设真实、有效和适度的教学情境，既可以培养、激发学生的兴趣，又可以充分调动学生的积极性和学习热情，有效地揭示生活中的数学问题；让学生的学习过程建立在真实可信的现实背景中，学生学到的知识和技能不仅能解决

学习中具有代表性的问题，而且能够应用到未来的学习生活中。其次，评价工作的实施要体现评价原则、主体性原则、科学性原则和导向性原则，关注学生在教学活动中的角色转变，关注学生学习知识、掌握方法、获得结果的过程，关注学生发现和解决问题的过程，关注学生与人沟通和语言表达的能力，关注学生在学习中表现出来的情感、态度和价值观。

（3）提高发展性评价的实效性。

①关注非学业性评价。三维的课程目标是一个整体，知识与技能、过程与方法、情感态度与价值观三个方面互相联系，融为一体。在教学中，学业内容的学习和非学业内容的学习是密不可分的，是在同一个过程中完成的，与学业评价相比，非学业评价更加重视技能的培养，更加强调情感态度与价值观的培养。

首先在评价方法上，教师在课堂教学中巧用评价介质，不仅对知识的掌握程度进行了解，还对情感、态度、价值观以及创新精神、合作能力、学习习惯等方面进行评价。比如介质性评价，我校已经从开始的奖红星、贴红旗、贴红苹果等方式，到能够根据课程标准和教学内容设立一些能促进学生发展的奖励，如"合作小金星""思考小博士""进步奖"，在学生的作业本上盖"加油"章等。学校还利用"进步奖"等方式鼓励学生进步，作业评价上除了描述性评语式评价，还开展一些展示性评价。其次，还可以将情感、态度、价值观有机地渗透进课堂教学内容、学习习惯、学习方法、情感态度、合作学习、探究学习等方面的评价中。教师还应随时关注学生的课堂表现，灵活地引导学生进行"自评"与"互评"，使学生对自己和他人都有一个比较正确的认识。

②评价要贯穿教学的全过程。评价，作为师生交流的有效方式，贯穿于课堂教学的始终，教师看似平常而又不平常的话语，是学生的阳光，是课堂的生命，有利于激发学生的兴趣和主动参与的积极性，能够最大限度地为学生的发展提供空间。对这种评价点低、目标小、评价勤、反馈快的做法，学生最感兴趣、最容易接受，也最能拨动孩子的心弦。"你的知识真丰富。""小朋友，把你不同的看法告诉大家，好吗？相信你能行。"这些贯穿教学过程的随机性口头评价，已经成为教师教育智慧和能力的一种表现。

③教师评价要有科学性和艺术性。教师的评价用语也要注意适度。有的教师喜欢经常用"太棒了""你真聪明""老师太喜欢你了"等语言评价学生的作业或发言。这种评价用得多了，则起不到激励作用，因为它缺少具体的指向，是浅层次的评价。国外专家的研究表明"你真努力"比"你真聪明"表扬学生的效果会更好，经常受到"你真聪明"表扬的学生往往会故步自封，不再努力。教师的评价用语应有针对性和导向性。例如，有的学生解题方法新颖，教师可评价："你的想法很独特，看来你是个爱动脑筋的好孩子！"有的学生提出了与他

学校品牌文库

教育当恒远——一位校长的教育思考

人不同的看法，并清楚地表达了自己的想法，教师可评价："你善于倾听别人的发言，敢于提出自己的不同意见，是一种很好的品质，而且概念清楚、用词准确，善于从多角度去思考问题，真是棒极了！"这样的评价深层次地肯定了学生的表现，也为全班提供了学习的榜样，具有鲜明的导向性。

④信息技术和学科整合。随着信息技术的高速发展，我们数学科的教师经常利用课余时间学习信息技术，能进行多媒体课件制作，能运用网络资源制作课件。信息技术在数学教学中的应用，促进了数学教学的革新。

（四）构筑新型评价体系的研究和实践取得明显成效

1. 提高了学生的整体素质

（1）激发学生的学习动机和兴趣。课堂教学评价的目的在于激励学生的学习，使学生的学习过程逐步变得自觉而又有效、主动而又持久，从而提高了学生的学习能力。学生是学习的主人，对学生进行课堂教学评价，应该坚持以对学生的评价为主体。教师的评价要促进学生的主动发展，使课堂评价成为激活课堂、激励学生学习的不竭动力。

（2）提高学生的学习实践能力。在课堂教学中，学生的学习实践是课堂学习评价的重点内容，即让学生在学习实践中进行评价，并在读书中进行实践，使"以评促学"成为学习评价与学习实践的最佳结合点，贯穿于教学过程的始终。

（3）提高学生的自我调控评价能力。学生是发展的主体，也是评价的主体，只有学生真正参与评价，才能充分体现评价的客观性。在学习过程中，让学生知道学习的目标和达到目标的措施，使学生处于学习和评价的主体地位，通过自我评价实现主体的发展。

2. 促进了教师的队伍建设

教师的素质，特别是教育教学思想决定着教育质量。教师素质的提高，有赖于教师在教学实践特别是教学科研活动中得到锻炼和提高。如何缩短教育工作与教研工作、教育工作者与教研工作者的距离，仍旧是我们亟待解决的矛盾。"十二五"课题总课题组在全国几个省市成立了课题网络，通过课题网络把广大教师联系起来，教师从"立足过程，促进发展"的评价研究这一课题出发建立了自己的子课题，从不懂教研到学会教研，一大批教师完成了从照本宣科的"教书匠"向教学科研工作者转化的过程，从而提高了教师队伍的素质。

2012—2015年，我校数学科组有55篇论文、教学设计或课例反思等参加区、市、省级评选并获奖，有的甚至在国家级、省级刊物上发表；有十几位教师在省、市级教学设计或教学基本功比赛中获得大奖，最突出的是李慧贤老师，她参加了全国发展与创新教育现场制作课件比赛，并荣获全国一等奖。

三、品德科运用"发展性教学评价"，促进师生和谐发展

品德作为小学德育工作主渠道的一门学科课程，在全面实施素质教育方面发挥着非常重要的作用。但是在课堂教学中，有的教师往往只注重知识的传授，造成德育教育在很多时候只是在灌输政治理论和道德规范的条条框框，而不是指导学生在生活中践行伦理道德规范，形成相应的道德品德，致使不少学生会讲"大话"，但不会做"道德小事"。冠华小学品德科开展"发展性教学评价"研究，致力于促进教师的自我成长，提高专业能力；从学生原有的基础出发，尊重学生的个性特点，激励学生的自我发展，强调以鼓励为主的发展性评价。

（一）运用现代教育理论，开展"发展性教学评价"研究

1. 多元智能理论

加德纳提出的多元智能包括言语/语言智能、数学逻辑智能、视觉/空间智能、音乐/节奏智能、身体运动智能、人际关系智能、自我内省智能、自然观察智能和存在智能。多元智能理论不仅关注智能的多重性以及相关教学策略的发展，同时也关注对传统教育评价的改造；它注重识别学生的强项和弱项，认为对个体的评估应该在更接近他们的"实际工作情况"条件下进行，强调教师对学生的个体差异、发展阶段和知识形式应保持高度的敏感。多元智能的评价理论认为，虽然让学生学习共同的知识是重要的，但让学生学会找出自己的强项，其重要性不亚于前者。因此，教育评价应通过一定的方法，给予学生发挥各自长处的机会，使他们在特定的领域拥有较好的技能，从而产生自信心。

2. 素质教育理论

现代化事业呼唤具有现代品质的高素质人才。素质教育正是在这一呼唤中应运而生的，体现了人们对教育与社会发展本质相关联这一教育基本规律的正确认识与运用；不仅重视先天潜能的开发，而且强调后天素质的塑造与培养。素质教育理论承认学生具有潜在的发展可能性，同时强调学生潜能的实现必须具备一定的社会和教育条件，从而超越了人本教育在潜能观上的本能论观点。素质教育理论坚持学生是学习的主体，但同时强调教师在教育中的主导作用，并且坚持主导与主体的统一。

3. 主客体论

从教师教的角度说，教师是主体，学生是客体；而从学生学的角度看，学生

是主体，教师、教材、环境等就成为学习者的客体了。归根结底，教是为了学，所以应该把学生的学放在主要位置。在教育领域，改革开放以来就有先行者提出目的鲜明而响亮的"三个'一切'"口号：一切为了学生，为了学生一切，为了一切学生。这应该成为教育工作者的座右铭。在某小学的教学楼外墙上写着的醒目的标语："学校无小事，事事有教育；教师无小节，处处是楷模"，正是实施上述理论的具体写照。

"以学生为本"应放在第一位，因此，发挥教师的主导作用目的很明确，就是调动学习主体的主观能动性。教师的主导作用是否发挥及如何发挥，是通过学生的主体地位来实现的。如果学生缺乏自主学习精神，教师的主导作用就无从谈起。在信息社会中，不管在校内、校外，有无教师指导，是否自学成才，学习者的主体地位是永恒的、绝对的。从这个角度看，"教育就是从主体出发，通过主体、依靠主体来开发、发展和完善主体的实践过程"，"人始终是教育的出发点和归宿，这应该是教育科研的主题"。

（二）运用基本策略，推进"发展性教学评价"研究

1. 主要内容

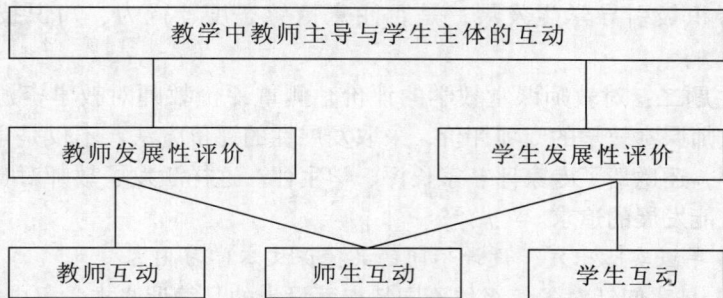

图 4-1

2. 基本策略

（1）个别差异策略。低消耗、高效率，充分发挥学生的个性潜能。教学目标既要有统一性、整体性，又要有弹性、层次性，应大力推行分组教学和个别辅导。

（2）主体策略。要体现学生的自主性、自觉性和创造性，使学生学会自我

组织、自我参与、自我学习，培养学生自我调节、自我控制、自我监督的良好心理素质。

（3）教学方法多样化策略。一方面，让教师有自己的教学风格、教学方法，允许"八仙过海，各显神通"；另一方面，突破传统教学在时间、空间上的局限，通过多元化的渠道，使学生获得更大的信息量，培养学生搜集、储存、整理、运用信息的能力。要把读书活动、探索大自然活动作为学生获取信息的重要渠道。要重视学生运用计算机获取、组织信息的能力。

（三）教师教学发展性评价与学生发展性品德评价

1. 教师课堂教学发展性评价的实验

新课程的实施过程中，一线教师专业知识与教学技能的发展程度是决定教育改革成败的主要因素。研究教师课堂教学发展性的评价，目的是促进教师在教学实践中提高专业能力，从而提高课堂教学的效能。

（1）主题一：对教师运用"导"的评价，评价要考量的是教师的引导能否"导"在关键处、"导"在学生的学习瓶颈处；"导"是否能提升学生，促进学生有更高水平的认识，同时关注每一位学生，体现差异发展。

对课堂教学的引导，我们着重以下几点的评价：是否善于引导学生关注现实生活；是否积极引导学生发展；是否注意情感态度、行为、知识技能的内在统一。

（2）主题二：对教师课堂教学的评价，侧重评价教师对教学资源的开发与运用。对教师课堂教学的专项评价，采取发展性的评价方法，不仅是学校的校长评、同事评，还邀请了专家评、家长评、学生评。这样激发了教师对自身专业知识和教学技能发展的追求。

2. 从各年级实际出发，设计不同的品德课文本学习内容

表4-1是我们针对各年级的不同特点而设计的品德课文本学习内容。

表4-1

年级	文本主题
一年级	①我的玩具多；②家乡真美丽；③我爱我家；④我们生活的地方；⑤我有一双小巧手；⑥小小制作表心意；⑦我是小小智多星
二年级	①快乐的生活；②我喜欢我的学校；③爱心小天使；④社区资源调查；⑤小小缝纫师；⑥我有许多小问号；⑦龙的传人

年级	文本主题
三年级	①美丽的校园；②我爱家乡；③走进皮革城；④这里故事多；⑤皮革皮具是"精品"；⑥皮革皮具与环保；⑦童真童趣的"皮革世界"
四年级	①都说家乡好风景；②小小社区"地球村"；③皮革皮具，无处不在；④生态乐园；⑤皮革皮具广告与我们的生活；⑥我们的"皮革皮具之都"；⑦皮革皮具艺术节
五年级	①可爱的家乡人（皮革狮子王的点拨）；②家庭"手工业"；③变废为宝；④七嘴八舌话皮革；⑤寻找成功之路；⑥心灵手巧；⑦皮革乐园
六年级	①我的家乡在花都；②腾飞中的狮岭；③狮岭人的精神；④采方家乡的成功人士；⑤我们的发现；⑥家乡品牌的手工艺品；⑦家乡未来更辉煌

3. 启动学生成长记录袋，评价学生发展性品德的实验

"成长记录袋评价"是一种质性评价，可以反映学生在一段时间内的成长发展轨迹。它把评价与教育、教学融合在一起，使课程和学生的发展保持一致。提高评价效度，是评价学生进步过程、努力程度、反省能力及其最终发展水平的理想方式。

"成长记录袋评价"为学生提供了一个学习的机会，使学生能够自己学习，判断自己的进步。学生通过全程参与制作自己的成长记录袋，确立了自己的主体地位，学会反思和判断自己的进步与努力。

"成长记录袋评价"为学生创造了一个发展的机会，学生在收集资料和整理资料的过程中需要动手动脑，增长了见识，提高了能力；在参与自评和他评的过程中锻炼了学生的思维，为他们将来的发展打下了基础。

通过"成长记录袋评价"，教师能比较真实地了解学生日常生活的一些信息，从中发现学生个体的内在素质，有助于对学生进行准确的评价。

下面是我校"成长记录袋评价"的实例（见图4-2）。

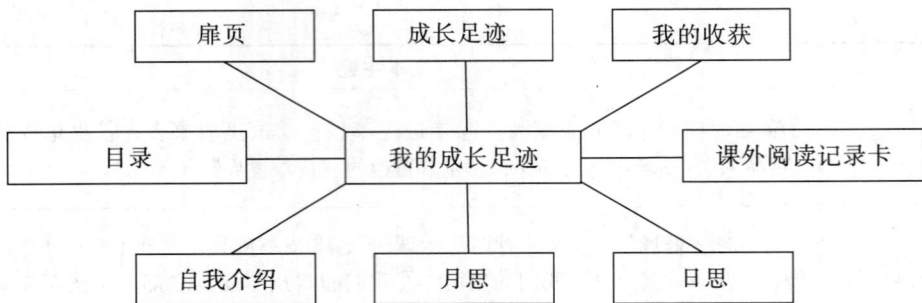

扉页　　成长足迹　　我的收获

目录　　我的成长足迹　　课外阅读记录卡

自我介绍　　月思　　日思

图 4 - 2

除此之外，我校还开展不同形式的评价展示活动。

（1）不定时评价学生成长记录袋的优秀作品。教师平时注意对学生学习档案袋的观察，不定时抽查学生成长记录袋的作品收集和评价情况。这样有助于教师及时发现学生的优秀作品，及时展示和评价，使学生获得成功的体验。

（2）定期展示学生"成长记录袋评价"。教师把学生的"成长记录袋评价"的展示作为一个交流的平台，因为成长记录袋中的内容是对行为评价最有力的说明。基本上是每月一次，交流的形式多样：有时是学生与教师的交流，有时是学生与家长的交流，有时是学生与学生的交流。定期的展示不仅促使学生按时完成评价任务，也帮助教师和家长了解学生，并与之进行心灵的沟通，有助于扫除教育的障碍。

（3）学生成长记录袋包含多元化的评价。

①"自己心中的我"，这个评价栏目主要是学生进行自评。一位学生这样评价自己："这次体检，我有秩序地完成了各项检查，因为通过访问为我们体检的A医生，知道她的工作很辛苦，如果每个人都不守秩序，对她来说是件非常麻烦的事。班主任表扬了我，我很高兴，我进步了！"

②"伙伴心中的我"，这个栏目主要是同学对"我"的评价。通过学生的互评，加强学生间信息的沟通，清楚地了解他人的优缺点，进行自我反思，取长补短、互相促进，使竞争与合作意识同步发展（见表4-2）。

教育当恒远——一位校长的教育思考

表 4 - 2

评价项目		学生			
		甲自评	甲的邻位		
			乙	丙	丁
品德学科	1. 对新内容总是充满兴趣与好奇				
	2. 对身边的各种问题兴趣浓厚				
	3. 习惯带着问题进行新课的学习，会预习，效果好				
学习兴趣	4. 主动控制与调整自己的情绪和行为				
	5. 善于表达自己的观点				
学习习惯	6. 能够与他人平等地交流和合作				
	7. 能充分利用课堂上的自主时间				
	8. 善于收集资料，整理、分析和运用社会信息				

③"老师心中的我"，这个栏目主要是教师对"我"的评价。教师主要评价学生的行为习惯、学习方式、情感态度、实践能力和创新精神及意识。这就要求教师平时要多观察学生，注意对学生进行不定期、不定人的即时评价，如对某一时段表现突出的某位学生及时给予鼓励，要特别关注后进学生，激励其成长。为此，我校精心设计了表扬信形式的评价表（见图4－3）。

_____同学，你的（行为习惯、学习方式、情感态度、实践能力和创新精神及意识）_____比以往有了进步！

老师：
___年___月___日

图 4 - 3

④"家人心中的我"。这个栏目主要是家庭成员（包括所有和"我"一起住的人）对"我"的评价，主要包括对学生在家中的学习态度、行为习惯、实践能力等的评价。这可以促使家长主动全面地了解孩子，引导家长科学地辅导孩子，架起家长、学生与学校沟通的桥梁，促进学生的全面发展。"家人心中的我"评价表见表4-3。

多元评价使学生从不同层面体验评价，能客观地认识自己。

表4-3

评价项目	学生自评	家长评价
您孩子的学习特点		
您孩子的学习兴趣		
您孩子在学习上需改进的方面		
对您辅导孩子的启示和帮助		

（四）研究的主要成果

1. 教师方面

（1）学习的促进者。95%的教师能积极地运用发展性教学评价，成为学生学习的激发者、辅导者及学生各种能力和积极个性的培养者，从而真正实现"教是为了不教"。教师引导学生沿着正确的道路前进，并且不断地在他们成长的道路上设置不同的路标，引导他们不断地向更高的目标前进。教师成为学生健康心理、健康品德的促进者，引导学生学会自我调适、自主选择。

（2）教学的研究者。教师在教学过程中以研究者的心态置身于教学情境之中，以研究者的眼光审视和分析教学理论与教学实践中的各种问题，对自身的行为进行反思，对出现的问题进行探究，对积累的经验进行总结，使其形成规律性的认识。在第三阶段教学设计与实施中，我校教师在论文、课件制作的评比中有20人次获区级奖励，在课例评比中有5人次获市级奖励。

（3）课程的建设者和开发者。尝试开设校本德育课程，编写校本德育教材。每一所学校都是一个独特的实体，学校面对的又是有生命、有独特个性的学生，教育应该促进每一位学生的发展。因此，课程结构必须具有选择性。学校在执行国家新课程的前提下，以新课程的理念为指导，尝试开设体现学校及社区特色的校本德育课程，并开始对教材资源进行开发和研究，逐步在课程设置上体现以校为本的趋向。我校利用得天独厚的地方资源——皮革皮具，开发了"走进皮革皮

学校品牌文库

教育当恒远——一位校长的教育思考

具之都，探究个性和谐发展"校本德育课程。

校本德育课程的研究包括民族与文化、环境与资源、经济与技术、健康与安全、法制与社会、健康与合作、环境与保护、艺术与生活等方面。根据各年级学生的年龄特点设计了螺旋上升式的学习内容。狮岭人勤俭、上进、拼搏的精神是校本德育课程的灵魂。通过学习校本德育课程，学生在获得基础知识与基本技能的同时学会做人、学会求知、学会发展，从小树立"立足狮岭，走向世界"的崇高理想，培养爱祖国、爱家乡、爱学习、爱劳动的情感。

（4）社区型的开放教师。随着社会的发展，学校不再只是社区中的象牙塔，而是越来越广泛地同社区发生各种各样的内在联系。教师不仅仅是学校的成员，而且是整个社区的成员，是整个社区教育、科学、文化事业建设的共同参与者。教师角色是开放型的，教师要特别注重利用社区资源来丰富学校教育的内容和意义。我校的全体教师在校本德育课程的开发中，能走出校门、走向社会，充分利用家长、学生、社区的资源，使校本德育课程的开发成为促进教师成长的平台，同时也主动加强与家长、社会的沟通。

这一部分设计了两个反馈建议表进行评价（见表4-4和表4-5）。反馈建议表的内容主要是为了提高学生的听课效率而确定的，旨在加强家长与教师间的交流，增加进行教学调整的依据。

表4-4 反馈建议表（一）

亲爱的学生家长，欢迎您参加我校"家长开放日"的评课活动，请您从以下几个方面参与我们的评课。

评价项目	家长评价
教学目标的设置	
创新意识与创新能力	
挖掘及利用教学资源	
对学生的关注程度	
需改进的地方	

家长签名：

时间：

表4-5 反馈建议表（二）

我喜欢您讲课的：	改进建议
1. 内容	您有没有想过：
2. 表达	您不妨考虑：
3. 过程和方法	您是否曾经：
4. 个人习惯	您认为：

学生签名：

时间：

老师的话：

_____

_____

_____

这些表格的运用，大大拉近了师生间的关系，师生间变得融洽、和谐，学生明显更加喜爱上品德课了，学习的劲头也大大提高。现摘录部分学生的评价如下：

我喜欢您讲课的声音，觉得很动听。

老师，您上课的时候能不能不先故意讲错，然后让我们去设法改正。这样做会让我们不知所措。

您有没有想过上课时给我们增加一些逸闻趣事，这样课堂就不会这么闷了。

您不妨考虑上课时讲话尽量精简。

老师的话：

谢谢你的提醒，今后我尽量注意。

老师也有考虑不周的时候，能得到你们的谅解与支持，感到很欣慰，我们一起努力，相信胜利就在我们的不远处。

王明，你很听话，但你的表情告诉我，你有心事，有空找找我。

2. 学生方面

在品德学科发展性评价研究阶段中我们尝试引入多元智能理论，在个性化课堂教学评价中，我们则采取互动式的评价，如：评价多样化，即主体多样、角度

多样、尺度多样、重视质性评价等，促进学习质量的提高。通过研究，培养了学生的自主个性化学习品质，促进了课堂上师生的集体合作，及教学实践活动中学生的人际交往。

（1）自主性。全校85%的学生乐于参与学习活动目标的选择、设计和评价。

（2）合作性。全校80%的学生善于相互交流、矫正、反馈学习活动，共同完成集体作业，相互交流学习活动方法和体会，以同桌伙伴式和四人小组式的形式合作交流。

（3）创造性。全校90%的学生具有发现问题、敢于提出问题、尝试解决问题的个性品质，具有好问、好思、好想的创造性思维，具有善于动口、动手、动身、动眼的习惯和能力，具有积极参与、争取表现的学习态度等。

表4－6 品德学科学生发展性评价表

评价项目		学生			
		甲自评	甲的邻位		
			乙	丙	丁
品德科学习方式意识反思	1. 能经常反思，能逐渐"过有道德的生活"				
	2. 遇到问题会采用多种途径解决，思路广阔				
	3. 实事求是的态度及质疑、独立思考的习惯				
	4. 从不同的角度观察、认识、分析社会事物和现象				
	……				

今后，要正确把握好主导与主体的相互转化，教师站在主导地位时又能关注每一位学生，让学生发挥主体作用，促进师生的和谐发展。在加强课题研究的同时，提高教育教学水平，促进学校的发展。

四、体育科开展感觉统合训练研究，提高学生身心素质

感觉统合能力，是指人的大脑将从各种感觉器官传来的感觉信息进行多次分析、综合处理，并做出适应性反应的能力。感觉统合不足或感觉统合失调就会影响大脑各功能区、感觉器官及身体的协调发挥，引发学习、生活等方面的一些问题。在儿童生长发育过程中，城市化和小家庭化使得学生的活动空间受限、没有玩伴、缺乏父母陪伴、生活自理能力降低、生活环境和饮食卫生不良等，使得学生在接受信息或处理信息过程中往往会出现偏差或者滞后等问题，从而导致感觉统合能力失调。近十几年，家长对学生过度保护、要求太多，再加上竞争激烈的教育方式使得学生的学习压力日益增大，由于感觉统合失调而引发的学生学习、生活和活动障碍案例越来越多。因此，开展感觉统合训练研究，并将其有机地融入小学低年级课堂，对于促进学生身心的健康发展有着十分重要的意义。

（一）感觉统合训练在国内外的开展

感觉统合训练，也称 SID 治疗方法，它将训练融入游戏之中，利用大笼球、自行车等感觉统合训练器具，让儿童进行感觉统合训练，通过感觉统合训练来加强儿童的触觉、平衡感、本体感及手眼协调等能力，促进儿童身心得到健康而又全面的发展。20 世纪 70 年代，美国南加州大学爱尔丝（J. Ayresa）博士提出了"感觉统合"理论，西方一些发达国家开始以"儿童感统智能训练会馆"的方式开展感觉统合训练教育。20 世纪 80 年代初，感觉统合训练传入亚洲；20 世纪 90 年代初，感觉统合训练传入中国香港；至 1996 年，"感统智能训练"在香港幼儿园的普及率达到 93.2%，香港教育局规定所有幼儿园必须配备"感统智能训练"产品。

20 世纪 90 年代初，感觉统合训练引入中国大陆，一些大城市建立了儿童感觉统合训练室，在实践中做了进一步的科研验证和开发，取得了令人满意的效果，受到家长的广泛欢迎。目前，在一些一线城市，感觉统合训练已经开始进入社区，逐渐得到普及。但是，在二、三线城市，感觉统合训练的普及率还不高，只是存在于一些教育机构中；在内地，大多数家长和幼儿教师甚至还没有听说过感觉统合训练。另外，国内感觉统合训练的研究者关注的重点在于那些"感统失调"重症儿童和自闭症儿童，对 0～6 岁的儿童关注较多，但是对 6～13 岁的小学高年级学生及刚上初中的学生则关注不够。

（二）将感觉统合训练引入体育课堂的现实意义

体育课程的目标是在传授学生运动技能的同时促进学生健康成长，在很多方面与感觉统合训练有着异曲同工之处。体育课程和感觉统合训练有着密切的联系，感觉统合训练中有很多训练方法和手段都是通过身体练习来完成的，而体育课的本质是通过各种各样的身体练习来使人掌握运动技能并提高身体素质。因此，感觉统合训练的目标与效果对达成体育课的课程标准有着非常积极的作用。

感觉统合训练是身体和心灵共同参与的学习过程，是以游戏的形式出现的，而小学低年级体育教学主要是以游戏的形式开展，两者都是通过身体活动来达到提高学生体育活动能力的目的。感觉统合训练融入体育课教学之中，不但能全方位培养学生良好的心理素质，还能更好地促进学生身体的协调性发展与身体素质的增强。感觉统合训练与体育教学的结合，可以提升我校体育教师的实践能力，促进教师的专业成长，提升教师的专业素质。通过研究固化的适合推广的实验测试指标体系，及适合在小学一年级学生体育课程中开展的感觉统合训练的实施方案，探讨将感觉统合训练融入小学体育课程教学模式，可以促进体育教师理论水平的提升。

当前，冠华小学正在努力打造"恒远教育"特色。省级立项课题"基于感觉统合训练的小学低年级体育教学实验研究"的顺利开展，对促进小学生的健康成长，实现"恒德立品，远志立人，扬长成冠，振兴中华"的育人理念，有着重要的意义。

（三）课题研究的开展

课题立项后，我校体育学科运用文献研究、访谈、问卷调查、实验、数据统计等研究方法，开展课题研究。教师认真查阅感觉统合训练与体育课堂教学方面的文献，明确研究目的，确定研究的内容、方案和实验方法；通过与专家访谈确定实验研究的方案、流程；在实验前后对家长进行相关问卷调查，并对调查结果进行分析；建立实验班与对照班，利用体育课堂教学进行相关实验研究，对实验结果进行数理统计，运用 SPSS13.0 工具进行检验。

1. 准备阶段

成立课题研究小组，做好申报、立项、论证及人员分工等工作；查阅文献，了解感觉统合训练相关知识；与专家访谈，确定研究的具体方案，制订适合小学一年级学生体育课程开展的感觉统合训练的实施方案；对相关实验的教师进行前期培训工作。

2. 实验阶段

确定研究对象、研究实验测试的指标体系；进行试验前测，收集数据；利用体育课进行感觉统合训练，每周两次，做好相关实验记录，收集数据；进行试验后测，收集数据。研究感觉统合训练融入小学体育课的课程内容、教学模式与方法。

3. 整理阶段

固化实验测试指标体系；整理数据及资料，撰写课题研究报告和论文；收集整理教学资料、管理档案、影像资料；邀请有关专家对课题进行鉴定结题，接受领导、专家对课题的验收。

（四）感觉统合训练在体育课堂的实施

作为省一级学校，冠华小学的基础办学条件比较完善，学校拥有专门的心理感觉统合训练室内训练场地，还建设了300平方米的室外感觉统合训练专用场地，并添置了相关的感觉统合训练器材，为体育科开展感觉统合训练研究创造了良好的条件。

随着省级课题"基于感觉统合训练的小学低年级体育教学实验研究"的立项和顺利开展，冠华小学在低年级学生的体育课堂上，融入了感觉统合训练，并逐渐形成了比较完善的教学方法和课堂模式。首先，在《体育与健康课程标准》（2011版）框架下，体育科设计适合小学一年级学生体育课程的感觉统合训练教学实施方案；其次，逐渐将感觉统合训练进行物化，以学生体育课程的身体练习行为、运动认知、心理感受为内容，选择和设计教学实验测试的指标；最后，在综合评估教学实验测试指标的基础上形成具体的教学实验操作策略，控制好研究的操作变量，开展教学实验，并不断地收集和整理相关的实验数据。

在上述过程中，一方面，体育科非常注重整理与分析教学实验数据，进行归因分析，形成一般的描述性结论，对教学实验进行理论提升；另一方面，体育科又非常注重理论对实践的指导，用提升了的感觉统合训练理论来完善小学体育课堂教学。

经过一年多的实践，体育科掌握了十多项感觉统合训练项目。根据一年级学生身体和心理发展的需要，在充分了解每一个学生个体特征的基础上，依据学生的特点和现有的器材，教师选择相应的感觉统合训练项目在体育课堂上实施（见表4-7）。

文库 学校品牌 教育当恒远——一位校长的教育思考

表 4 -7

项目	感觉输入	训练目的	训练要求
滑板爬	前庭、本体、触觉、视觉	促进身体两侧统合，强化本体、前庭感觉统合	学生俯卧在滑板上，以腹部为中心，身体紧靠滑板，头抬高，双腿并拢伸直，脚面绷紧，双手同时撑地向前滑行
滑梯	前庭、本体、触觉、视觉	对前庭体系产生强烈刺激，促进头部和颈部肌肉同时收缩，促进保护性伸展反应行为的成熟	学生俯卧在滑梯上，双手抓住滑梯两边，用力俯冲下来，双腿并拢伸直，头抬高，目视前方，双手尽量朝前伸展
趴地推球	本体、触觉、视觉	锻炼颈部肌肉，增强身体协调能力；提高注意力，培养坚持不懈的良好品质	学生趴在地上，球放在面前，离墙壁约 30～5C 厘米，双脚并拢，手臂抬起，肘关节不撑地，双手对准墙壁连续推球
平衡台	前庭、本体、触觉、视觉	建立前庭固有平衡，增强四肢力量，让学生学会通过屈伸膝关节取得平衡的方法	学生两脚左右分开，在平衡台两端站立，左右摇晃并保持平衡，在此基础上进一步体验推球运动
独脚椅	前庭、本体	建立前庭感觉机能，控制重力感，发展平衡能力；增强腰腹力量	学生坐在独脚椅上，双手向侧方平举，抬头、挺胸、目视前方，坐稳后双脚交叉前踢
羊角球	前庭、本体	促进身体姿势和两侧的统合，增强腿部力量；提高身体平衡能力和运动企划能力；促进心血管系统健康发育	学生坐在羊角球上，双手紧握手把，两腿夹住羊角球连续往前（后）跳动
袋鼠跳	前庭、本体	强化前庭刺激，抑制过敏信息；发展下肢跳跃能力，促进心血管系统健康发育	学生站在布袋中，双手提起袋边，双脚同时往前跳动
蹦蹦床	前庭、本体	强化前庭刺激，抑制过敏信息；矫治重心不稳和运动企划能力不足；增强下肢力量和协调能力	学生在蹦床上双脚并拢蹦跳，跳起时小腿后屈，脚后跟踢至臀部
晃动独木桥	前庭、本体	帮助学生发展本体感觉，增强身体平衡能力；锻炼下肢力量，培养不怕困难的良好品质	学生站在晃动的独木桥上，一只手扶护栏，另一只手侧平举，抬头、挺胸、目视前方，双脚交替向前行走

项目	感觉输入	训练目的	训练要求
圆桶吊缆	前庭、本体、触觉	促进前庭固有感觉体系活动，强化触觉体系；促进身体协调和固有前庭感觉输入统合；增强四肢力量	学生弯腰，用双手抱紧圆桶，双脚以圆桶底边为支撑点紧紧夹住，保持身体平衡，在教师的协助下做旋转或360度大回转
圆桶马吊缆	前庭、本体、触觉	通过高度收缩的肌肉运动，促进前庭固有感觉体系活动，并强化触觉体系	学生俯卧在圆桶上，用双手双脚夹住圆桶，由教师左右前后摇晃。也可以两个教师同时坐在圆桶两端摇晃
插棍	前庭、本体	强化前庭刺激及全身肌肉的伸展和活性化；促进头部、颈部肌肉的同时收缩及身体的保护性伸展反应	将网缆垂直固定，离地约20厘米，学生俯卧在网缆中，头部抬高目视前方，教师协助前后摆动，学生在摆动过程中双手插棍，距离视情况而定
S型平衡木	前庭、本体	有助于本体感觉的建立和身体平衡能力的加强	将平衡木呈水平线高低走向安置，让学生站在平衡木上，双手平伸，抬头挺胸，双脚交替向前走
脚步器	前庭、本体	提高学生平衡能力，帮助其建立前庭固有的平衡体系，发展协调性，提高注意力和观察力	走动时自然放松，身体挺直，全身协调，注意力集中

（五）感觉统合训练引入体育课堂的阶段性成果

1. 发展了学生的身体素质

感觉统合训练是身体和心灵共同参与的学习过程，可以加强学生的触觉、平衡感、本体感及手眼协调等能力，发展感觉统合能力。将感觉统合训练融入体育课教学之中，能更好地促进学生身体协调性的发展与身体素质的增强。

2. 增强了学生的心理素质

感觉统合训练不只是一种生理上的功能训练，还是心理、大脑和躯体三者的

平衡和协调训练。学生在训练过程中获得成就感，增强了自信心和自我控制的能力，并在教师的指导下感觉到自己对躯体的控制，情绪由原来焦虑的变为愉快，在积极积累经验的基础上，敢于对意志想象进行挑战。

感觉统合训练就是要用耐心培养学生的兴趣，建立学生的自信心，让学生在游戏中找到快乐，在游戏中享受多样的感觉刺激。因而，感觉统合训练在体育课堂上的实施，有利于学生的心理素质和其他各方面素质的发展，从而提高其正确认识自我、调控自我、承受挫折、适应环境的能力；有助于学生充分认识和发展自己的心理潜能、培养健全的人格和良好的个性心理品质。

3. 提高了小学低年级体育课堂的质量

体育课不同于文化课，它是一门技能性较强的课程。体育误学习的结果不是体现在知识的积累和深化上，而是表现在体能的增强、技能的掌握和行为态度的改变等方面。体育课的性质决定了体育课教学的主要内容是以活动性游戏和各种运动方法构成的身体练习。在日常教学中，体育学科把体育教学内容和感觉统合训练有机地结合起来，使得体育课在增强学生体质的同时，促进了学生感觉统合能力的提升，也达到了提高学生智力的目标。

虽然大多数感觉统合训练本身就是体育游戏，但由于感觉统合是涉及教育学、心理学、行为学、生理学、体育学、训练学、社会学等多学科的理论体系，所以进行感觉统合训练必须具备比较专业的理论知识和技能，才能使感觉统合训练出成效。为了实现体育教学与感觉统合训练更好地结合的目标，我校体育学科深入学习感觉统合训练的相关理论，研究专门的感觉统合训练方法，在遵循感觉统合训练原理的基础上，利用现有的体育教学器材，结合学生的年龄以及器材本身的特点来设计感觉统合训练项目，改变了以往的以机械的重复练习为主的课堂模式，全面提高了体育教师自身的专业能力。

随着感觉统合失调儿童数量的不断增加，加强调节儿童感觉统合能力的活动性教学的作用显得更加重要。为了适应学生的成长需要，我校体育学科调整教学方法，把传统的以技能性为主的教学转变为以活动性为主的教学，根据每个学生的个体差异进行教学，及时吸收体育理论的研究成果，在理论基础上不断进行创新，挖掘体育教学的深度，更好地发挥了体育课堂的作用，为学生的健康成长奠定了物质基础和心理基础。

五、综合实践学科制定课程纲要，开展"走进盘古王"活动

《基础教育课程改革纲要》规定从小学三年级至高中二年级设置综合实践活动，并作为必修课程，其内容主要包括信息技术教育、研究性学习、社区服务与

社会实践以及劳动与技术教育。《基础教育课程改革纲要》强调：通过实践，增强学生探究和创新意识，学习科学研究的方法，发展综合运用知识的能力；增进学校与社会的密切联系，培养学生的社会责任感；培养学生利用信息技术的意识和能力；让学生了解必要的通用技术和职业分工，形成初步技术能力。

显而易见，综合实践活动课程要通过研究性学习、社会实践与社区服务等活动，实现以下三个方面的目标：①培养学生独立的、持续的探究兴趣，进一步提高学生发现问题、提出问题和分析问题的能力，养成实事求是的科学态度，培养学生分享、尊重与合作的精神；②使学生走进社区，理解社会，获得丰富的参与社会实践和社区服务的体验，掌握基本的实践与服务技能，适应社会生活，提高社会实践能力，培养学生的服务意识与奉献精神，增强公民社会责任心与使命感，形成积极进取的生活态度；③使学生通过人与物的作用、人与人的互动来从事操作性学习，将动手与动脑相结合，形成初步的技术意识和技术实践能力。

综合实践活动是一种以学生的经验与生活为核心的实践性课程，是基于学生的直接经验、密切联系学生的生活、体现对知识的综合运用的课程形态。综合实践活动不是其他课程的辅助或附庸，而是一门具有独特功能和价值的相对独立的课程。与其他课程相比，综合实践活动具有整体性、实践性、开放性、生成性和自主性的特点。因此，综合实践活动的具体内容是由地方和学校根据实际情况确定的。我们在确定综合实践活动的内容时遵循了以下几个原则：尊重每一个学生的兴趣、爱好与特长，体现冠华小学特色，反映冠华小学所处地域——狮岭镇的特色，引导学生从日常生活中选取课题或问题进行探究。

2004 年，冠华小学成立校本课程开发小组，围绕"皮革皮具"主题，开始着手进行综合实践活动课程的研究和开发，经过一年的探索与实践，我们编写出"冠华小学综合实践活动卡"。2006 年，我们组织教师认真学习校本课程的相关理论，初步编写了《"走进皮革皮具之都"校本课程大纲》，然后由教师和学生共同收集图片、素材、文字等校本课程的相关资料，经反复修改，才最终定稿。经过最近几年的努力，我们又制定和完善了《冠华小学校本课程大纲》和《冠华小学综合实践活动课程实施纲要》，并要求教师严格按照《基础教育课程改革纲要》的规定组织实施综合实践活动课程。

（一）冠华小学综合实践活动课程纲要

综合实践活动，顾名思义，它要让学生在活动中学习，通过行动来学习。但这里所讲的"活动"或"实践"，不能仅仅从字面上把它理解为让学生"动"起来，或者让学生去"操作"；而是要把它理解为"知与行""动手与动脑"的结

学校品牌文库

教育当恒远——一位校长的教育思考

合与统一。那些不需要学生动脑思考、对学生的情感态度没有触动的活动，不是综合实践活动中所讲的活动。

冠华小学所处的花都区狮岭镇有着十分丰富的社区文化资源。自2007年起，狮岭镇每三年举办一届"狮岭盘古王民俗文化节"和"中国盘古王高峰论坛"。历时两天的狮岭盘古王民俗文化节，包含祈福活动、文艺会演、泼墨挥毫、醒狮表演、摄影大赛、故事演讲、客家山歌比赛等丰富多彩的民俗活动，还举办民俗风情长廊和非物质文化遗产项目展览，全面反映了盘古王之乡的文化内涵。2008年，花都区狮岭镇被广东省文联和广东省民协授予"广东省盘古文化之乡"称号。今天，花都区狮岭镇已经成为"全国盘古文化之乡"。特色产业形成了独特的皮革皮具文化，为冠华小学的特色教育提供了丰富的课程资源。

经过反复、充分的论证，我们决定进一步深化与发展学校特色，实施"特色项目—特色课程—特色学校"的特色发展策略，将"皮革皮具创作实践""乡村少年宫""传承盘古，诗意冠华"等作为特色教育的品牌项目，开展系统化的特色教育实践活动，形成了具有独特性、整体性和稳定性的学校特色与品牌项目。我校的综合实践活动课程，就充分利用了社区文化资源的优势，围绕着狮岭镇的皮革皮具产业和盘古文化来开发、实施。

1. 指导思想

（1）综合实践活动课程目标的实现，主要靠学生主体的自我发展和自主生成。

综合实践活动课程是一个开放的实践性课程，其目标包括知识与技能、过程与方法、情感态度和价值观三个维度。其中，知识与技能目标是指在实践性学习中获得的对自然、社会、自我以及文化的认识和经验，它绝不可以追求系统化的、体系化的书本知识。知识与技能目标不仅仅是结果性目标，也具有过程性目标的性质。过程与方法目标，强调学生亲历实践性学习的过程，并在实践情境中运用各种实践方法，使学生获得积极的体验和丰富的经验。情感态度和价值观目标不是靠灌输等被动接受的教学方式获得的，而是学生在实践活动过程中通过体验、实践等方式逐步生成的目标。简而言之，综合实践活动课程目标实现的主要途径是学生主体的自我发展和自主生成。

（2）综合实践活动课程目标的制定，要考虑学生发展、社会发展、知识发展与科技进步的需要。

①学生发展的需要。促进学生的发展是教育的最终目的，也是课程目标设置的根本指向。综合实践活动课程目标的设置必须遵循学生身心发展的基本规律，着眼于学生的基本知识、技能、态度和价值观的发展，着眼于每一位学生的全面发展。适合学生发展需要的综合实践活动课程目标要满足学生的现实和未来发展

的需要，研究学生的学习兴趣、爱好、动机和需要，唯有如此，才能促进学生身心全面和谐地发展。

②社会发展的需要。学生是社会中的人，其发展离不开社会环境的影响并受其制约；同时，社会的不断进步与发展也对人才质量提出了更高的要求。因此，如何利用社会环境中的有利因素来促进人才的发展，以及如何参照社会需求培养出更多更合适的人才来满足不断发展的社会需要，就成了综合实践活动课程目标制定的重要依据。

③知识发展与科技进步的需要。课程内容的选择与组织来源于知识的发展和科学技术的进步。因此，制定课程目标必须考虑知识与科技的因素。知识的发展和科技的进步呈现出分化和综合两种基本特征：因为分化，所以在教育领域产生了分科课程；而综合又带来了学科间的交叉与融合，使得综合课程的产生成为必然。

2. 课程目标

根据《广州市义务教育新课程3～9年级综合实践活动实施指导意见》和我校的实际，特制定以下课程目标：

一、二年级：①了解学校，初步认识狮岭的经济状况，培养学生热爱家乡、改造家乡、做现代狮岭人的情感；②培养学生健康、愉快的生活方式，通过交流和展示过程，培养乐观、向上、积极的人生志趣，爱学习、爱劳动的人生态度，能与同伴合作、交流的个性品质；③初步具有处理自己的事情的能力，并从身边的小事做起；④学会感恩，感谢父母长辈的养育之恩，感谢教师的教育之恩，感谢同学和朋友的帮助之恩；⑤培养善良、正直、同情他人、关心他人的情感与良好的个性品质。

三、四年级：①了解家乡的经济特点、人文景观与辉煌历史，感受家乡的发展变化，萌发对家乡的热爱之情；②能够处理自己的事情，自己的事情自己做，做生活的主人；③通过实践性和设计性活动，树立"面向现代化、面向世界、面向未来"的志向；④关注家乡的自然环境，养成保护环境的意识；⑤了解祖辈、父辈们的创业历史，懂得他们为家乡的建设所付出的艰辛和做出的贡献，让学生从小立下雄心壮志，将来把家乡建设得更加美丽富强。

五、六年级：①通过现状考察，萌发"知狮岭、爱狮岭、成长在狮岭"的责任心；②通过历史考察，初步了解家乡的历史文化，对太平天国的历史有初步的了解，对盘古文化有一定的认识，萌发对家乡的自豪感；③了解狮岭的自然环境和经济特点与人们生活的关系，学会如何合理利用家乡的资源、维护生态平衡；④树立开放意识，有把狮岭建设成现代化和国际化城镇的雄心壮志，以小主人翁的姿态设计未来家乡的蓝图，初步形成创业意识；⑤通过调查、了解皮革皮

学校品牌文库

教育当恒远——一位校长的教育思考

具行业的特点，结合自己的实际，进一步感受创业艰难、守业更难，学习经商经验，初步懂得文明经商，培养勤俭节约、诚实守信等良好品德；⑥初步理解现代科技与人们日常生活的关系，逐步形成爱科学、学科学、用科学的观念，增强环保意识，注重保护环境、爱护环境、改善环境。

3. 活动主题选择的原则

（1）着眼于生活。学生确立的课题应来源于他们周围生活中所发生的事情。只有着眼于生活，让学生有更多的机会自己去活动、体验和创造，去享受探究的乐趣、活动的愉悦和劳动的充实，才能使他们获得并增强社会责任感。

（2）立足于兴趣。兴趣是最好的老师，综合实践的主题必须基于学生的需要和兴趣来设计，这是综合实践活动课程有别于学科课程的重要标志。

（3）依托学校资源。综合实践活动是冠华小学校园文化的有机构成，因此综合实践活动内容的开发要依托学校，体现冠华特色。冠华小学地处"中国皮革皮具之都"狮岭镇的中心地带，毗邻皮革皮具城，是"广东省书香校园"，每年都举行"冠华小学皮革皮具艺术节"。只有对这些情况进行充分了解、认真分析之后策划的主题活动，才更有利于今后的开展和实施。

（4）依托社区资源。社区社会文化的时空环境为学生开展综合实践活动创造了充分的条件。在综合实践活动课程实施的过程中，社区环境资源的开发和利用也是不可忽视的因素。不同的学校有着不同的社区环境，学校要充分挖掘社区环境资源，开展丰富的活动。

（5）体现综合性。在开发主题活动时，我们首先考虑的是课程内部的综合，即各领域、各线索、各活动方式的综合。另外，我们还注重学科各类活动及各学科的综合。

4. 活动内容

我校综合实践活动内容的选择，主要围绕三条线索进行：学生与自然的关系；学生与他人和社会的关系；学生与自我的关系。我校综合实践活动内容的选择，还结合了学校所处的狮岭镇的地域特色、皮革皮具文化、盘古文化，结合我校是广东省书香校园的优势，开发出"我与冠华""家庭成长""读书与人生""家乡文化"四大板块内容（见表4-8）。

板块	年级	一级主题	二级主题（活动供选主题）
我与冠华	一、二年级	优美校园	逛逛我们的学校；最爱校园的一角
	三年级	冠华文化	我会唱校歌；学校的校训、校风
	一至三年级	同学与老师	认识自己的同学和老师；说说我的好同学
	四年级	课堂内外	我的未来；快乐周末
	五、六年级	争当小主人	我是冠华未来星
家庭成长	一、二年级	亲情与感恩	说说我的爸爸和妈妈；我为家人做件事
	一至三年级	自理与家务	学当一天家；今天我值日；我是安全（交通、防火）小标兵；自己的事情自己做；保护自己
	五、六年级	假期与生活	我的假期计划；怎样过好寒暑假
读书与人生	一、二年级	漫游童话世界	我最爱的一本童话书；爸爸、妈妈和我一起读童话；我和童话明星交朋友；认识安徒生爷爷
	三年级	神话与想象	大话西游；我最爱的一个神话人物
	四年级	书海漫步	成语故事；雷锋的故事；名人故事会
	五年级	像他那样生活	英雄故事会；说说自己心目中的英雄
	六年级	诵读经典名著	品味唐诗、宋词；论三国人物；走进《红楼梦》；水浒一百○八将点将会
家乡文化	五年级	盘古溯源	寻找盘古足迹；盘古文化节探源
	六年级	追寻洪秀全的足迹	追寻洪秀全的足迹；走进太平天国；太平天国人物探究
	三年级	冠华小学皮革皮具艺术节	走进皮革皮具城
	四年级		我是小小设计师
	五年级		我当小店主
	六年级		走进皮革皮具艺术节

5. 活动类型及其特点

（1）个体独立活动。个体独立活动是指学生个人单独开展和实施的综合实践活动，这是综合实践活动的主要形式之一。综合实践活动重视学生个人的独立活动，鼓励学生根据自己的兴趣和能力，设计活动的具体目标，选择活动的内容，并决定用什么方式来完成活动。帮助和指导学生进行个体独立活动，要注重培养学生五个方面的自主能力：

①自主观察的能力。自主观察能力对于每个人来说，都是必不可少的能力素质。

②自主动手操作的能力。综合实践活动调动多种感官共同参与、协调发展，这时学生不是讲台下被动的看客，而是活动的主角。

③自主交流表达的能力。综合实践活动的形式要灵活多样、因地制宜，能够及时地把最新的信息传递给学生，以锻炼学生的交流和表达能力。

④自主质疑思考的能力。学起于思，思源于疑。综合实践活动课程不仅为学生的思维提供了丰富的问题情境，而且活动内容的丰富性也能够有效地调动其大脑，充分挖掘大脑潜力。

⑤自主探索创造的能力。综合实践活动课的形式减少了不必要的纪律约束，它不受课堂 40 分钟的限制，留给学生更多自由发挥的时间和空间；同时，综合实践活动也鼓励学生运用与众不同的方法和思路，避免出现统一的答案和方法，更有利于培养学生自主探索和自主创造的能力。

（2）小组合作活动。在我国综合实践活动的诸种组织形式中，小组合作活动是最为常见的形式。由于综合实践活动方式有参观、访问、体验、观察、操作、实验、调查等许许多多的方式，而小学生的年龄小，各方面的能力还不够完善，这就要求在活动中加强小组成员之间的密切团结与协同行动。

①怎样分组。可以是学生自由组合，也可以由教师来决定，或者是由教师与学生共同讨论分组。不管采取哪种分组方式，都要充分尊重学生的意愿，尽可能地采用民主、较为可行的分组方式。

②怎样合作。一是任务分工，即每个组员都要主动承担一部分相对独立的任务，都有机会真正地参与课题研究；二是角色分工，即每个组员都要担任一个角色，如组长、秘书、资料管理员、统计员、联络员、表演者、答辩人等，既要各展所长，又要密切合作，以有利于小组活动的顺利进行为宗旨。

③怎样指导。由于学生的年龄特点、生活经验、知识与能力等因素的限制，在综合实践活动实施过程中，教师对小组活动的有效指导显得尤为重要。具体来说，教师在小组分工、寻求帮助、活动方式、人际交往等各个方面都要对学生进行必要的指导。

（3）班级、团队活动。班级、团队活动是以班集体或团队为单位来组织开展的活动。这种活动可以作为一种相对独立的综合实践活动组织形式，也可以作为个体独立活动和小组合作活动的辅助形式。

（4）社区协作活动。社区既是社会的组成单位，又是综合实践活动课程的重要资源。学校要按照一定的原则开发和利用社区资源，开展学校和社区之间的协作活动。社区协作活动主要有以下几种形式：一是社区服务活动，如社区保洁

活动、社区绿化活动、社区宣传活动、社区公益活动等；二是社区实践活动，如参观科技馆、访问博物馆、考察工厂等；三是社区调研活动，如以社区居民为调查对象，以物业管理、社区文化、消费习惯、生活习惯、行为习惯等作为研究内容，通过调研活动撰写调查报告，为社区建设和发展提出建议。

6. 学校管理

综合实践活动作为一种校本课程，其实施成效受多种因素的影响。从学校管理的角度看，学校制定相应的政策、制度来加强对综合实践活动的管理，是顺利实施综合实践活动的前提和保障。

（1）建立校本教研机构，健全校本教研制度。

学校非常重视综合实践活动课程的开展和实施，成立以主管教学的副校长、教导主任和骨干教师为成员的综合实践活动领导小组，负责指导该课程的实施。学校建立专门的综合实践活动科，由毕薇艳老师任科长，在综合实践活动领导小组的指导下，有计划、有组织地开展校本教研工作，保证了综合实践活动课程的顺利实施，并取得了实效。

健全的制度是保障校本教研活动规范开展、综合实践活动课程顺利实施的先决条件。为此，学校凝聚集体智慧，在充分听取教师、教研组的意见之后，自下而上地制定了一系列校本教研常规制度，以加强综合实践活动课程的常规管理工作。

①领导巡视制度。教导处每天安排一位学校行政人员巡视听课，及时反馈综合实践活动课程的实施情况，监督教师按课程计划上课，严厉禁止其他学科教师占用综合实践活动课程的课时，规范教师教学行为。

②推门听课制度。学校提倡推门听课，要求分管综合实践活动科的领导每周至少听一节课，也可以是听一节课的某一环节，以促进教师认真备课、认真组织，上好每一节综合实践活动课。

③听课评课制度。除了学校行政人员坚持每周到各班听课之外，学校还要求综合实践活动科像其他学科一样，教师之间平时互相听课，在互相听课中提高组织能力和授课水平。听课后，及时组织评课，科长主持评课，执教教师说课后，由中心发言人在集中其他教师意见的基础上进行点评。

④资料收集制度。综合实践活动课程是综合性的实践课程，活动结束后，资料的收集非常重要。学校要求每位教师在学期末上交一份活动案例资源包，内容包括教师指导计划、学生活动计划、活动记录、活动成果、活动反思、教师指导反思等，并进行优秀综合实践活动课例的评选。

以上这些校本教研常规检查制度的建立，保证了校本教研的全员性和持久性，为扎扎实实地开展和实施综合实践活动课程提供了有效的保障。

学校品牌文库

教育当恒远——一位校长的教育思考

（2）严格规范综合实践活动科的教学常规管理工作。

结合学校实际和综合实践活动科的特点，我校对综合实践活动科进行教学常规管理的重点在以下几个方面：

①集体备课。与其他学科一样，充分发挥学科组长、骨干教师的带动和引领作用，以科组为单位进行集体备课，并按时参加年级的各项常规活动。在集体备课时，采取"个人分段负责，全组共同研讨，以点带面，精品积累"的方法，充分展示教师的个性，运用教师的集体智慧。

②上课。我校严格执行国家课程计划，开齐课程、开足课时。要求教师认真按课程表上好每一节课，不随便调课，不挪用或挤占其他学科的课时，特别是严厉禁止占用综合实践活动课程的课时，一经发现，严肃处理；同时，学校还加强课堂教学管理，要求综合实践活动科的教师进一步更新观念，运用新课程的理念组织教学，突出开放性、综合性、创造性和互动性，突出学生的主体地位。

③及时反思。我们要求教师在上课后，认真进行教学反馈与反思，及时总结每堂课的成功之处与可改进之处，并坚持撰写教学反思。

（3）加强校本培训，不断提高教师的理论素养与专业水平。

"万事开头难"，面对综合实践活动这门新的课程，学校要求教师切实转变长期以来形成的"学科本位"的课程观，正确认识综合实践活动课程的性质，并通过多种形式的学习和培训，形成实践的课程观，确立新课程的理念，以尽快掌握综合实践活动课程的目标、结构、形式和内容。我们主要通过以下"三个结合"来加强学习和培训：

①"走出去"和"请进来"相结合。一方面，尽可能地为教师创造各种外出听课学习的机会，积极吸取发达地区和先进学校的教改信息与成功经验，如我校以"与名校结对帮扶"为契机，经常派出领导和教师到广州有名的小学开展跟岗学习活动，积极参加市、区开展的新课程改革培训会和研讨会等；另一方面，我校经常请市、区的教育专家、学者和教研员到学校作专题讲座或深入课堂听课、评课，指导我校综合实践活动课程的开展和实施。

②"集中培训"和"分散培训"相结合。学校在集中培训时，会印发《广州市义务教育新课程3～9年级综合实践活动实施指导意见》《冠华小学综合实践活动课程实施方案》以及综合实践活动课例等资料给教师学习。学校还鼓励教师在工作之余积极阅读先进的教育教学理论书籍和案例，不断提高自己的理论水平和业务能力；引导教师将学习和工作有机地结合起来，真正做到学以致用。

③"理论学习"和"案例分析"相结合。一方面，学校经常购买各种与新课程改革有关的影像资料，让学科组利用集体研讨和备课的时间观看，加强理论学习；另一方面，我校经常开展"同课异构""同题异教"研讨活动，让教师在

上完课后，反思自己的这节课达到了什么目标、用了什么教学策略、哪些地方是成功的、哪些地方存在着缺陷和不足之处，从而找到改进的突破口。案例分析有利于教师了解自己，促进教学水平的提高。

7. 课程评价

综合实践活动课程评价，是依据其课程目标，遵照综合实践活动课程的评价原则，运用预定的标准和方法，对课程建设、实施状况和实施效果进行价值判断的过程。作为一门新设置的课程，其评价具有导向作用，对课程的实施有着重要的影响。

（1）对教师的评价。①内容：综合实践活动课程开发能力；综合实践活动设计能力；综合实践活动的指导与调控；综合实践活动的成效；教师的专业发展能力。②方法：主要体现在"冠华小学教师评分表"和"冠华小学教师奖惩方案"中。③原则：强调专业性、宽容性和认可性。

（2）对学生的评价。对学生评价的方法多种多样，在具体的操作中可采用"档案袋评定法"，它是20世纪80年代中期在美国教育实践中常用的一种学业成就评定方式。概括说来，档案袋评定法就是收集学生在活动过程中的作品，以及活动的现实表现作为评价依据的评价方法。对学生的评价可建立如下指标体系（见表4－9、表4－10）。

学校品牌文库

教育当恒远——一位校长的教育思考

表4-9 冠华小学班级综合实践活动课程评价表

教师姓名		活动班级		活动时间			
活动领域		活动主题		活动课题			
评价指标（等级）							
活动目标	活动目标明确、具体、多元化，符合学生实际				A	B	C	D
活动内容	1. 内容开始以学生的兴趣需要出发，能结合学生实际							
	2. 领域、主题、课题、话题等系列清晰明了、有机联系							
	3. 合理运用其他学科知识，培养学生的动手能力、实践能力和创新能力							
活动设计	1. 能结合学生不同年龄阶段的心理特点，突出心理教育与综合实践活动的有机整合							
	2. 活动成为学科知识的延伸和拓展							
	3. 设计切实可行，可操作、可评价性强							
活动实施	1. 方式、方法的合理运用							
	2. 教师对学生的有效指导及与社会的良好沟通							
	3. 学生之间的交流、合作、探究等能力的发展							
活动成效	活动预期的目标实现，不同类型的学生有所收获，教师的素质有所提高，有利于促进学校特色发展							
评价与建议								

注：评价分为四个等级，A表示很好、B表示较好、C表示达标、D表示较差。

填表人：　　　　　填表时间：

表 4 - 10　冠华小学学生综合实践活动学习评价表

活动领域		活动主题		活动课题	
小组话题				课型	
班级名称			指导老师		
评价指标	评价层级				
	小组自评		小组互评		教师评价
参加活动的兴趣					
活动计划的科学性、可行性					
合作的态度					
活动的方法					
活动的记录					
活动的体会					
活动的成果					

填表人：　　　　填表时间：

（3）对课堂教学的评价。对综合实践活动课程的评价，是根据一定的标准判定综合实践活动课的好坏、优劣及其实际效果的过程。目前，由于综合实践活动课程实验还处于起步阶段，广大教师对文该课程的教学还缺乏理性认识和实践经验。因此，对综合实践活动课的教学评价可以为教师提供教学方面的反馈信息，从而促进教师改进教学，逐步建立起比较完善的教学体制。从评价的科学性、全面性和可操作性等原则出发，结合综合实践活动课教学的理论与实践，我们提出如下评价指标体系（见表 4 - 11）。

教育当恒远——一位校长的教育思考

表4－11　冠华小学综合实践活动课教学评价表

课题名称：　　　评课人姓名：　　　科目：

评价项目	评价要点	权重	评价标准	评价等级 A	B	C	D
目的内容 20%	1. 目标明确	0.05	①培养4种意识与能力②发展学生个性				
	2. 内容实用	0.05	①贴近生活　　②贴近学生 ③丰富学生的直接经验				
	3. 内容综合	0.05	①引入多种信息 ②运用多门学科知识				
	4. 深浅适当	0.05	①分量适当　　②难易适当				
方式方法 15%	1. 组织形式	0.05	①不是课堂教学形式 ②具体组织形式得当				
	2. 活动方法	0.05	①方法得当　　②多法结合				
	3. 指导方法	0.05	①讲解时间不超过1/4 ②指导方法得当				
活动过程 30%	1. 活动要素	0.18	①具备基本要素　②有机结合各要素				
	2. 活动步骤	0.12	①活动准备　　②活动导入 ③活动展开　　④活动总结				
活动效果 35%	1. 学生自主性	0.10	学生在教师指导下自主思考、设计和解决问题				
	2. 学生能动性	0.15	①主动活动面：主动参与活动的人数与总人数之比 ②主动活动量：个体主动参与活动时间与总时间之比				
	3. 学生创造性	0.10	①思路设计新颖　②方式方法多样 ③有一定的活动效果				
其他							
教学特色							
评语							
最终评价等级							

（二）"走进盘古王"综合实践活动案例

冠华小学位于花都区狮岭镇盘古王公园附近，盘古王公园原名盘古王山。盘古王为本地奠定了深厚的文化底蕴，留下的古迹和民间故事十分丰富，为人类留下了宝贵的精神财富。

1. 活动目标

情感态度：开发具有家乡特色的文化教育资源，在活动中拓宽学生的视野，感受盘古王开天辟地的勇敢精神，体验狮岭人勤劳勇敢、敢拼敢闯的精神，激发学生亲近家乡、热爱家乡的情感。

过程和方法：鼓励学生自己动手组织活动，参与整个活动，体现"学生是学习和活动的主体"这一活动理念，让学生初步掌握调查法、采访法、资料搜集法、实地考察法等实践方法。

知识和能力：培养学生组织和参与活动的能力，包括合作能力、参与能力、搜集和整理信息的能力、获取新知识的能力等。

2. 活动方案

整个活动分四个阶段来实施：2009 年 9 月，活动准备（主题启动）阶段；2009 年 10 月至 2010 年 2 月，调查研究阶段；2010 年 3 月至 2010 年 4 月，汇报交流阶段；2010 年 5 月至 2010 年 6 月，成果展示阶段。

（1）活动准备（主题启动）阶段。

①知识技能的准备。由教师介绍访问的礼仪和交际技巧，师生共同制订调查计划，讨论调查采访过程中的注意事项。初步介绍调查法、采访法、资料搜集法、实地考察法等实践方法，指导学生如何在实践中运用这些方法。

②明确活动的意向。学生集体讨论，成立四个活动小组：a. 人物采访组；b. 实地考察组；c. 历史查阅组；d. 现代网络组。明确本次活动的意义和方式，初步确定调查的对象和内容。

③成员组织安排。学生自由商榷，根据自身的实际能力或各方面条件参与不同的活动小组，教师进行指导、组织和协调，做好人员安排。

（2）调查研究阶段。

①各小组分头搜集信息。人物采访组，组员商量采访对象、采访内容、采访目的和采访时间，教师指引写好采访计划和采访记录；实地考察组，组员商量好在周末到盘古王山实地参观考察盘古王庙和相关古迹；历史查阅组，到阅览室、图书馆、书店等地，搜查翻阅有关盘古王的资料；现代网络组，从网上下载关于盘古王的信息。

学校品牌文库

教育当恒远——一位校长的教育思考

②整理搜集的信息。学生通过多种渠道、多种方法搜集来的信息繁多且杂。因此，必须要求学生学会对信息进行筛选、分析、汇总，突出重点，不必面面俱到。学生可以撰写介绍类的文章，可以用照相机摄影，也可以画画。各个小组成员分工合作，综合运用多种技能来整理信息。必要时，教师要适时地跟踪指导；学生要每周利用课余时间整理自己获得的资料，并向教师做简单的汇报，方便教师随时进行纠正、指引。

（3）汇报交流阶段。

①激发情感，导入活动。盘古王是神话中开天辟地的人，传说他生于天地混沌中，后来他开辟天地，天日高一丈，地日厚一丈，他日长一丈，如此一万八千岁，天就极高，地就极低。所有日月、星辰、风云、山川、田地、草木、金石，都是他死后由身体各部分变成的。后人为纪念他，于是选风水宝地，大兴土木，请能工巧匠，画栋雕梁，建成盘古王庙。

②小组交流。每小组选派一名代表上台，鼓励学生运用喜爱的方式，交流在调查研究过程中使用的方法、获得的成果以及活动的感受。

a. 人物采访组。2010年3月3日，人物采访小组去施茵蓉同学家，采访她的爷爷奶奶，采访的主题是"盘古王的情愫"。以下是采访记录：

学生："爷爷奶奶，你们知道有关盘古王的故事吗？"

奶奶："知道，传说中那个用一把巨斧开天辟地的盘古大王。他降龙伏狮，将收服的恶龙恶狮变成了造福于民的龙狮。"

学生："爷爷奶奶，我们有什么节日纪念盘古王吗？"

奶奶："每年农历八月十二日盘古王诞，人人都来庙里参拜。到了九月初九重阳节，人们都会到盘古王山登高。"

爷爷："平时我们都喜欢上盘古王山取山上龙口泉的'圣水'回来给全家人喝，祈求驱邪消灾、合家平安。"

学生："今天我们的收获真不小，谢谢爷爷奶奶！"

b. 实地考察组。实地考察组的几个成员相约利用"五一"假期，到盘古王山进行实地考察。他们带上相机，一边考察一边拍照，得到了许多盘古王山的第一手资料。以下是该组同学写的一篇游记：

游盘古王山
花都区狮岭镇冠华小学五（4）班　郑锦东

早就听说我们家乡的盘古王公园是古代"南海中盘古国"的遗址之一，传

说是盘古王开天辟地的地方，留下的古迹和民间故事十分丰富。我们小组约好一起去游览一番。

来到山脚，首先映入眼帘的是一座气势非凡的门楼。一般门楼的柱子都是内两条粗大、外两条较细，但这座门楼的四条柱子却相反，外粗内细。据调查，这是根据民间故事"盘古王降龙伏狮"来设计的，整座门楼如盘古蹲在那里，内部较细的两柱子为两只手，外部粗大的两柱子为两脚，他收服恶龙恶狮，将它们变成了造福于民的龙狮。大家再看看这门楼的横额。正面横额"盘古王公园"是岭南画派大师关山月的题书，苍劲有力。对联为花都区芙蓉诗社社长黄倚云老先生所作，由广东省书法家协会主席陈景舒用隶书挥就，豪气十足。背面的横额"功德配天"和对联为著名诗人刘逸生老先生所作，由花都区书法学会会长汤耀以写成，非常古朴典雅。

我们顺着山路上山，不一会儿来到一座烟火缭绕的庙门前，这便是著名的盘古王庙。从庙门前的石刻上我们知道了，这座庙始建于清朝嘉庆年间，以后多次焚毁，直到光绪二十四年（1898 年）才由民间集资重建。这是一座古典艺术建筑物，有 12 条石柱、4 条坤甸木柱，共 16 条柱子，纵横各 4 条，平面分 9 格，代表九重天。最为奇特的是，除了正中盘龙石柱之外，每根柱子上都有书法刻字，共计七副对联，歌颂盘古王开天辟地的丰功伟绩。庙正中的盘古王神像，是由广州美术学院曹崇思教授雕塑并捐赠的铜像，是根据古籍记载的盘古氏形象而创作的。

这里的香火历来很旺，特别是每年农历八月十二日盘古王诞，人海如潮、爆竹不绝。到了九月初九重阳节，来盘古王山登高的人络绎不绝。

c. 历史查阅组。历史查阅组查阅了许多资料，制作了许多有用的资料卡片。以下是历史查阅组搜集来的资料：

庙始建于清朝嘉庆年间，以后多次焚毁，到光绪二十四年（1898 年），由民间集资重建。

1985 年，民间集资，对古庙再行维修了一次，换去破烂的旧瓦，盖上黄色琉璃瓦。屋脊上的琉璃制品、盘龙石柱和门前石狮、盘古灵牌仍然是原物，都有极高的文物艺术价值。

庙正中的盘古王神像，是由广州美术学院曹崇思教授雕塑并捐赠的铜像，是根据古籍记载的盘古氏形象而创作的。

庙内供奉着两个盘古大王的神像。旧有的是石刻小立像，直眉怒目，在腰间围着树叶，手里提着一把开天辟地的巨斧。修葺时新添了一个木刻大像，慈眉善

学校品牌文库

教育当恒远——一位校长的教育思考

目、五缕长须、宽衣长冠、文质彬彬，安然地坐在石椅上，像一个宽厚的老人。

d. 现代网络组。现代网络组上网搜集有关盘古王诞的资料，也有不小的成果。以下是现代网络组搜集来的资料：

狮岭首届盘古王民俗文化节亮丽登场

9月21日晚上的盘古王公园人潮涌动、热闹非凡，由省民俗文化研究会、区委宣传部主办的狮岭首届盘古王民俗文化节在这里举行了隆重的开幕仪式。省民俗文化研究会会长刘志文，省民间文化遗产抢救工程专家委员会主任、中山大学教授叶春生，省民间文艺家协会副主席、市民间文艺家协会三席曾应枫，区领导王谢珍、覃海深、徐兆东、严德金以及市、区有关单位负责人，省、市、区等多家媒体参加了狮岭首届盘古王民俗文化节开幕式。

狮岭盘古神话民俗已有一千五百多年的历史，在狮岭的盘古神坛（俗称盘古王庙）举行的"盘古王诞"民间庆典活动，流传了两百多年。每年农历八月十二日，数以万计的群众蜂拥而来，热闹非常。

区委常委、宣传部部长覃海深在致辞中说，狮岭目前已经拥有两个璀璨夺目的品牌：一个是时尚产业品牌，另一个是传统文化品牌——盘古文化。她指出，狮岭首届盘古王民俗文化节，对于保护和传承非物质文化遗产，弘扬盘古精神，丰富群众的文化生活，提升狮岭的品位，构建和谐狮岭有重要的意义。

刘志文指出，盘古文化是重要的历史文化遗产，是不可多得的宝贵财富，要把挖掘和保护、管理和开发有效地结合起来，让这蕴含着文化精髓的历史文化遗产更好地展现在世人面前。

区委常委、区委区政府办公室主任王谢珍等领导为"狮岭赋"征文比赛获奖者颁了奖。开幕式还举行了富有民族特色的文艺会演。

历时两天的狮岭首届盘古王民俗文化节，包含文艺会演、书法挥毫、舞狮表演、灯谜、美食品尝等多项内容。独特的文化韵味以及丰富精彩的节目，吸引了众多群众以及游客前往。

③全班交流，提出改进意见，评选最佳小组及"调查之星"。
④总结。盘古王这位神话人物，是古代劳动人民以民间故事的形式创作出来的，是劳动人民战天斗地、创造世界的典型，这也是盘古王受到劳动人民崇拜的原因，正能体现花都人的风俗风貌和精神内核。盘古王山，烟火清香，润泽着一方水土，培育着代代居民。改革的春风，让盘古王山焕发新绿。勤劳勇敢的花都人，用汗水和拼劲，硬是走出了一条自己的路，创造出了一片崭新的天地。盘古

王山下的这个小镇——狮岭镇，竟然能够从一个只有几条街的乡村小镇发展成为国内外有名的皮革皮具之乡，殊不简单！

（4）成果展示阶段。

组织学生展示成果，既可让学生充分体验到成功的快乐，也可以更进一步地了解学生搜集的所有资料。

①制作展示资料图片集，并组织成果展览。

②撰写小文章，写下活动感受和收获。

3. 活动反思

"学生是活动的主人"，要充分发挥学生的主观能动性，让他们动脑、动口、动手参与活动，教师万不可越俎代庖、一手包办。

（1）在开展综合实践活动课程的过程中，教师要结合学生特点、学校实际和社区背景，创造性地开设综合实践活动课程。

（2）教师在指导中要悉心、耐心，充分调动学生的积极性，经常和学生一起交流、讨论，重新调整规划和实施下一步的活动，使活动有可操作性，能有效地开展。对学生的评价以过程为主、以鼓励为主，让学生充分体验到成功的乐趣。

（3）教师必须处理好综合实践活动课程各要素的关系。在综合实践活动课程中，研究性学习、社区服务和社会实践、劳动与技术教育、信息技术在本质上不是课程的内容，而是学生的活动形式。真正的课程内容是学生自主提出的活动主题。要整合综合实践活动课程的各个要素，需要教师引导学生在活动主题的展开过程中，适当地通过研究、服务、宣传、设计、制作、信息技术实践等多种活动形式的体验，实现各个要素的整合。

教育当恒远——一位校长的教育思考

第二节

倾心打造，"恒远教育"理念下的特色项目

这里所说的"特色项目"是着意打造的，而非自然形成的。为了提高学校的办学水平，培养出高素质的学生，按照教育的发展规律、社会的实际需要和学科自身所具备的可能性条件，办学者会通过比较、研究和思考，形成一种思想、理念，并将之付诸实践，通过一个完整的积累过程达到所追求的目标。因此，特色项目内涵的第一个重点就是有丰富的思想、完整的理念，它是整个项目的支撑。当然，特色项目不能只是一种思想、理念，它必须表现为一种实践，它必须通过实际的行动把理念变为成果，再用成果来检验理念的真理性贡。所以，这种实践就肯定会呈现出一个过程和一个结果，这是特色项目的又一个重要的支撑点。

冠华小学的最大亮点就是综合实践、科学、体艺三个学科联手，打造了"皮革皮具创作实践"系列活动、"传承盘古，诗意冠华"系列活动和"乡村少年宫"系列活动三大个性化特色项目，并通过三大特色项目助推"恒远教育"，深化学校办学特色。

一、"皮革皮具创作实践"系列活动

特色项目不是空中楼阁，它的创建一定要从学校的实际出发，要顺应教育变革的时代潮流、符合社会的实际需要。冠华小学积极发掘区域特色资源，充分利用当地丰富的资源，开展特色创建活动，使皮革皮具文化特色成为有源之水、有本之木，形成了冠华耀眼夺目的品牌项目——"皮革皮具创作实践"系列活动。

花都区狮岭镇是中国的皮革皮具之都，拥有独一无二的地方资源。我校以"主体个性化"教育课题的子课题"走进皮革皮具之都，探究个性和谐发展——冠华小学校本德育课程的开发与研究"作为切入点，推进学校特色建设。我校结合狮岭镇每年举行"皮革皮具节"的文化资源优势，举办有自己特色的"冠华小学皮革皮具艺术节"，一方面积极参与在狮岭镇皮革皮具城举行的"中国（狮岭）皮革皮具节"活动，另一方面开展"冠华小学皮革皮具艺术节"系列活动。

"冠华小学皮革皮具艺术节"系列活动内容丰富、形式多样，有现场皮革皮具小制作、现场皮革皮具小设计、皮革秀表演、皮革皮具一条街（包含皮革皮具销售、小警察维持秩序、小礼仪导购介绍、"信得过商家"评选）等等。

我们强调全体学生共同参与，学生可以根据自己的特长参加一项或多项活动。教师引导学生分工合作，每人负责一项具体的筹备工作，在学生出现困难时教师给予必要的指导，以确保"冠华小学皮革皮具艺术节"准时开幕。在活动中，学生的表达能力、动手能力、人员调配能力、审美能力等都得到了不同程度的锻炼，学生的主体性得到强化，个性得到张扬，各方面的素质得以协调发展。

2010年，我校在花都区文化馆举办了主题为"线舞革韵"的"冠华小学第一届学生'皮革皮具创作实践'作品展"；2011年又围绕"皮革里的童话"主题举行了"冠华小学第二届学生'皮革皮具创作实践'（绘画）作品展"。学生的作品富有创新意识和艺术欣赏价值，两届"皮革皮具创作实践"作品展均得到了前来参观的领导和艺术家的一致好评。通过举办作品展，我们可以让更多的人发现，生活中到处充满着美和美的创意。这些在狮岭镇随处可见的皮革材料，不仅可以通过制作皮革皮具产品来创造财富，可以激发学生富有创造性的想象力和保护生态平衡的环保意识；还可以表达学生对未来美好生活的向往和对知识的渴求，真正让学生的"主体个性"得到张扬。

二、"传承盘古，诗意冠华"系列活动

2009年，我校省级课题"创作教育：弘扬盘古文化，培育创新精神的实践研究"被批准立项后，为了提升课题研究成果的独创性、有效性和综合性，我们开展了系列化的"传承盘古，诗意冠华"盘古文化传承与皮革主题艺术创作活动。我们紧紧围绕"润泽心灵、弘扬诗韵、传承盘古、追求创新"的指导思想，着力发掘中华民族文化的深层意蕴，通过一年级的"爱满童印"、二年级的"七色花开"、三年级的"异想天开"、四年级的"诗苑漫步"、五年级的"历史长卷"、六年级的"小小设计师"等主题，让学生在活动中接受诗意文化的熏陶，培养高雅的审美情趣，弘扬知书达理的时代精神，提升勇于实践、开拓进取的创新能力。

2013年，冠华小学综合实践活动科荣获广州市中小学综合实践活动科首届优秀科组；2013年2月，我校德育创新成果"传承盘古，诗意冠华"在2012年度花都区中小学德育创新奖评选活动中荣获一等奖；2013年4月，我校德育创新项目"传承盘古，诗意冠华——基于省级课题'创作教育：弘扬盘古文化，培育创新精神的实践研究'的成果反思"，荣获广州市第三届中小学德育创新奖三

学校文库

教育当恒远——一位校长的教育思考

等奖；2013 年 9 月，我校在 2013 年度全国少先队"红领巾阅读推广计划"中，荣获"示范学校"称号。

每年农历八月十二日是盘古王诞，我们都会组织学生参加政府举办的狮岭镇特有的民俗文化——盘古王诞祈福活动。该活动意在传承发扬开天辟地、敢为人先的盘古精神，打造狮岭盘古文化品牌。2014 年，由我校 100 名学生组成的方阵队，手持鲜花、手捧白鸽参加活动，与所有嘉宾一起放飞白鸽和气球，许下美好愿望；另外，由 60 名队员组成的学校合唱队在台上吟唱颂歌，歌颂盘古敢为人先、福佑寰宇的精神。通过这样的活动，加深了学生对开天辟地、敢为人先的盘古精神的理解，有利于更好地传承和发扬狮岭人敢拼敢闯、艰苦创业、百折不挠、开拓创新的优良传统。

三、"乡村少年宫"系列活动

教育部、中央文明办明确要求乡村学校少年宫要办成农村未成年人的思想道德建设阵地、农村未成年人的文体活动平台、农村未成年人的科普活动场所。2010 年 8 月，广州市乡村学校少年宫在冠华小学挂牌。根据教育部和中央文明办对乡村学校少年宫功能的定位，我们把"丰富学生的课余生活，提高学生的审美情趣，发展学生的个性特长，培养学生的兴趣爱好，开发、拓展学生的潜能，增强学生的信心，培养'恒德立品，远志立人，扬长成冠，振兴中华'的冠华学子"作为乡村少年宫的活动目标，充分利用学校的教学资源，在课余时间和节假日积极开展学生社团活动，促进特色项目多样化发展。

几年来，我们成功开设了合唱、舞蹈、管乐、竖笛、书法、美术、篮球、羽毛球、乒乓球、跳绳、经典诵读、电脑绘画、科技等多种社团和兴趣小组，坚持以社团活动为主，开展丰富多彩的社团活动。可选择的多元化的社团为学生打造出发展个性的良好平台，充满趣味、丰富多彩的活动不仅丰富了学生的课外生活，张扬了学生的个性；而且激发了学生的潜能，发展了学生的主体意识和主体能力，培养了良好的个性品质，提高了道德修养，促进了学生身心健康、和谐发展，受到了学生和家长的广泛赞誉。通过全体师生的共同努力，冠华小学乡村少年宫活动社团在省、市、区举行的艺术节、科技节、中小学生运动会、乒乓球赛、篮球赛、读书用报评比、汉字听写比赛、美术及书法评比等各类竞赛中都取得了骄人的成绩，捷报频传。

近五年，冠华小学学生获各级各类荣誉称号和活动竞赛奖励多达 747 项。2010 年，冠华小学舞蹈队远赴北京参加全国性舞蹈比赛，并荣获金奖。2011 年，在花都区教育局开展的"花都区中小学大课间体育活动评比"中，我校荣获小

学组一等奖；2011年5月，我校组织乡村少年宫师生到台湾进行交流学习；2011年6月，在第十三届"飞向北京，飞向太空"全国青少年航空模型暨第十二届"我爱祖国海疆航海模型（广州花都赛区）科技教育活动预决赛"中，我校荣获小学组团体二等奖；2012年5月，在"笛声响起——2012广州市花都区首届竖笛音乐会"上，我校竖笛团的演出获得了专业人士的高度评价；2012年5月，在第四届广州市中小学生快乐学法律情景剧表演大赛中，我校学生表演的话剧《大雁归来》荣获一等奖。2013年5月，在广州市青少年科技中心举办的"2013年广州市少儿'七巧科技'竞赛"活动中，我校有一名学生荣获低年级组二等奖，有八名学生荣获低年级组三等奖；2013年5月，在花都区教育局和体育局联合举办的"珠江钢管2013年广州市第五届'市长杯'乒乓球百姓系列和谐赛花都区暨花都区'巨龙杯'乒乓球联赛"活动中，我校学生组成的代表队荣获儿童甲组男子团体第四名；2013年6月，在广州市教育局举办的"2013年广州市中小学电脑机器人竞赛"活动中，我校有两名学生荣获虚拟机器人（智能校车）项目二等奖、一名学生荣获该项目三等奖；2013年9月，在中国少先队事业发展中心举办的"2013年全国少先队红领巾阅读风采展示活动"中，我校有十名学生荣获"悦读少年"称号；2013年12月，在广州市教育局、广州市语言文字工作委员办公室举办的"第五届广州市学生规范汉字书写大赛"中，我校有一名学生荣获小学组（硬笔楷书）二等奖。2014年1月，在花都区教育局教研室举办的"2013年花都区小学生'指舞飞扬'计算机手脑运动会"中，我校有两名学生荣获一等奖、一名学生荣获二等奖、两名学生荣获三等奖；2014年6月，在广州市小学品德教学研究会和广州市荔湾区人民检察院联合举办的"2013学年广州市'守法小公民杯'小学生普法知识竞赛"活动中，我校有93名学生荣获优秀奖；2014年12月，在花都区教育局举办的"'广州市第七届学校艺术节'花都赛前美术类作品评选"活动中，我校有两名学生荣获一等奖、三名学生荣获二等奖、一名学生荣获三等奖。2015年4月，在广州市教育局举办的"2014年广州市中小学虚拟机器人竞赛"活动中，两名学生获"ETR虚拟机器人（智能快递员）"项目小学组二等奖；2015年5月，在花都区教育局举办的"2015年花都区中小学生跳绳比赛"活动中，两名学生荣获小学男子组亚军、一名学生荣获小学男子组季军；在花都区教育局举办的"2015年花都区小学生电脑绘画现场比赛"活动中，三名学生荣获一等奖、七名学生荣获二等奖、两名学生荣获三等奖；2015年6月，在花都区教育局举办的"'广东省第五届小学生艺术展演'花都区美术类评选"活动中，一名学生荣获一等奖、一名学生荣获二等奖；在花都区教育局举办的"'我心中的核心价值观'2015年广州市花都区校园绘画大赛"活动中，两名学生荣获二等奖。

第三节

大爱无疆，学生心理健康教育的从容积淀

随着社会的飞速发展和教育改革的不断深入，中小学生在适应这一变化的过程中，心理冲突逐渐增多，承受的各种压力越来越大。他们不但面临着日趋激烈的学业竞争，而且在发展过程中面临的烦恼渐趋凸显。以上各种问题交织在一起，共同威胁着中小学生的身心健康。有资料表明，在我国约有1/5的儿童和青少年存在不同程度的心理行为问题，如厌学、逃学、偷窃、说谎、作弊、自私、任性、耐挫力差、攻击性强、易退缩、焦虑、抑郁等。近十几年来，学生中出现了大量由心理问题引发的案例，引起了社会的广泛关注。

冠华小学倡导"恒德立品，远志立人，扬长成冠，振兴中华"的育人理念，当然需要冠华学子拥有健全的人格和健康的心理。但是，作为经济发达地区的农村小学，冠华小学学生的心理健康教育现状却不容乐观：其一，处在经济发达地区的农村小学，外来人员子女占绝大多数，由于家长忙于挣钱，家庭教育主要由老人、保姆代替，或学生自己管理自己，家长很少主动与学校联系等；其二，虽然开展了心理咨询、心理辅导、环境熏陶等心理教育，但在辅导形式上多重视学校教育，轻视家庭与社区的配合。许多学校的心理健康教育，只是学校"单枪匹马"地进行，而忽视了家庭与社区的配合，没有形成家庭、学校及社会协同开展心理健康教育的环境，大大削弱了教育的效果。心理健康教育是一个系统工程，只有家庭、学校、社会"三位一体"，形成教育合力，才能让经济发达地区的农村小学在心理健康教育上做到有针对性、有实效性。

基于以上现状与认识，结合本校和本地区农村的社会、家庭、学校等因素，从切实让本校小学生的心理健康教育更具实效性出发，通过反复调查分析，我们认为，让经济发达地区的农村小学心理健康教育做到有针对性、有实效性，首先要研究心理健康教育系统的科学性与该系统运作模式的可操作性。因此，我们确立了"农村小学心理健康教育系统设计与实践研究"的研究课题，明确提出冠华小学与冠华小学家长学校的地位平行、职能不同、目标一致。在此基础上我们设计出由"学校""本校家长学校""本校心理教育学校""专家团队"四个板

块组成的心理健康教育系统，各板块有着相对独立的教育功能，但板块与板块之间又相互关联，共同致力于农村小学心理健康教育系统的设计与实践研究。

一、开展学生心理健康教育研究具有重要的意义和价值

将心理健康教育纳入学校教育体系具有重要意义。首先，心理健康教育是素质教育的重要助手，也是重要的组成部分。因为良好的心理素质既是一个人的全面素质中不可缺少的有机组成部分，又是学生成长发展的载体。其次，学校的心理健康教育不仅有利于学生的心理健康，它的新观念、新手段还有利于提高教育教学的实效性，真正取得举一反三、事半功倍的效果。再次，教师在引导学生自我认识、自我调节、自我突破的同时，也促进了自身的成长变化；在对学生进行心理健康教育的同时，也接受了心理健康的教育。最后，加强学生的心理健康教育，不仅可以帮助他们提高心理素质、健全人格、增强承受各种心理压力和处理心理危机的能力，而且有利于提高思想政治教育和道德品质教育的针对性、有效性，使学生逐步形成正确的世界观、人生观、价值观。

早在 1972 年，联合国教科文组织国际教育发展委员会在《学会生存——教育世界的今天和明天》一书中就提出心理教育的问题，希望通过心理健康教育来"培养完人"，拉开了世界范围内加强对青少年心理问题的研究和在学校开展心理健康教育活动的序幕。我国的学校心理健康教育，自 20 世纪 80 年代正式开展，至今只有 30 多年的时间。与在该领域处于领先地位的欧美国家相比，我国的学校心理健康教育起步较晚，目前仍处于初始阶段，但发展速度很快，教育工作成效显著，未来的发展趋势良好。

1999 年 8 月，教育部在《关于加强中小学心理健康教育工作的若干意见》中，明确提出从 2000 年秋季开学起，大中城市有条件的中小学要逐步开展心理健康教育；小城镇及农村中小学也要从实际出发，逐步创造条件，开展心理健康教育。我国香港、台湾、北京、上海、天津、广东、江苏等省、市、自治区、直辖市、特区的若干学校都开展了心理健康教育的实验与研究，创立了"愉快教育""和谐教育""情感教育""创造教育"和课堂教学、学科渗透、心理训练、心理咨询、心理辅导、环境熏陶等多种富有成效的心理教育模式。但目前我国学校心理健康教育的开展与研究，针对中学生的较多，而针对小学生的较少；针对发达地区学校的较多，而针对农村小学的却较少。

全面开展对冠华小学、冠华小学家长学校有机结合的影响因素、规律、途径、模式、策略的探究，我们期望能够帮助农村小学学生提高心理素质、健全人格、增强其承受各种心理压力和处理心理危机的能力，迎接将来进入社会可能会

学校品牌文库

教育当恒远——一位校长的教育思考

面临的严峻挑战；力求解决如何开展好农村小学心理健康教育活动的问题，探索心理教育的途径和方法，培训心理健康教育师资；力求为农村小学学生心理健康教育活动的开展提供切实可行的方法、途径及可操作的一般模式，从而为本地区同类学校的心理教育提供借鉴。研究"农村小学心理健康教育系统设计"，以农村小学为立足点，结合实际因地制宜地开展心理健康教育研究，探索心理健康教育的目标、层次、途径、方式方法、师资建设等问题，构建农村小学心理健康教育工作模式，为农村小学推进心理健康教育工作提供参考。

　　本课题创造性地提出，冠华小学与冠华小学家长学校的地位平行、职能不同、目标一致。"农村小学心理健康教育系统设计与实践研究"课题，是以"两校结合"为目的，即冠华小学、冠华小学家长学校有机结合，以形成心理教育有效合力为目的；以"一个中心"为抓手，即以我校心灵成长指导中心为抓手，健全"中心"体制，配齐"中心"人员，研究"中心"职能；以"一个团队"为引导，即以专家团队为引导；以"三型研究"为方法，即以观察与调查、定性与定量分析、诊断性评价与形成性评价相结合的方法，全面开展"两校"有机结合的影响因素、规律、途径、模式、策略的探究。

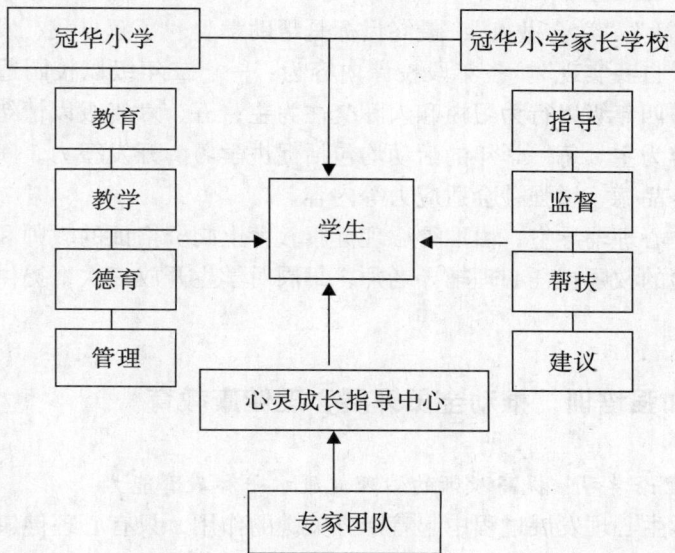

图 4－4

二、讲究策略，推进小学生心理健康教育研究和实践

(一) 健全领导机构，分段组织实施

学校成立心理健康教育领导小组，由我任组长，成员由教导处、教科室、大队部、班主任、心理健康辅导员等若干人组成。制定全校心理健康教育的目标与计划，包括心理健康教育的整体计划和年级授课计划，并设立心理辅导室，开展日常的心理咨询工作；安排一名中层领导负责日常事务，指导教师制订具体教育计划，督促教育计划的实施，评估教育活动的效果。班主任具体负责本班的心理健康教育常规工作，对学生进行初级的心理健康教育指导，解决学生常见的轻微心理问题，并及时妥当地把一些较为突出的学生心理危机事件交给心理辅导室，由心理辅导老师会同校外专家咨询、诊断、治疗，从而发挥早期干预的作用。科任教师在学科教学中渗透心理健康教育，并协助班主任开展辅导工作。

学校开设心理活动课，各班每隔一周安排一节心理活动课，并分年段授课。具体目标为"三个基本目标"和"一个最终目标"。基本目标是让学生"学会学习""学会生活""学会做人"；最终目标是帮助学生"了解自我、发展自我，达到自我完善、自我实现"。各年段授课内容为：一、二年级以校园适应和常规训练为主；三、四年级以行为习惯和人际交往为主；五、六年级以情绪、个性和品德方面的内容为主。每一学年的活动均包括促进学习、开发智力、陶冶情操、塑造个性、培养品德、增强社会适应力等内容。

学校设立心理辅导室，由取得心理健康教育上岗资格证的教师和优秀的、有丰富教育经验的教师担任心理辅导老师，每周对学生开放三次，提供心理咨询和心理辅导。

(二) 加强培训，推动全员开展心理健康教育

1. 加强理论学习，提高教师的心理健康水平和教育能力

教师在学生心理发展过程中起着十分关键的作用，只有心理健康的教师才能培养出心理健康的学生。因此，学校必须非常重视教师的心理问题，从多方入手提高教师的心理健康水平，使其更新观念、提高认识。学校采用专家指导、课题组成员研讨、全体教师集训、个人自修等多种方式培训教师，提高全体教师对心理健康的认识，使其学会正确面对和调节自己的心理问题、正确理解心理与品德的关系、正确认识教师自身的人格修养对学生的影响，抛弃"师道尊严"，尊重

学校品牌文库

教育当恒远——一位校长的教育思考

和理解学生，与学生平等地沟通，乐于做学生的"心理保健者"。

制定措施，严格要求。学校在加强教师师德学习的同时，提出了"好教师的十个要求"，对教师的言行做出具体的规定，并制定细则认真考评。一方面促进教师心理水平的不断提高，另一方面也杜绝因教师的不当行为而引起学生产生心理问题的情况。

改进方法，提高业务。学习是学生的主要活动，课堂是学生的主要活动场所。教师教学方法陈旧、单一，课堂气氛沉闷、压抑等都不利于学生心理的发展。因此，学校十分重视教师业务培训和课堂教学水平的提高，要求教师在教学中充分了解学生，调动学生的积极性，让学生在轻松愉快、生动活泼的氛围中获得知识，从而促进学生心理健康发展。

2. 指导家庭教育，实现家、校教育同步

家庭是心理健康教育的第一课堂，而父母则是孩子心理健康教育的首任教师。父母的心理状态、言谈举止、教育态度与方式，直接影响孩子的心理发展和健康成长。为使家庭教育与学校教育同步进行，学校成立了家庭教育指导小组，通过家长会、家校联系卡、家访等形式，帮助家长正确认识家庭教育的重要性，了解孩子心理发展的特点。学校主张家、校同步，采取科学的教育方法，营造宽松和谐的家庭氛围，共同促进孩子身心健康发展。

具体做法如下：向家长推荐订阅《家庭教育杂志》《家庭教育报》，让家长受到教育；正、副班主任和任课老师在学期中重点进行家访，把对学生的心理健康教育作为教师家访的一项内容；学校校报设立家长专栏，定期刊登家教经验。

（三）多途径开展学生心理健康教育工作

1. 开设心理健康活动课

各班每两周开设一节心理活动课，并纳入课表，由心理辅导老师或班主任主持，组织全体学生进行较为系统、全面的心理健康教育活动。在内容安排上，低年级以校园适应和常规训练为主，中年级以行为习惯和人际交往为主，高年级以情绪、个性和品德方面的内容为主。每一学年的活动均包括促进学习、开发智力、陶冶情操、塑造个性、培养品德、增进社会适应能力等内容。

心理健康活动课按年级列出教育目标、内容，编写教案，但每个年级都要包括人际交往、学习、自我意识等方面的内容。教学组织形式可以用"情境式""训练式""游戏式""辨析式""小品表演式"等，教学方法可运用"讲授法""讨论法""训练法""表演法"等。心理健康活动课内容丰富、形式多样，故深受学生的欢迎，教育效果非常好。

2. 将心理健康教育渗透于学科教学

各学科的教材，本身就蕴含着不少良好的心理素质培养的素材，在学科教学中渗透心理健康教育，一方面拓展了心理健康教育的空间，另一方面更有助于教师开展班级心理辅导工作，增强了辅导的效果。两者相结合，形成一个有机的体系，就可以在课堂内营造良好的心理教育氛围，使课堂教学成为心理健康教育的主渠道。

我们可以从三个方面展开工作：一是做好课前的调查，了解学生的心理现状，确定渗透的方向；二是寻找渗透的结合点，即针对学生的实际，挖掘寻找教材中进行心理辅导的结合点，获取渗透的载体；三是在渗透中强调让学生认识自己、适应环境、明确渗透的目的。我们要抓住心理教育的结合点，捕捉渗透的有利时机，从心理卫生的角度关注学生心理的细微变化，透析问题，使心理健康教育贯穿于整个教学之中。在实践中，我们发现学生喜欢这样的课堂，学生变得喜欢学习了，教师的抱怨也少了，课堂教学轻松活泼了，效率也提高了。

3. 与少先队工作相结合

在少先队工作中进行心理健康教育，是学校心理健康教育的又一条新途径。由于少先队活动具有趣味性和教育性，深受学生的欢迎和喜爱，所以将它与心理健康教育相结合，可以增强心理健康教育的实效性。

根据农村小学生的年龄和身心特征，加强学校常规教育，进行正面引导：一是在节日庆祝活动中进行心理健康教育，充分利用这些节日的潜力，挖掘其中所蕴含的心理因素，精心设计活动，有效地进行教育；二是利用仪式和庆典进行心理教育，如每周的升国旗仪式、每学期的开学典礼，都是进行心理教育的有效载体，其作用不可忽视；三是少先队开展的系列教育活动，也是开展学生心理健康教育的抓手。系列化的心理健康教育活动，能突出活动的整体性，发挥反复强化的作用，更有成效。

4. 开展心理健康教育的个案研究

为了发挥心理辅导的早期作用，我们提倡教师参与个案研究。教师可以根据心理健康教育理论及有关测量资料，选择几名有可能存在心理问题的学生作为研究对象。首先，从身体情况、学业情况、个性特征、家庭情况等方面入手，全面、深入、具体地了解学生。其次，运用心理学的有关知识，对已掌握的资料或情况进行科学的分析，从心理上寻找原因，制定教育对策，报学校领导小组审核。最后，实施经学校领导小组审核后的方案。

在个案研究过程中，教师要采用一对一的方式，本着发展性原则，运用综合辅导模式，积极主动地与个案学生建立和谐的辅导关系，并在此基础上引导学生进行自我探讨。在教师的鼓励和指导下，学生能逐步了解和发展自我、发挥潜

学校品牌文库

教育当恒远——一位校长的教育思考

能，朝更加健康的方向迈进。

（四）营造良好氛围，创设和谐的心理健康教育环境

人改变环境，同样环境也改变人。环境是学生个性心理特征的形成和发展过程中最重要的因素之一，学生心理素质的锻炼、道德行为习惯的养成乃至知识和才能的增长，都会在很大程度上受到环境的熏陶和影响。因此，我们非常重视校园环境建设，努力为学生创造一个优美、和谐、愉悦、宽松的环境，为学生心理的健康发展创造良好的条件。

1. 营造愉悦的学校物质文化环境

学校在校园环境布置、美化方面尽可能努力营造一个和谐、愉悦、宽松、适合学生心理健康发展的环境。如在设置校园标语牌时，要将心理健康教育考虑进去，既要有标语牌该有的内容，又要将心理健康教育作为实现这些规范的有力措施，例如，"请不要随地吐痰""自律、自制，做自己的主人"等。这样，就将外在的要求与学生自我的心理需求有机地结合起来，变外在的强制为学生的自我需求，减少了学生可能会形成的逆反心理。

我们在校园内种草、植树，并进行合理装点和优化布置，使学校的草坪、绿树、盆花都有美的气息，给学生一个健康、愉快的心境，缓解学生因学习压力而带来的紧张，让学生变得心胸开阔、情绪愉快，促进不良情绪的排遣。我们还利用校园黑板报、集体讲座以及校园广播等形式，围绕热点问题展开讨论，增强学生的自律意识。与此同时，介绍有关心理健康教育的知识，努力营造宽松、和谐、文明、积极向上的氛围。

关于班级的心理健康教育环境建设，我们要求班主任从以下几个方面入手，力求给学生创造一个安静、舒适的学习环境：教室窗明几净，清爽宜人；张贴一些心理素质好的名人的画像和有利于提高心理素质的语录。

2. 建设和谐的学校精神文化环境

我们要求教师树立新形象，保持良好的心理状态，增强自身的心理健康，促进学生的心理健康，使学生在宽松、和谐的气氛中学习、生活。教师一是要保持愉快、自信和乐观的心理状态，尽可能拥有良好的心境，有正确的自我意识、较强的心理承受能力和自我心理调适能力；二是要正确认识和对待学生，能谅解、宽容、尊重学生；三是要具有良好的个性并注意自己的装束、仪表，以对学生起到潜移默化的作用。

建立和谐的师生关系。在学校的各种关系中，教师与学生的交往关系处于核心地位，起着主导作用。因为师生之间的正式交往与非正式交往，直接关系到教

育教学的效果和学校培养目标的实现，关系到学生的心理健康和全面发展。我们注意从一些细节入手，来建立良好的师生关系，如学期之初张贴的横幅"同学们，新学期好"、每天在校门口和教学楼迎接学生上学的值日老师等。细微之处见真功，这些细节有利于营造健康和谐的校园气氛，加强和改善师生关系，从而促进学生的心理健康和全面发展。

加强校风、班风和学风的建设。校风、班风和学风的好坏，对学生的心理健康有着深刻的影响。校风、班风和学风良好的学校或班级，思想品德教育就抓得紧，纪律严明，学生学习气氛浓厚，同学之间和师生之间的关系融洽、友好互助，教学相长。在这样的学校和班级里学习和生活，学生的心理健康状况自然会得到改善。

我们开展"农村小学心理健康教育系统设计与实践研究"，探索小学生心理健康教育的科学途径，强化了教师的心理健康教育意识和能力，创建了良好的学校心理健康教育环境，提高了学生的心理健康水平，促进了学生的全面发展和综合素质的提高。

不过，我们在构建小学生心理健康教育系统的过程中，也发现了一些比较棘手的问题，需要进一步的探索与研究。比如，小学生的许多心理问题与学习有关，尤其是在学习上存在困难的学生，对他们进行进一步的研究非常有价值；教育是师生间心与心的交流，教师的心理健康水平直接影响学生的心理，因此要进一步加强对教师的心理健康教育，防止学生"师源性心理问题"的产生，用健康浇灌健康；学校开展心理健康教育的目的是提高学生的心理素质，但当前我国学校的心理健康教育发展缓慢，应该采取必要的措施，让心理健康教育成为广大教育工作者的自觉行动。

学校品牌文库

第四节

全面提升，"恒远教育"芬芳满园美名远扬

在美丽富饶的广州市花都区西北部，有一个迷人的宜商宜居之镇——狮岭，它是闻名遐迩的"中国皮革皮具之都"和"全国盘古文化之乡"，冠华小学就坐落在狮岭镇中心区域、盘古王公园附近。创办于 1993 年的冠华小学是一所全日制公立学校，校名"冠华"，内涵深刻，寓意"扬长成冠，振兴中华"。创办时间虽晚，但狮岭人的志气却不短。冠华先贤在各级政府和教育行政部门的领导下，艰苦奋斗，创业创新，将冠华小学这艘崭新的教育之舟驶入人才培养的汪洋大海，乘风破浪，渐行渐远。

2004 年以来，面对新课程改革和教育国际化的大潮，我们传承开天辟地、敢为人先的盘古精神，实施科研兴校的发展战略，以教育科研作为引领学校发展的重要支柱，充分挖掘学校自身的优势和学校所处的区域资源优势，开展富有成效的课题研究，探索学校特色发展和内涵发展之路，创建"传承盘古精神，培育恒远品格"的"恒远教育"特色，坚守"持之以恒，勤学志远"的校训，倡导"恒德立品，远志立人，扬长成冠，振兴中华"的育人理念。锐意改革、积极进取的冠华人再次勇立潮头，扬帆远航。

一、创特色谋发展，凝内涵促提升

起初，我们开展"主体个性化"教育和"走进皮革皮具之都，探究个性和谐发展"研究，探索以皮革皮具创作实践活动为基础的"主体个性化"教育理念，打造出"皮革皮具创作实践活动"品牌项目，使学校由一所普通的农村小学发展成为广东省一级学校、花都区首批特色实验学校。进而，我们开展"创作教育：弘扬盘古文化，培育创新精神的实践研究"的课题研究，在原有的基础上举办系列化的"传承盘古，诗意冠华"盘古文化传承与皮草主题艺术创作活动，形成了比较鲜明的整体特色，"皮革皮具创作实践活动"品牌和盘古精神传承成为学校两张耀眼夺目的名片，在市内外形成了较大的辐射效应。当前，我们将盘

古文化与学校特色建设深度结合，提炼出"传承盘古精神，培育恒远品格"的"恒远教育"办学理念和"恒德立品，远志立人，扬长成冠，振兴中华"的育人理念，冠华小学已成为广州市首批义务教育阶段特色学校、花都区特色示范学校，"冠华品牌"在一流学校中占有了一席之地。

致力于教育教学变革，以创建特色和内涵发展促进学校办学质量的不断提高，冠华小学一路前行，春风化雨，润物无声，芬芳满园，美名远扬。

二、环境美丽优雅，基础设施一流

随着办学效益和社会声誉的不断提高，学校规模也逐渐扩大。现在的冠华小学有教学班 30 个，学生 1 400 多人，占地面积 1.6 万平方米，建筑面积 1 万平方米，绿化面积 0.85 万平方米。美丽的冠华校园布局合理、环境优雅。亭台楼阁掩映在青草绿树当中，特色长廊和文化长廊游走在碧池流水之间，到处鸟语花香、芬芳迷人。

学校基础设施一流，所有的课室全部安装了数码教学平台，教育信息设备的配备和应用水平居于全区前列，有标准的专用室 30 多间，常规教学仪器全部按国家一类标准配齐。其中，阅览室藏书 43 000 多册，生均 30 多册；电子阅览室有电子图书 16 000 多册，生均 12 册。学校体育设施完善，拥有带标准 200 米环形塑胶跑道的田径运动场、标准的塑胶篮球场和小型足球场，有 420 平方米的开放感觉统合训练游戏园，并按国家一类标准配备了各种体育器材。高标准的配置和一流的设施，为全面推进素质教育创造了良好的基础条件。

三、文化氛围浓厚，"恒远"主题鲜明

随着"恒远教育"特色的创建，我们着力打造"诗意冠华"的校园文化景观：在教学楼的板墙上，悬挂了很多与读书相关的名人画像，比如孔子、鲁迅、陶行知等教育家的画像；增添了许多与读书相关的名言名句，如唐宋八大家之首韩愈的著名诗句"书山有路勤为径，学海无涯苦作舟"，古代佚名诗人的警世贤文"宝剑锋从磨砺出，梅花香自苦寒来"，唐代大书法家颜真卿的著名诗句"黑发不知勤学早，白首方悔读书迟"等。

学校在每层楼的楼梯间，都设计了一些非常有艺术品位的画框，用有机玻璃镶嵌，展示学生设计的皮革皮具作品，让学生在体会成功的同时展示自己的个性；课室内设计了一个让学生展示个人作品的专栏；校园内开辟了一个特色长

学校品牌文库

教育当恒远——一位校长的教育思考

廊，专门展示学生设计的有皮革皮具特色的作品，让学生在动手、动脑中使个性得到充分张扬。

学校每年定期举办盘古文化节、盘古书画节，建立盘古文化生态园，以皮革皮具制作活动、皮革皮具艺术节、科技展览、乡村少年宫等实践活动为载体，给学生创造多维度、多途径展示自己的平台。这样，学校实现了生态化、洁净化、美丽化，到处弥漫着优雅的人文气息和书香意蕴，成功打造了一所诗意化校园；同时，在"传承盘古精神，培育恒远品格"的办学理念下，形成了一座"怀恒常之心，立明远之志"的精神家园。

在学校核心文化逐渐凝练的过程中，校园建设所蕴含的"恒远教育"内涵也日益丰富、愈加深刻。根据"冠华小学"的校名和"恒远教育"的主题，发掘"冠华"校名中"扬长成冠，振兴中华"的内涵，我们将校园的三栋主体建筑分别命名为"风华楼""育华楼""菁华楼"，将两条主校道命名为"恒远路""明远路"，将整个校园规划为"风华厅""馨华园""砚华阁""趣华园""砺华园""彰华廊""芳华园""皮革园"八大文化园区。

四、教师队伍优秀，学校声名显赫

学校有一支优秀的干部和教师队伍：现有的 70 名在职在编教师中，具有小学高级教师职称的有 50 人；现有全国教育系统先进工作者 1 人、全国教育系统巾帼建功标兵 1 人、全国中小学优秀德育工作者 1 人，广东省特级教师 1 人、广东省南粤优秀教师 2 人、广东省骨干教师 1 人，广州市名校长 1 人、广州市骨干教师 2 人、广州市优秀教师 13 人、广州市优秀辅导员 1 人、广州市综合实践活动科理事 1 人、广州市数学科理事 1 人、广州市特约教研员 3 人以及区级优秀教师 26 人，花都区学科带头人、骨干教师、特约教研员、教研中心组成员共31 人。

多年来，在各级教育行政部门的指导下，冠华小学不断深化教育教学改革，积极推进素质教育，办学特色越来越明显，教育教学质量日益提高，年年获得花都区教育教学质量一等奖。近几年，学校先后被评为（或被确立为）全国德育实验学校、全国优秀家长实验学校基地、全国少先队"红领巾阅读推广计划"示范学校、全国少先队特色小队、全国教育科学"十二五"规划课题"九年制义务教育一至六年级科学、社会课程开发与实验的研究"实验学校、广东省一级学校、广东省巾帼文明岗、广东省优秀红领巾小社团、广东省书香校园、广东省中小学知识产权试点教育学校、广东省现代教育技术实验学校、广州市首批义务教育阶段特色学校、广州市德育示范学校、广州市绿色学校、广州市绿化先进单位、广州市电化教育先进单位、广州市体育达标单位、广州市优秀红旗大队、广州市优秀学生记者站、广州市百所读报用报先进学校、花都区教育系统先进单位、花都区特色示范学校、花都区安全文明学校、花都区"创强"先进单位、花都区学校法制教育先进单位等。

五、科研成果丰富，竞赛成绩突出

2008 年，我校省级课题"走进皮革皮具之都，探究个性和谐发展——冠华小学校本德育课程的开发与研究"顺利结题，并获得优秀成果奖，作为课题主持人的我被评为先进个人，同时在当年广州市首届德育创新成果评选中获得二等奖。2010 年，我校省级课题"以个性和谐发展为目标的校本德育课程开发探究"在广东省中小学德育创新成果展示活动中获得三等奖，冠华小学是花都区唯一获得此奖项的学校。2010 年，我校参加广东省第六届中小学生天文奥林匹克竞赛，获优秀组织奖；广州市"科技活动周"首次举办科普知识校际赛和绘画比赛，我校获得三等奖；我校被评为广州市教育装备管理先进单位；我校语文、数学、英语、品德、综合实践、科学六个科组均获得广州市优秀科组荣誉称号；我校参加花都区第八届学校合唱节，获小学 A 组一等奖；参加花都区中小学生无线收音机拼装比赛，获团体二等奖；《冠华小学综合实践活动课程纲要》获广州市论文评选一等奖；我校在广州市第三届综合实践活动课程评比中获组织促进奖，并成为广州市中小学综合实践活动科教学领域进一步深化素质教育试点学校。2013 年，我校的省级课题"创作教育：弘扬盘古文化，培育创新精神的实践研究"顺利结题，参加广东省小学品德教学研究成果评选，荣获优秀课题一等奖；参加广州市德育创新成果评选，荣获三等奖。

近三年，我校教师获区级以上奖励或名誉称号 651 项，其中国家级 95 项、省级 150 项、市级 195 项、区级 211 项。由于奖项太多，不能在这里一一列举，以下仅以 2013 至 2015 学年为例说明。

2013 年 6 月，在"2013 年广东省中小学信息技术教育优秀论文、教学设计评选交流"活动中，王学研老师撰写的论文《让电脑绘画在小学信息技术课堂中绽放光彩——浅谈小学信息技术课堂中电脑绘画教学的有效性》和教学设计《图像的拉伸与扭曲》均获一等奖；在广州市教育局教学研究室举办的"广州市综合实践活动科教学基本功和技能大赛"中，毕艳薇老师获小学组一等奖，当选为广州市第二届十佳综合实践活动指导教师；在广州市教育局举办的"广州市中小学、中等职业学校第十五届特约教研员教研成果评比"活动中，毕艳薇老师撰写的结题报告《结合学校传统，弘扬盘古文化，创设学校特色综合实践活动课程

学校品牌文库

教育当恒远——一位校长的教育思考

的研究》获一等奖；温秀欢老师撰写的结题报告《关注小学教学课堂上"弱势群体"的研究》获三等奖；在花都区教育局教研室举办的"2013年花都区中小学教育教学优秀论文评选"活动中，张利玲老师撰写的论文获语文科一等奖，杨艳玲、钟秋菊、朱新好、张凤英老师撰写的论文获二等奖；在花都区教研室举办的"花都区2013年命题比赛"中，李慧贤老师获一等奖，胡晓东、宋燕媚老师获二等奖，张凤英老师获三等奖。

2014年9月，在广州市青少年科技教育协会举办的"2014年广州市青少年科技文化探索交流营"活动中，郭永洪老师被评为优秀指导老师；10月，许小辉老师在广东省教育厅举办的"广东省第七届小学体育教学比赛"中获小学组二等奖；11月，在第十二届广东省中小学校长论坛征文评比活动中，我和温丽梅副校长的论文分获二、三等奖；12月，在广东省教育研究院举办的"2014年中小学综合实践活动课程展示交流"活动中，毕艳薇老师的录像课例被评为优秀课例；在广州市教育研究院信息技术科、广州市中小学信息技术教学研究会举办的"2014年广州市中小学信息技术学科教学资源评比"活动中，王学研老师荣获二等奖。

2015年1月，在花都区教育局举办的"'师情画意'花都区第二届美术教师书画作品展"中，郑玮老师的作品《童年》荣获一等奖，郑玮老师的作品《绿野》、张政老师的作品《临钟繇小楷》荣获二等奖；3月，在广州市教育研究院综合实践学科、广州市中小学综合实践活动教学研究会举办的"广州市第六届中小学综合实践活动优秀教学成果评比"活动中，我和肖泽妮老师荣获综合实践活动课程实施组织促进奖，毕欢容、翁新梅、毕艳薇荣获"项目先进个人"荣誉称号，毕艳薇、宋燕媚老师的课例荣获小学组优秀课例一等奖，翁新梅、毕欢容、毕丽娟、杨燕敏、骆丽嫦老师的课例荣获小学组优秀课例二等奖，罗丽霞、张新凤、毕艳薇、胡晓东、肖泽妮老师的论文荣获小学组优秀论文二等奖，毕艳薇老师的教学叙事荣获小学组教学叙事一等奖，肖泽妮、张新凤老师的教学叙事荣获小学组教学叙事二等奖，毕艳薇、毕欢容老师的主题活动案例荣获小学组优秀活动案例二等奖；在广州市教育装备中心举办的"2014年第六届广州市教育技术装备与实验教学优秀论文评选"活动中，严春葵老师的论文荣获二等奖，周威利、刘丽娟老师的论文荣获一等奖，钟秋菊、汤结华、李竹君、郑玮、胡晓东老师的论文荣获三等奖；4月，汤结华老师的论文在广州市教育研究会小学科学学科举办的"2014学年广州市小学科学优秀教学设计评比"活动中荣获三等奖，钟顺霞老师的论文在《体育师友》上发表；6月，在花都区教育局教研室举办的"2015年花都区中小学教育教学优秀论文评选"活动中，毕艳薇、汤结华老师的论文荣获一等奖，周威利、张利玲、钟玉霞、钟秋菊老师的论文荣获三等奖。

六、学生全面发展，综合素质突出

随着学校办学特色的日益明显，冠华学子的综合素质明显提高，在区级以上单位举办的多个领域的竞赛类活动中荣获多项大奖，被区级以上单位授予多个荣誉称号。冠华学子的优异表现，我们从以下 2014 至 2015 学年他们的获奖情况中可见一斑。

2014 年 6 月，在广州市小学品德教学研究会和广州市荔湾区人民检察院联合举办的"2013 学年广州市'守法小公民'杯小学生普法知识竞赛"活动中，冠华小学的黄俊豪、钟欣婷、郑岚芳等 93 名同学荣获优秀奖；12 月，在花都区教育局举办的"'广州市第七届学校艺术节'花都赛前美术类作品评选"活动中，许艺龄、刘斯琪同学荣获一等奖，钱周屹、周泓宇、张照仪同学荣获二等奖，潘琪贝儿同学荣获三等奖。

2015 年 2 月，在广州市教育研究院小学科学学科举办的"2014 年广州市小学生自然观察（植物识别）"活动中，冠华小学学生组成的自然观察小组 B 组、自然观察小组 A 组同时荣获三等奖；3 月，在花都区教育局举办的"2014 年花都区第九届中小学生书信节优秀书信评比"活动中，吴培瑜、赵乐林、张静同学荣获二等奖，范丽莹、钟玲桐同学荣获一等奖；在广州市教育研究院综合实践学科举办的"广州市义务教育阶段综合实践活动项目推进成果评奖"活动中，刘兰月、罗钰婷、许艺龄三名同学荣获三等奖，刘纯伶同学荣获二等奖；4 月，在广州市教育局举办的"2014 年广州市中小学虚拟机器人竞赛"活动中，蓝敬、王辉文同学获"ETR 虚拟机器人（智能快递员）"项目小学组二等奖；5 月，在花都区教育局举办的"2015 年花都区中小学生跳绳比赛"活动中，朱成宇同学荣获小学男子组季军，李勉涵、廖晖同学荣获小学男子组亚军；在花都区教育局举办的"2015 年花都区小学生电脑绘画现场比赛"活动中，陈雪晴、陈梓欣同学荣获三等奖，罗颖、黎佳玲、何淑彬等 7 名同学荣获二等奖，温靖芳、赖莉倩、罗晓敏同学荣获一等奖；6 月，冠华小学六（3）班、四（2）班、五（1）班被花都区教育局授予"2014—2015 学年度花都区先进班集体"荣誉称号，毕曼琪、管贵子、钟欣婷同学被广州市教育局授予"2014—2015 学年度广州市优秀学生"荣誉称号，骆颖曦、王子玺、钟秋媚、吴培瑜、温汶菲被花都区教育局授予"2014—2015 学年度花都区优秀学生"荣誉称号；在花都区教育局举办的"'广东省第五届小学生艺术展演'花都区美术类评选"活动中，林进同学荣获二等奖，邱淑敏同学荣获一等奖；在花都区教育局举办的"'我心中的核心价值观'2015 年广州市花都区校园绘画大赛"活动中，许艺龄、林进同学荣获二等奖。

学校品牌文库

教育当恒远——一位校长的教育思考

参考文献

［1］国家中长期教育改革和发展规划纲要工作小组办公室. 国家中长期教育改革和发展规划纲要（2010—2020 年）［N］. 人民日报，2014 – 03 – 01.

［2］咸立亭. 加强外国教育信息研究 促进《世界教育信息》杂志科学发展［J］. 世界教育信息，2011（4）.

［3］王水发. 学校教育国际化的思考与实践——以广东深圳市南山区中小学教育国际化的探索为例［J］. 中小学管理，2011（12）.

［4］周满生. 基础教育如何国际化［N］. 光明日报，2014 – 02 – 11.

［5］马维娜. 教育的国际化与本地化的合理性追究［J］. 上海教育科研，2001（4）.

［6］张首映. 论世界的或然性和文化世界的必然性［N］. 人民日报，2011 – 08 – 02.

［7］何洪涛. 关于小学教育性质的再认识［J］. 重庆教育学院学报，2004（5）.

［8］寇秋波. 新时期小学素质教育存在问题与改进措施研究［J］. 教学研究，2009（19）.

［9］高玉祥. 个性心理学［M］. 北京：北京师范大学出版社，2007.

［10］陈棣生. 狮岭盘古文化［M］. 广州：岭南美术出版社，2008.

［11］包心鉴. 社会主义核心价值观的凝练与构建［N］. 光明日报，2012 – 01 – 06.

［12］曾晓洁. 多元智能理论的教学新视野［J］. 比较教育研究，2001（12）.

［13］温澎年，贾国英. 建构主义理论与教学改革——建构主义学习理论综述［J］. 教育理论与实践，2002（5）.

［14］车文博. 人本主义心理学［M］. 杭州：浙江教育出版社，2003.

［15］勒玉乐. 校本课程开发的理念与策略［M］. 成都：四川教育出版社，2006.

[16] 熊川武. 实践教育学 [M]. 上海：上海教育出版社，2001.

[17] 王天一. 苏霍姆林斯基教育理论体系 [M]. 北京：人民教育出版社，2003.

[18] 李季. 德性内生：论儿童品德的自我构建 [J]. 中小学德育，2012 (1).

[19] 王金战. 好孩子是怎样培养的 [M]. 南京：南京大学出版社，2010.

[20] 张天宝. 赞科夫的发展性教学理论及其对我国教育改革实验的影响 [J]. 湖南教育，2000 (20).

[21] 张春雨. 素质教育理论与实践 [J]. 社会工作，2006 (2).

[22] 陈伯海. 一体两用 感而遂通——审美主客体论 [J]. 社会科学，2003 (7).

[23] 曾泽林. Krashen 语言输入假说理论述评 [J]. 基础教育外语教学研究，2009 (2).

[24] 李芝. 语言输出假说与外语教学 [J]. 社会纵横，2010 (4).

[25] 李学书. "有效教学" 的理念及其研究价值 [J]. 教育理论与实践，2008 (20).

[26] 乔树莲. 运用多元化评价方式，激励小学生全面发展 [J]. 中国农村教育，2008 (Z1).

[27] 钟启泉. 班级管理论 [M]. 上海：上海教育出版社，2001.

[28] 魏世玉，宋炳艳. 班级管理要有方有度 [J]. 素质教育，2013 (5).

[29] 顾助东. 谁有资格当 "首席教师" [N]. 中国教育报，2006 – 06 – 06.

[30] 高添爽，王立国. 综合实践活动课程实施的现状与反思 [J]. 文教资料，2011 (10).

[31] 朱永新. 教育改革发展的思考与实践 [N]. 人民日报，2014 – 03 – 01.

[32] 王啸. 从阅读开启健全的公民生活 [N]. 中国教育报，2012 – 02 – 16.

[33] 周洁，蔡雅杰. 擦亮诵读窗口，凸显书香校园 [J]. 广东教育（教研版），2007 (12).

[34] 董芳. 小学生心理健康教育浅探 [J]. 文教资料，2009 (14).

[35] 赵探. 浅析农村中小学生心理健康教育 [J]. 考试周刊，2014 (31).

[36] 宋维维. 关键期小学生品德教育 [J]. 现代中小学教育，2011 (07).

[37] 许信功. 如何加强小学生品德教育 [J]. 小学时代（教师），2012 (07).

后 记

　　人的一生都会出现不少发展机遇，一所学校的发展也会遇到重要的机会，只有抓住了才能走向成功。新课程改革给了我们探索学校办学特色、走内涵发展之路的机遇和空间。新课程关注学生发展，强调教师成长，重视"以学定教"，提倡学生是课程的主体、生活是课程的内容，教师和学生不是课程的简单执行者，而是课程的创造者。这就要求我们充分利用校内外的教育资源，扩展学生的学习和活动空间，丰富学生的生活世界，让学生最大限度地获得多方面的发展、综合素质的提高以及个性的合理张扬。

　　机遇与挑战并存，只有加倍奋斗，才能实现梦想。十年探索、十年艰辛，我和冠华小学结下了不解之缘。2004 年，冠华人明确提出了"建设高品质的个性化省级名校"的办学目标，将教育科研作为引领学校发展的重要支柱。我们锐意改革，追逐梦想，从学校的自身优势出发，充分利用家乡的区域文化资源，开展富有实效的课题研究，探索既传承优秀传统文化又蕴含时代精神的学校文化内涵，全方位打造以盘古精神为内核的"恒远教育"特色。十年间，冠华小学由一所普通的农村小学迅速成长为师资强、质量优、效益高，在花都区辐射效应大、在广州市乃至广东省产生影响力，具有鲜明办学特色和深厚文化内涵的一流学校。有付出，才有收获。一路走来，感慨万千，艰辛与困苦不必多说。

　　不懈的追求和辛勤的汗水浇灌出丰硕的收获之花，但是我和冠华人追逐梦想的脚步不会停歇！我真心希望此书能够较好地体现冠华小学的办学特色和文化内涵，但由于本人水平有限，难免会有错误和不足之处，敬请方家斧正。倘若拙著能让广大读者得到启发，那将是我和冠华小学的最大荣幸。

　　在书稿结集付梓之际，我衷心感谢为本书的编著进行整体策划和设计，并为本书作序、画龙点睛的李季教授；感谢暨南大学出版社提供的大力支持，感谢责任编辑为本书的完善所付出的艰辛劳动；感谢为本书的出版付出了心血和汗水的教育界同仁，他们是姚顺添、江顺意、康幼平、梁仪霜、黄桂芳、温丽梅、温秀欢、毕艳薇、钟顺霞、钟秋菊；感谢为本书的写作提供友情支持的所有热心人士。谢谢！

钟丽香

2015 年夏于广州